社 会 科 学 研 究 方 法 系 列 丛 书

Data Collection

Key Debates and Methods in Social Research

Wendy Olsen

如何进行资料收集

[英] 温迪·奥尔森 / 著　　李 芬 / 译

中国人民大学出版社
·北京·

作者简介

温迪·奥尔森就职于曼彻斯特大学。教授的课程包括发展研究、社会学、发展经济学、应用统计学和研究技巧等。研究方向为性别与英国劳动力市场、印度与南亚劳动力市场的经济与社会、童工伦理经济、收入性别差距及研究方法。其专业领域为劳动力市场监管、劳动关系的女权主义分析、劳动力供给以及横贯质性-定量“分水岭”的混合方法。出版的著作有《印度农村的社会关系》(Oxford，1996)、《金钱的政治》(与F. Hutchinson和M. Mellor合著，Pluto，2002)，编辑了《现实主义方法论》4卷(Sage，2010)。目前致力于以模糊集方法进行因果分析、收入性别差的原因、制度变迁与人群习惯、伦理推理策略等方面的研究。

前　言 9

本书运用了海量的实例来演示收集资料的方法。在详细解释各类实例的基础上，深入考察了资料收集的相关概念在实践中的具体运用。实证案例源自美国、南非、英国、印度等国家。资料收集的核心概念适用于各种质性研究、调查、问卷调查、深度定量研究、混合方法的综合研究、解释研究以及个案研究。

本书的特殊之处在于避开了方法论中不同流派之间长久以来的纷争，尤其是质疑了将定量研究和质性研究分割为两大阵营的合理性。本书中各章节的安排有助于为这两大阵营架起联结的桥梁。

在此，我非常感谢几位匿名的审稿人帮助我完善以上理念。还要感谢编辑和文案编辑，尤其是文斯·汉特（Vince Hunt）。同时，感谢曼彻斯特大学准我一个学期的假期，感谢哥德堡大学；还要感谢阿尔伯特-路德维希-弗莱堡大学（Albert Ludwig University of Freiburg）的阿诺德·伯格斯特拉瑟文化研究所（Arnold Bergsträsser Institute for Cultural Studies），那里愉悦的环境可以让我潜心写作。

温迪·奥尔森

2011 年于曼彻斯特

导　论

阅读本书时，你或许希望了解经济又快捷的资料收集法、精准而复杂的资料收集法、访谈或人类学的资料收集方法，以及资料收集中的混合方法应用。所有这些资料的收集方法都存在着互通性，在实践中能够轻松实现。阅读本书的最佳时机是研究伊始，不过，即使是在研究后期，也可以它为指南来回顾整个研究过程，使研究主题更加清晰完善、重点突出。

第 1 章描述了何谓好的研究：研究结果的检验以及如何发现重要的选题。核心概念包括：**研究与资料的收集**（1.1）、**资料**（1.3）和**研究发现**（1.2）。正是基于这些概念，我们采取不同的策略来收集资料。

第 2 章探讨了质性资料的收集方法，包括网络资料的收集和基于文本的文档收集。第 3 章介绍了观察及有关的资料收集方法，包括**访谈**（2.1）、**表述**（2.7）、**参与式研究**（3.1）和**网络资料收集**（3.5）。这里我要强调的是，研究并不一定要严格地按"阶段"进行。相反，即使在分析阶段，为了获得更多的资料，我们也可以重新去收集资料。由于编码的用途将影响资料采集的组织形式，故仔细琢磨资料的编码是非常有必要的。此外，还要高效地管理项目以确保留有充足的时间重返调研现场，而不至于耽误整体的时间安排。本书有助于读者从芜杂的资料中找到真正需要的资料，这些资料的代表性高、见解独到，并且转录正确、蕴含着真知灼见。

第 4 章涉及实验数据和随机对照试验。第 5 章则是关于调查与二手资料。这里的资料收集包括问卷设计、**数据清理**（5.4）或者从更大规模的公共数据资源中选取部分调查数据［**数据提取**（5.5）］。出于设计问卷、生成调查数据的考虑，我还介绍了一些核心概念，如**操作化**（5.1）和**测量**（5.2）。而**数据提取**（5.5）、**创建子数据集**（5.7）和**调查数据的加权**
xi （5.8）等专题的讨论，则有助于我们对大规模数据集进行反复应用。

由于这些数据集大多数是免费的，所以研究者只需利用诸如 NESSTAR 这样的便捷方式就能获得高质量的小数据集，并从中生成准确的图表和表格。就此而言，资料“收集”还包括了二手调查资料的再次应用。

第 6 章介绍了**个案研究**（6.1）和**比较研究**（6.2）方法。鉴于运用混合方法进行研究时均要收集资料，所以本书重点对混合方法下各种研究设计的策略进行了审视。选择混合方法的研究者通过阅读全书，可以重新选择并完善自己的研究方法。所以，本书并未设置专门的一节来讨论混合方法。

第 7 章对研究项目的具体实践给出了一些建议来作为全书的总结，譬如田野笔记在研究中的运用。这里，从实践的角度深层次地探讨了**事实**（7.1）与科学的问题。全书涉及伦理的方方面面，其中设有专门的章节讨论研究伦理［第 2 章的**伦理审查**（2.11）］。

不同的研究者皆能从本书中有所收获。无论是评估专家、市场研究专员、正在做项目的学生、博士生、管理研究者，还是那些希望研发教育网站或分析考试成绩的教育工作者，均能从中汲取养分。

鉴于本书在现实中的方法论基础跟自然科学和社会科学方法相一致，它跟健康研究和心理学研究亦存在着特殊的关联性。第 1 章对此进行了详细解释。可喜的是，健康的社会模型与疾病的生物学模型可以被用于同一项目的研究之中。

在我看来，旨在发现事实的自然科学和旨在意义探索的社会科学并非水火不容。二者都根植于人类世界和自然现实，均提出了可被检验的陈述。人们越来越意识到，很多结论都是由于个人对错误论断的固执己见或是在不符合伦理的研究框架下而得出的，因此，不同的立场观点（即使真的存在）也可以彼此调和、相互包容。立场和呈现是第 2 章的核心话题。跟许多现实主义者一样，我也坚持以伦理为导向来确定研究方向和研究方法。

祝你的研究之旅愉快！

温迪·奥尔森

2011 年于曼彻斯特

目　　录

第 1 章

资料收集：研究实践导论

1.1 研究与资料的收集

做研究不仅仅是收集信息，也并非像记者那样描述事件就可以了。研究包括更深入的考察，通常涉及信息的获取（也许这些信息会令读者颇感讶异），以及在结果出来之前对信息的仔细分析。出色的研究使用原始资料或以崭新的、令人雀跃的方式对资料进行解读。最好的研究必须非常谨慎地使用证据。复杂的资料收集为我们设计和推行最优的研究指明了路径。许多研究成果均采用书面的形式呈现，但优秀的研究成果也可以是原声摘录的形式，供大众和媒体在现实中运用。不过，只有当读者（或听众）能够追溯到原始而详尽的研究信息，甚至可以独立完成资料的扫描筛查与分析时，这些原声摘录（铿锵有力的句子）才有用武之地。凭借系统的、合乎逻辑的和扎实的研究，优秀的研究者赢得了良好声誉。 3

一些人认为，科学的研究包括了各种以复杂方式运用资料的研究。但是，资料并不一定能保证研究的科学性。仅有资料是不够的，因为研究者还需要一个精心酝酿的科学论证过程。本书中，我推荐了一些提炼优质论点的方法，它们在一定程度上均取决于开始收集资料之前对整体研究过程的设计。在某些研究领域，资料的收集阶段与生成阶段很难分开，因为这些资料可能早就存在于报纸或政府的出版物之中。不过，研究者必须要做出抉择，并且最好使用其中的某些资源。然后，就可以说，我们正在生成一个资料库，以作为现有信息的子集。好的科研者应能够生成（或创建）有助于科学论证的资料库。对于所有的科学论证而言，资料也并非必需的，毕竟有些论点采取了规范表述或理论陈述的形式。尤其是演绎论证，在任何时候都不需要资料。本书更侧重于其他形式的科学推理而非演绎。

通常，研究从问题的识别开始。经过一般性阅读，我们对研究进行聚焦，提炼出一个在有限的研究过程中相对容易解决的问题。文献回顾也是
4 不可或缺的，它包括对现有资料及其分析的详细梳理。然后，研究者收集新的资料，或者重新分析和转换现有资料。就大多数项目而言，通常需要几个星期或几个月的时间来分析。本书更侧重于资料的生成阶段而非分析阶段，但由于在研究的设计过程中均会涉及资料的生成与分析，故二者有些难以区分。

在研究中，系统化较为常见。要系统地收集资料，可能意味着需要在两个地点进行一系列相同的访谈，或者就同一个主题开展数个焦点小组。如何选择研究主题并聚焦问题尤为关键。一些社会学或哲学领域的研究者仅凭思索前人的研究问题和成果，就可以达成上述目标。然而，即使这样，早期作者的成果也更像是分析者所呈现的一种资料。社会与管理科学、医学与健康研究、心理学及其他领域的绝大多数研究人员都必须对资料进行收集和管理，这是他们研究工作的一个重要组成部分。为了成功地获得资金支持，做研究时可能还需要制订项目计划书。资料的收集既可能出现在项目计划书中，也可能出现在一系列更为广泛的活动之中，后者我们称之为方案。例如，一个实验室或研究所可能专注于纵向数据集或临床会诊病例的运用。而且，研究方案通常会涉及一系列较小的项目。通常，博士研究和更广义的研究方案更为契合。博士学位主要授予为特定学科领

域贡献新知识的学术研究者，该学位需要三至七年的学习才能完成。而其他研究项目只需要几个星期或几个月的时间。

就何谓科学的研究这一重大争论，以上有关研究的简介并未予以充分探讨。这里，笔者旨在介绍资料收集在整个研究过程中所扮演的不同角色。

1.2 研究发现

当一个研究项目接近尾声、调查报告也即将“出炉”的时候，我们常 5
常会为主要的研究结果忧心忡忡、焦虑不安。在这一阶段，我们可能会遇到一些绊脚石。比如，研究发现超出了我们的预期、不同结果的细微差别、研究发现的证据何在，以及如何对分工协作的团队成果进行统稿，使之风格统一、表述一致。我们需要在资料收集的过程之中便能对最终的结论部分有所预见，这样，当在研究中感到困惑的时候，我们就可以从资料或数据分析中寻求支持。或许，这些资料有点像帮助船只行驶的地图。船长和船员决定了目的地之后，便使用地图来选择一条恰当而明智的航线，以确保安全抵达港湾、完成航程。而“资料”则通过消除谬误、攻克理解方面的困难、在不同方言和俗语之间进行转换等重要方式，帮助研究者或研究团队避免陷入泰坦尼克式的毁灭性结局。

正如迈尔斯（Miles）与休伯曼（Huberman）所建议的，好的研究发现通常可以用一张图表或汇总表呈现出来。虽然他们当初主要是针对质性研究者提出的此条建议，但是所有的社会研究者均能从中受益。它有助于我们将这一目标理解为强调研究结果的简洁性、研究主题的聚焦性及侧重性。大多数的研究者紧密地以自己的研究问题为基础来阐述个人的“研究发现”（Wisker，2008：ch. 5）。然而，有些研究者则在研究过程中不断地修改自己的研究问题。他们可能并不清楚自己关注的到底是什么，因而常常在写作时陷入困境。所以，在撰写研究发现时，最好是先回答最初的研究问题，再谈谈研究发现中有待探索的部分，然后对后继研究的开展提出建议。

对于作为独立作者的研究者而言，他们由于不必受到他人的监督或影响，因而完成一篇好的文章或报告相对容易。另外，独立作者也可能会出现结论站不住脚或荒诞可笑的情况。那么，此时的应对之策便是初稿形成
6 之后至少让三个人阅读，越早越好。而对于那些以团队的形式工作的研究者而言，他们可以分别完成初稿和章节，然后在团队内部相互传阅。这里，合著的原则是安排好团队成员之间的角色分工（British Sociological Association，2002）。比如，在一个团队中，有的成员只是代笔而不想署名，而有的成员完成的是资料收集工作却希望被署名为作者。一般而言，英国社会学学会（British Sociological Association）并不鼓励代笔的行为，但建议主要作者可以拥有一些署名的合著者，包括那些需要支付酬劳的作者。这些合著者具有共同的作者身份，并在报告的完成过程之中履行职责。当然，数据统计员和受访者也在英国社会学学会推荐的署名作者之列。要想成为署名的合著者，其基本准则在于每位研究者均需要了解整篇文章的论点并在后期仔细地审阅全文，以便发表评论并做相应的插入与修正。只要符合上述情况，某些合著者可以相对较少地参与报告的撰写，而在资料收集的过程中发挥较大的作用。

或许，有一些研究结果是超过了研究者事先的期望或预测，便从一项研究中“横空出现”了。“预期的”研究发现其所遵循的是常规科学的一般模式。“常规科学”是一种特殊的说法，指代的是在常规的研究主题中运用标准和预先计划的方法。在某种程度上（或基本上），若用这种方法来进行研究，研究伊始预测的结果将与最终的研究发现一致。库恩（Kuhn，1970）认为常规科学还是相当传统的，并指出最好的科学必将超越它。各种异常的、崭新的、独特的或是难以解释的现象促使科学家们寻求全新的、创新性的解释或演绎。现在，同一个数据集亦可能是一组新发现的源泉！这个令人激动的研究蓝图即库恩提出的范式革命，自库恩时代以来一直为众多学者所追随（Fuller，2003），它为研究者在常规科学之外提供了更广阔的方法空间。

尽管在收集到的资料与研究发现之间有着千丝万缕（甚至牢不可破）的联系，但并非必然地存在着由此及彼的对应关系。就好比我们前面所提到的航海，抵达大洋彼岸的航线不止一条。社会科学的案卷（后来的使用者可以从中获取信息）为重新分析旧数据提供了机会，从而能够实现新旧数据的对比或应用于新的解释策略。所以，对于一项研究而言，可以推导出的结论就不止一组。即使是同一个数据集，研究者不同，所得到的结果也可能不尽相同。当意识到这一点时，我们需要抱以包容、多元化的视角以及公正之心。

按照库恩（Kuhn，1970）的理解，假设检验的传统造成一个很大的假象，即在基本的理论前提尚未被质疑的情况下来进行证伪。结果，导致了现在某些科学家避用假设检验的方法论。有鉴于此，我在本书中提供了几种方法。譬如，假如你是质性研究者，正在酝酿新的研究假设。你当然可以同时验证这些假设并做出合理的推论。但是，在这一过程中，没有任何量化研究参与其中。假若你是定量调查的研究者，你可能会验证众多假 7 设并公布研究发现。而运用混合方法的研究者则必须根据这些选项巧妙地设计出一条研究路径。有一些研究者则对上述两个领域均有所涉及。粗略地来讲，我们可以将第一种称为“探索性”发现，而把第二种称为“测试”结果或者仅仅只是“假设检验”。要想使上述两种发现均具有意义，我们就需要摈弃波普尔（Popper）关于“证伪的核心地位”的传统，而应该对理论进行选择并决定适用的基本假设。库恩则准确地指出，在通常情况下证伪并非是价值中立的（Fuller，2003，2005）。当代的研究者（如从事研究设计的教材作者）不仅极为推荐混合方法，还认为它在实践中也是可行的（De Vaus，2001；Teddlie and Tashakkori，2009；Creswell and Plano Clark，2007；Creswell，2003，2009）。面对倡导价值中立的调查方法与注重价值饱和的质性方法之间的分离传统，他们更愿意建议研究者有所扬弃。

我好奇的是，“研究发现”一词是否就意味着一致性的结论，而否定了研究结果之间存在竞争关系的可能性呢？近年来，显而易见地，许多在社会科学领域内所使用的基本词汇和短语本质上都是有争议的。不管研究者是否认同词汇具有隐含意义，诸如人权、公民社会、理性选择以及市场最优等词语显然是存在争议的。一般来说，社会科学不再被认为是价值中立的。特定而具体的句子可能是真实客观的，但是总论点一般具有某种价值判断（无论是外显或隐含的），针对性较强，暗含着潜在的假设前提，并带有说服性的腔调。

最令人兴奋的写作当然要具有针对性。本节有关研究发现的讨论就是为了让你对所从事的研究前景跃跃欲试，即便事先（提心吊胆地）知道研究结果在未来会引发争议！洞悉这一主旨之后，我们便可以用一种博学的、专注的和见闻广博的态度来写作：好的研究也大抵如此。研究者将证据作为他们论证的一部分，这是其他形式的写作所不具备的。所以，我们有必要在资料的收集计划与研究目的或期望得到的基本研究发现之间建立联系。

总而言之，研究结果可能是有争议的，但需要符合明确陈述的观点，具备充足的证据并适合他人进一步讨论和发展。我们可以将研究资料放入数据存档之中，以便后期对早期的发现进行重新评估。凭借彼此的包容，研究团队能够达成一致的研究发现，即使他们在某些政策或价值观方面仍存在分歧。同时，在多元化的视角下（后面将进行更深入的讨论），研究者坚信为事件发生“买单”的不止一种理论或一种有效的解释，因而能够不断探索与比较相互竞争的理论的实际功效及有效性。即使假设检验与证伪有时候非常重要，它们也并不是社会科学赖以生存的面包与黄油。

1.3 资料

8 资料是一种无形的信息，亦不等同于知识。访谈记录是我最偏爱的一种资料。尽管它们原始且未经打磨，这多少有些尴尬，但是却能为仔细的读者揭示一个场景中的众多信息。而我最常用的一种资料是调查数据。在表 1-1 和专栏 1-1 中，我给出了这两类资料的实例，以此来演示英国顶尖的研究者是如何综合运用这两类资料的。

表 1-1　英国家户追踪调查（BHPS）关于身份证号、年龄、性别、婚姻状况及弹性工作制的数据——选取 6 行示例

身份证号（pid）	年龄（age）	是否为女性（female）	婚否（married）	弹性工作制（flext1）
167020423	25	是	是	0
958518444	51	是	是	0
168083472	45	是	是	0
520740483	44	是	是	1
971938955	45	是	是	0
115014131	49	是	否	0

注：这里均为匿名数据。

专栏 1-1　三方访谈笔记中的摘录 9

主题：电视产业合同任期

长度：18 页（单行距）

访问于 2000 年 3 月 15 日，ITV 公司。

受访者：

受访者 1：从事电视产业研究，女性，22 岁。单身。她最近从剑桥大学毕业，并以优异的成绩获得政治学学士学位。签订的是短期合同。

受访者 2：从事后期制作与录像磁带库的管理，男性，43 岁。已婚并育有一子。电视产业的永久编制人员。

“我”则是指访问者瓦莱丽·安特克里夫。

我：首先，我想问的是，你对于当前的工作岗位有安全感吗？

受访者 1：一点安全感也没有！我是去年毕业的，所以这是我第一份正式的工作。而且，从一开始我就清楚地意识到——哦，这就是接下来要发生的事情，合同的有效期是 3 个月，我的意思是我刚被告知这份合同将在 4 月底到期，而我下一个合同将会持续到 6 月底。也就是说，从 6 月开始我就要失业了。这是因为我目前手头上的工作将会在 6 月结束，但由于我可能还会接手其他的工作，所以，整个夏天我都会待在这里。不过，关于这一点，我并没有得到确切的保证。实际上，这让人感觉怪怪的。毕竟，严格说来，到6月我可能就要失业了。我的想法是我确实喜欢目前所做的工作，但是如果发生一些别的事情，我不会在一棵树上吊死的。因为我签的并不是为期一年的合同，而我好多朋友在一毕业刚工作时签的就是这样的合同。他们由于签的是长期合约，所以能够长久地留在那些企业，而我则正好相反。不过，每当想起在他们眼中这样的我很糟糕，而且可能因此在一夜之间疏远我，我就隐隐地有些不安。

我：那么，你认为这对你有好处吗？如果出现一份更好的工作……

受访者1：当然有好处了，因为即使我不能在这里久待，我也曾经从事过相关工作。

我挑选了上述两个例子来说明“硬”资料和“软”资料这两个极端。通常，人们所说的硬资料是指高度结构化的问卷型资料。所谓的硬度源自问卷的答案被严格地进行分类，如表1-1所示。而这些类别对于整个样本具有相同的含义。以英国家户追踪调查（British Household Panel Survey，BHPS）为例，问卷中的各类答案在全英国境内含义相同（Taylor，2001）。就上述名为“数据矩阵”的表格而言，威尔士/苏格兰与英格兰/北爱尔兰相比，二者都不会有太大的改变。这样，人们便在所谓的“硬资料”中假定一种普遍性的含义。

上述访谈式的“软资料”则通过三位参与者之间的微妙互动与平衡来构建——这三位参与者分别是女性访问员瓦莱丽·安特克里夫、女性受访者和男性受访者。在软资料中，访谈内容各有不同，所用的词语也不具有
10 任何特定（规定的）含义。即使是如上例的半结构化访谈中，在词语和含义的映射关系上也存在着一定的弹性。有别于硬资料的普遍通用，访谈的建构过程则假定：局部特性随着具体情境的变化而改变，而且个人对词语概念及其隐含意义的主观理解也存在差异。同时，由于访谈的顺序相当灵活，可以对任何想法或需求展开探索。在上例中，我们看到了受访者正在

摸索自己对安全感一词的理解。

访谈是一种互动式的构建。相比之下，高度结构化问卷的内容及流程均是由问卷的设计者来主导的。在访谈中，任何试图改变主题、引导话题流或者深入推进既定主题的举动显然都受制于个人的“领导”。这是一个非常私人化的、杂乱的、互动性的过程。按照流程，调查中个人的“领导”行为发生于问卷的准备阶段。这种“领导”通常是围绕问题的初稿，通过仔细的试调查（即访谈）来完成的。问卷一旦被印制，那些跑题的问题及话题流也将呈现于所有被访对象的面前，且无法改变。对于被访者而言，上述领导行为是看不见的。而已印制好的指导语则看起来相当权威，强化了研究者的领导地位。这样，无论是问卷的“人口调查员”还是面对面的访问者，他们可操控的空间都十分有限。

就问卷的发放与回收而言，调查方法也不是“软性的”。调查所用的问卷通常是人工发放，然后通过邮寄的方式收回，甚至全部在网络上完成。但是，最好的调查资料均是在面对面的访问中手工收集的，比如 BHPS。这种访问的结构化程度较高，故可以利用手提电脑迅速地完成某些资料的收集。面对面的方法可以使提问者帮助受访者去引导调查的流程，提问者也可以澄清任何可能出现的模棱两可之处。但是，调查的基本原则是提问者（或人口调查员）不能曲解问题的措辞。它要求调查员悬置自己的主观判断，从而有利于确保已记录的资料在一个国家乃至全世界范围内的一致性。当然，前提是以问卷中的一个问题来挖掘在整个样本都行之有效的局部经验在实践中是行得通的，如此才能保证意义一致的有效性。调查方法在很大程度上有赖于这种一致性假设。相比之下，访谈方法则对意义的情境化更具有说服力。它还可以应用于人们在某一时刻所表现出来的前后矛盾、表里不一。与此相反，众所周知的是，调查中的被访者被假定保持着一致的自我形象，因而资料只不过是对这种形象的记录而已。

有时候，人们会将调查与访谈记录这两种资料的收集方法相混淆，因为在填写问卷时面对面的访问也会被用到。区分二者的常用方法是结构化访谈一般跟问卷调查联合使用，而半结构化访谈和无结构访谈则用以生成访谈记录。就无结构访谈而言，甚至都不必做访谈记录，只要围绕某个主题对一个（或更多）被访者进行系列访问就可以了。

11 资料的类型不同，对应的资料文件格式亦不同。以下列举了一些：

- 文档，文件后缀名为 .doc、.rtf 或 .txt，用于访谈记录。
- 图片，文件后缀名为.jpg、.tif 或 .wmf，用于相册。
- 电子表格数据，文件后缀名为 .sav、.dat 或.xls，用于调查数据。
- 声音和视频，文件后缀名为 .mp3 或 .mpg，用于访谈音像文件。

我将花一点时间简单地介绍一下这些类型的数据。但请注意，还有许多其他类型的资料是无法用计算机进行处理的！譬如，手绘地图、焦点小组的访谈录音、儿童的艺术涂鸦、临时行动研究的备忘录和野外笔记。不过，大部分类型的资料均会在本书中有所涉及。

.rtf 格式是微软 Word 文档的替代品。RTF 的意思是“丰富的文本格式”。这种格式可以在计算机程序包之间传输，并且在原始软件被移除的情况下依然能够保留一些计算机图形图像，比如图标。在没有购买对应格式的专有软件时，.rtf 格式文件是无法移入某些格式的文件内的，如 Adobe Acrobat 的 .pdf 格式。Adobe Acrobat 的 .pdf 格式文件能够很好地被压缩，无论在哪种计算机上打开此格式的文件，均能保持图形、页边距、字体和脚注不走样。而且，由于用户无须使用微软的 Word 软件，故 .pdf 格式的文件也便于携带。实际上，用户一般无法编辑 .pdf 文件，因而只能被动地阅读而非编辑。这样，就使得 .pdf 文件虽然常见但通常并不是理想的“资料”格式，所以我不会将其纳入我的资料类型清单。相形之下，出现时间更早、更为基本的 .txt 格式则更适用。.txt 文件仅是一个文本文件，无法保存图形图像或图标。微软 Word 软件可以创建一个文本文件，但会简化诸如页码或脚注的复杂布局。通过剪切和粘贴，可以由 .pdf 源文件创建一个包含可用数据的 .txt 文件。这个“可用”数据很容易被编辑、移动、翻译、注释等等，它既是可写文件也是可读文件。.doc 格式通常适用于此类文本文件。开源软件用户也可以使用其他类型的文件来与之兼容。

由数码相机拍摄的图像则与图标及其他储存在 .jpg 类型文件中的电脑图像图形相混合。能够保存图像的文件类型还包括位图图像格式(.bmp)文件和标记图像格式（.tif）文件。

社会科学家经常在基础训练中学习电子表格的使用。电子表格是一张表格，其中的列按照 A 到 Z 或者 AA、AB、AC 等进行编号。详细的资料可能会包含几百列和许多行。这个资料可以是文字，也可以是数字。在社会科学中，这些电子表格均采用了一种特殊的格式，以使数字化资料对应于一套编码方案，从而赋予每个词或短语一个数值作为标签。比如，1 代
表“是”，而 0 代表“否”。在表 1-1 的例子中，变量 flext1（弹性工作 *12*
制）就是这样被编码的。有关性别（女性=1，男性=0）和婚姻状况的代码方案均已编入计算机，最终在表中以文字的形式呈现，而在计算机的电子表格中则以数字的形式存储。在第一个实例中，我用到的是 Stata 软件（Hamilton，2004；STATA，2003）。由于 flext1 的代码方案还没有编入电脑，所以它在表 1-1 中表现为数值。当我定义了值标签后，表格便发生了变化，见表 1-2。

表 1-2　进一步编码之后的 BHPS 数据

身份证号 (pid)	年龄 (age)	是否为女性 (female)	婚否 (married)	弹性工作制 (flext1)
167020423	25	是	是	否
958518444	51	是	是	否
168083472	45	是	是	否
520740483	44	是	是	是
971938955	45	是	是	否
115014131	49	是	否	否

注：这里最后一列呈现的是值标签而非原始代码值。

我们可以通过 SPSS 这样特殊的软件来生成代码词典（Field，2009）。这个软件包的一个简单任务就是生成一栏变量名列表，以便跟值标签区别开来，见表 1-3。

表 1-3　代码词典的一个片段

变量名 (variable name)	值标签 (variable label)
pid	Person identifier
age	Age at Date of Interview
female	Female
married	Married/Living as Couple/Partnership
flext1	Work Arrangement：Flexitime

音频和视频文件可以暂时保存在小型磁盘播放器或 MP3 播放器上。口述记录仪则可以用于录音。随后，.mp3 或其他音频文件可以上传至电脑。另一种方法是将麦克风插入计算机的输入插座，同时将谈话内容直接录制到个人电脑上。它一般呈现为 .mp3 格式的文件。视频文件则可以采用多种格式，以便使研究者在运用数码相机时考虑以 .mpg 格式拍摄短视频来捕捉被访者的言行瞬间——当然，必须事先征得他们的同意。观察研究也能够以 .mp3、.mp4 或 .mpg 的格式来保存各种活动的详细视频（包括音频）记录，同样也需要事先征得同意。而光盘（CDs）通常使用的是不同的文件格式，如 .cda 格式。CD 上的素材内容能够被“擦掉”，即以一种新的格式上传，最终生成 .mp3 文件。若源数据是在 CD 上录制的，那么一个简单的计算机操作便可以在原始文件上快速创建 .mp3 文件。类似地，唱片或卡带的音频也可以同样进行转换。

13 在一个研究项目中，手写的“田野笔记”常常作为计算机数据文件的补充，这些笔记由每位研究者在项目的进行过程中逐步充实完善。历经日积月累，田野笔记成为对原始数据、联系地址和研究者初始想法的重要备份。通常，我会将自己的姓名和地址写在田野笔记的最前面，随后是重要的研究注释、电话以及在研究过程中随时闪现的观点想法——这样，即使田野笔记不慎遗失，也能让拾到者知道该如何还回。然后，我会在田野笔记上提出“研究问题”，以确定研究的独特之处。接下来，便开始着手制作联系人清单，包括他们的职业以及何时何地、以何种方式能够与之联系。当拜访“线人”的时候，我会打开笔记并提醒自己此处应该做记录。如果他们需要匿名，我则采用化名来做记录。同时，我在笔记中也建立了一份清单，以记录化名和真实姓名的对应情况。现场的笔记和思考不断扩充着田野笔记。访谈计划被粘在笔记本上，而那些已录音的访谈则不会出现在笔记本中，不过，我会记下卡带的编号或 .mp3 文件的名称以及交谈对象和时间等。这样，笔记本就可以作为问题挖掘的宝库，而且一旦资料被录作音频，就不再需要做笔记了。

访谈计划的示例如图 1-1 所示。这个计划非常简洁，将收录至笔记本并分发给受访者。

图 1-1　半结构化访谈的计划

要点：GUTTA，即以现金的方式租用土地。
KOURU，即以佃农耕种的形式租用土地。

而从该特别计划获得的数据则被用于短文的撰写。这里，一共有四人 14
参加了访谈：三名泰卢固（Telugu）的土著和我。我们并不是想让所有的访谈都一模一样，但我们尽量在每个访谈中都涵盖图 1-1 和专栏 1-2 所示的所有主题。稍后我将详细讨论这个示例。

专栏 1-2　用于印度乡村的访谈计划

访谈计划节选

你是否同意我们对访谈进行录音以便完善温迪对泰卢固的认识，并就乡村相关情况进行撰文？

__________谢谢。

对于去年定下的土地租用决议，是否有疑问？

上次确定租佃地上的农作物种类是在什么时候，以何种方式进行的？

既可以指去年的冬季（kharif），也可以指当前的春季（rabi）。

说到底，你为什么要租用土地？（或者你为什么不想呢？如果你对租地有疑虑的话）

[此处省略 8 个问题]

回想一下，有人想去做临时工（kuulie）而遭到反对的情形。跟我描述一下。

回想一下，临时工的例行工作有哪些。跟我描述一下。

[此处省略 7 个问题]

随着某些分歧的浮现和某些家庭的内部意见统一，研究的其他部分继续向前推动。

[此处省略 3 个可能的补充问题] 结束

注：为了简洁，访谈计划缩短了篇幅。Kharif 和 rabi 分别指冬季和春季播种季节。

在更抽象的层面讨论“数据”时，我将考虑公正性和有效性。公正性至关重要，毕竟在大多数人眼中，硬性数据是客观信息的来源。但这通常并不尽然。作为一种无形的记录，“数据”比一般的面对面访谈带有更少的个人色彩，主要是因为以下原因：

15 （1）可靠性。无论由哪个调查员来提问，问题的答案始终围绕着同一个核心的含义。

（2）有效性。在试调查的过程中，研究者将仔细检查意义在总体内不同子群体（如青年群体与老年群体、北方与南方以及不同的语言群体）中是否一致或具有同质性。

（3）真实性。以经得起检验、无形的但在历史上真实存在的人造物来记录受访者“究竟说了什么”。

（a）调查方法的优点在于我们能够精确地知道已记录的内容。有百分之 X 的受访者对“那个”（that）问题做出了“是这样的”（this）回答，而有百分之（100－X）的受访者没有做出“是这样的”回答。

（b）这种方法的缺点是我们并不能确定被访者给出（或选择）某个选

项的真正意图。这里，封闭式多项选择题是罪魁祸首。

作为历史的产物，数据对于时代变迁的研究具有极大优势。不过，在回访式研究或“纵向研究”中的问题将会以同样的方式进行设计，以通过比较不同时期的答案来确保研究的有效性。有效性和验证性是调查研究的重要组成部分。

在社会研究的背景下，可靠性具有特殊的意义。它意味着即使是由不同的人员来操作研究，研究结果也应保持一致。可靠性可以分为两个层面：数据的可靠性和调查结果的可靠性。

就数据的可靠性而言，调查方法有助于保持研究的一致性和同质性。问卷的回收方法也具备上述保驾护航的功效。比如，让有读写能力的受访者自己完成问卷就是一种有效的方法，我们称之为“自填式”。如果是通过调查员来收集问卷，那么，调查员应该是不予干涉的，且不应改变问题的措辞。在提问或问卷调查的各个阶段，他们均不能植入自己的观点，否则将降低数据的可靠性。由每批回收的问卷所得的数据不会因调查员的不同而存在差异。

另一方面，调查结果的可靠性问题则更为棘手。就同一张调查数据表而言，研究者不同，所阐述的主题各异，得到的结果也不尽相同。而解释理论的差异、文化假定的不同或者选用数据的不同部分均可能导致上述差别。初学者往往认为研究发现或结果就应该是可靠的。我的告诫是，这种观点实际上是对社会科学有所误解。如果研究结果能够在不同的研究者之间达成共识，那说明结果是真实可信的，但这并不一定就是好事。当出现一种新的研究解读时，它不仅鼓舞了人心、彰显了民主，还提供了新鲜有趣且富于创新的理念。同时，它对社会有所贡献，具有开创性的意义！因此，有别于大多数调查研究人员追求“数据的可靠性”，我并不会将“结果的可靠性”理想化。

有效性不应该与可靠性相混淆。在调查研究中，我们经常会提及两种 16
形式的有效性（内在效度与表面效度）。首先，当测量符合研究者希望表达的词汇的规定意义时，该测量便具有内在的有效性（内在效度）。内在的有效性可以通过一个令人信服的论点来论证，即所使用的问题是如何跟研究问题和一般性研究课题发生关联的。内在效度也要求研究团队在写作方面保持一致，不得中途更改关键术语的含义。

内在效度与表面效度形成鲜明的对比。在这里，数据的构建正是基于研究者和受访者对于意义的一致性理解之上的。同样重要的是，研究的目标受众以一致的方式去理解核心概念。对于表面效度而言，诸如“社会资本”与“文化价值”之类具有争议性的概念是很难企及的。一些社会学科比其他学科更重视表面效度，比如心理学和管理学。尤其是社会学和政治学，更倾向于对同一数据的多种解释。如果对同一数据存在着多种解释，并且不同的解释按照各自的标准来构建其内在效度，那么，“表面效度”就没有多大意义。在这些学科中，尤其是对于质性研究者而言，即使已具备有效性的概念，有时候调查研究者的一概而论也令人为之气结。关于这些，本书的其他地方也有所讨论。

通过对可靠性和有效性的简要回顾，我们重新回到社会研究中“资料”的基本核心内涵。资料是人造的艺术品，而资料库则犹如小型博物馆。通过精心的构建、管理和展示，资料可以成为知识和想象力的充沛源泉。

资料的归档有助于为后人保留这些数据，并为他人所用。许多国家都有国家级的资料档案。在英国，这些机构包括经济社会数据服务中心（www.esds.ac.uk）和英国数据档案馆（www.data-archive.ac.uk）。美国的人口普查则是基于美国国家档案与记录管理局的数据档案（www.archives.gov）进行的。诸如国际劳动局的一些国际组织和联合国的其他部门均将数据发布作为日常运营的常规部分进行管理。国际劳工组织的数据可以在 www.ilo.org 网站上找到。经由精心地管理这些档案被保存下来，以便随时验证调查文件、检验（或试验活动）以及所用的抽样方法、数据集之间的关系。调查数据的资料档案有助于保证受访者的匿名，即使在双方都同意、试图通过数据库去追溯受访者的地址或身份时，亦是如此。

质性层面上，创建新的资料档案可以使访谈资料及其他类型的质性资料得以保存与再使用。质性和定量资料档案均为学术用户提供了一些免费
17 的资源。商业用户和通过硬媒体及其他服务获取数据的人则往往会按生产

成本被索取费用。如今，通过互联网传输数据，则可以大大降低成本。常见的方法是通过电子邮件将密码发送给用户，允许文件档案在一段有限的时间内（如一周）将文件发送给用户，这被称为文件传输协议（FTP）。用户只需从互联网上下载该文件即可。但是，用户不能任意对数据进行复制或传送给他人。为了确保用户同意对数据使用的所有限制，通常需要其签名。使用 FTP 意味着数据的传输非常快，但用户和提供者可能需提前一周左右的时间来准备电子邮件和签名文档的往来。

到目前为止，我已经讨论了一些类型资料的管理和有效性。资料的有效性并没有严格的规定，而是“情人眼里出西施”。每位研究者都必须对研究资料的有效性及从中获得的新知识形成自己的观点。在一个研究团队中，成员之间甚至可能对新知识存在分歧。理想的状况下，每位研究者均将形成相应完备的观点和看法。

1.4 原因

对于一些研究者而言，设计资料收集时，主要考虑的是如何解释某 18
些结果。解释涉及的是因果关系。调查数据和访谈资料可以帮助我们了解事物的原因及结果。在定量和质性的社会研究中，有时我们并不想探究事物的因果关系，我们可能只是希望探索某种现象，察看它的方方面面。然而，一旦我们打算研究事物的因果关系时，事情瞬间就变得复杂起来。

本节中我将对原因进行界定，并以一些实例来诠释原因及构成因果关系的要素。然后，我会运用资料收集过程中类似情况的数据来加以说明，并对“认知谬误”的含义提出自己的理解，以免过多地陷入虚假相关的争论之中。

倘若我们想明确原因，一种方法是要认识到社会生活随着时间而变化着，所有的新事件都能在过去追溯到根源。如果某些事物是过去（或现在）对当前事件发生作用的因素之一，那么，将其称为原因。因果条件包括结构性因素，比如出生时家庭所处的社会阶层，或许你目前仍处于这个阶层；政府的政策和制度；居住的城市类型。此外，在任何连锁事件中都存在着直接原因和间接原因。

生长突增与其所需的养料之间存在着因果关系。新的制度不断出台，而我们可以在制度演变的历史中窥见部分缘由。事件层出不穷且独一无二，而发明者的创造力或许又存在着偶然性。通往特定结果的路径亦是荆棘丛生，而任何为之披荆斩棘的要素均可称之为该结果的一个原因。最后，还存在着促进性因素。它们虽然是事件的原因，但往往只在其他因素出现时才发生作用。所以，你可以看到有很多种原因。有些人乐于思索深层次的原因、间接原因、直接原因和近因。其中，近因是指在时间（或空间）上距离结果最为接近的一个原因。但事实上，我们很难区分这些类型的原因。因为某些原因只不过是特定因果事件的背景性因素，它们和特定的因果事件共存，而在出现时间上早于（或晚于）后者。很难说哪一种原因最重要，毕竟对原因的甄别还存在着主观差异。

于我而言，称之为原因的首要标准是有趣，即使它并非导致结果的充
19 分必要条件。对于一些经验研究者而言，则正好相反：在他们看来，一个原因只有在被证明对结果是充分必要的时才是有趣的。我在6.5 **因果机制**部分就此问题进行了更深入的探讨。如果某个事物对结果总是必要且充分的，那只能说它是结果模式中的一部分：“狮子钻圈”是“马戏团有狮子表演”的原因。这并不能真正地解释为什么一个马戏团有狮子表演，而另一个马戏团没有。以离婚为例，结婚是离婚的必要条件，但并不是真正的促成因素，因为结婚只是嵌入所有婚姻状况的背景之中，不论当事人是否以离婚收场。在解释离婚时，婚姻的类型、结婚日期、婚姻模式等则是更有趣的因素。离婚文书也不是一个很有趣的离婚理由。它是指配偶通过邮寄收到的文件，上面告知离婚诉讼正在进行。离婚文书当然也可以称其为一个原因，并且是“导致”离婚的充分必要条件，但离婚文书本身就是离婚的一部分。它们根本不是偶然的因素。我应该指出，以上离婚的例子是基于西方的犹太-基督教体系而非伊斯兰教体系。在前者中，离婚是经过

法庭解决的；而在后者中，离婚文书则不是那么重要。

总之，最有趣的原因是偶然的原因，而非内在的背景因素。因为，原因是偶然的，结果就可能是碰巧发生的、不可预测的，或者只是在某些特定模式下或多重因素的共同作用下才发生的。那么，要从经验数据中甄别原因则相当棘手。即使原因 A、B 和 C 是真实的，也不能保证它们总是一起发生作用以产生结果 Y。因此，A 和 Y 同时发生的证据可能会带来误导，让人怀疑是否是 A 导致了 Y。即使 A 真的引起了 Y 的发生，也不能保证在所有情况下皆如此。如果 A 和 Y 存在着部分相关，是否就意味着我们可以对“A 导致 Y”进行反驳呢？我觉得并不尽然。不过，另一方面，A 和 Y 相关的数据也不能“证明”A 是 Y 的原因。因果关系的证明并非易事。

为了有更真切的感受，我们来看看因果关系的三个例子。第一个例子，乳腺癌并不总是置人于死地。但它可以导致死亡。所以我说：“癌症往往导致死亡。”这就将因果关系作为一种癌症的发展趋势，而不是一种确定性的陈述或关于所有癌症的事实。诸如确诊、治疗、食物摄入、既往健康状况以及其他癌症的并发等干预因素都是相关的原因性要素。而这些令乳腺癌致死研究的资料收集变得复杂起来。对流行病学（疾病的因果关系）的研究则强调，若要成功地、彻底地研究因果关系，就得在研究对象中既保留死于乳腺癌的患者，也保留乳腺癌的幸存者（Kreiger，1994）。由于幸存者可能具有某种共同特征，如健康的生活方式或对身体的健康态度，故乳腺癌致死原因的探究能够引发人们对健康生活方式的高度关注。现身说法的是，生活方式健康的女性比那些前期存在健康问题的女性更适应化疗。那些经常进行乳房检查的女性更可能在疾病构成生命威胁之前发 20
现病灶。

第二个例子，在社会工作中，人们发现，学生在校表现不佳往往与其家庭的破裂及贫困有关。不过，这些孩子的背景之间有什么因果关系呢？由于这些条件关系的“联结点”是日积月累而成的，故要想找到它们是一项复杂的工作。学生与教师的互动受到当地学校教师经验的影响。教师也许是导致这些孩子表现不好的原因。或许，教师会引发某些结果，而孩子则会造成另一些结果，但学生在校表现不佳这个总结果是不变的。这样，我们就很难对单独的一个结果进行分离和测量。

一些研究论文认为离婚对孩子的教育不利，而另一些人则认为婚姻对学校教育有利。重要的是，我们需要看到这二者是不同的论断，而不仅仅是一个问题的两个对立面。此外，也有证据表明，即使是单亲家庭，只要经济宽裕或能够提供良好的照顾，孩子在校亦表现良好（Fuller et al.，2002）。社会工作者希望了解对孩子生活提供的干预措施是否能够改善其在校的表现。但是，这些干预措施本身就是独特的、私人化的、人际互动式的、难以记录的（尤其是细节），而且往往也没有记录。儿童与社工进行互动时身心在不断地发生变化，所以科学的调查研究可能无法捕捉到其间的真实影响，也可能错误地将注意力转移到一些虚假的原因之上，比如孩子的父母得到一份好工作，而这实际上也可能是社工干预的结果。因此，情况相当复杂。

实际上，对所有这些原因的猜测为我们提供了一个绝佳的方法，以便在拓展资料收集的过程中进行设计和推进。这样，重要的因素均被考虑在内，无一疏漏。质性研究者倾向于认为，对个案的跨时段追踪是了解哪些因素发生了根本性变化的一个好方法。对他们来说，因果关系的关键在于究竟是什么改变了孩子的“内在”并让家庭正常运转（即减少功能失调）。这些因素都是独一无二的。他们还想了解课堂氛围，并认为它不能简单地归结为“班级规模”或“课程与考试制度”。

第三个例子，在经济学领域，我们可以在其他（即超越个人的）层面来理解因果关系。在这里，你可能会发现，一家银行的破产会引起人们对经济衰退的担忧，而这些担忧将导致严重的经济衰退，随后此经济衰退又将带来失业和收入的减少。经济学家说，因果关系只能以一种方式进行运作。但是，有关经济衰退的因果关系的争论依然存在。同样的经济衰退也可以归结为以下任意一个因素：货币政策、产业政策、全球竞争或对进出口贸易的保护政策。正如生活的其他领域，经济学里也存在着许多潜在原
21 因，从而使得解释性观点之间也是高度竞争的。通常，市场的作用、出现的新的市场特征以及市场大规模的“聚合”或市场的社会属性则沦为个人

主义解释的替代品（Lawson，1997）。一些经济学者通过追溯至大事件的个人行动层面，从而将所有的事情都简化为个人行动。例如，银行家所做的不良贷款决策可能间接导致银行破产，或者银行政策制定者提供的风险管理政策太糟糕亦可能导致恐慌心理在人群中的扩散等。这样，问题又开始变得复杂起来。因为，在不同的层面存在着多名扮演者。跟健康和社会工作相似，经济学并非只有几名扮演者的单幕剧，而是可划分为好几个阶段的多幕剧。

这三个例子表明，许多原因促成了结果；当我们致力于挖掘结果及其原因时，这也促使我们探究当下事物的来龙去脉。同时可以发现，原因性要素广泛分布于多个层面，而后者则构建了我们试图解释的框架或情境（Lawson，1989）。

最终，我们最好将一个“原因”视为一种有能力产生某些结果的机制。这种能力是一种趋势，但并不总是处于激活的状态。而其他诸如社会结构和制度因素之类的因果机制也会介入进来。因此，具体的情境是原因机制产生特定结果的组成部分。为了进一步了解因果关系及其测量，我推荐波森和蒂利的相关书籍（Pawson and Tilley，1997；Pawson，1998）。尤其是波森于 1998 年出版的这本书对于调查中的测量尤为重要。而伯恩的著作（Byrne，2002）则对以上观点进行了总结。不过，毋庸置疑的是，因果关系的确存在。

在英国家户追踪调查（BHPS）中，每年数轮的家庭访问记录了个人生活中的众多事件。第一次访问包括个人就业经历的短期生命史，第二次访问则是对上述生命史的补充与完善，然后每年通过类似的访问生成一个标准调查数据格式的面板数据集。英国家户追踪调查有着其特殊之处，它运用了不同的资料收集方法——有些是通过面对面的访谈，有些是通过计算机辅助进行的访谈，还有些则是依靠被访者在家的自填问卷。其中的数据行（每个个案一行）均经过计算机处理，并且是匿名的。然后，我们可以在成千上万的受访者中追踪 1991 年至 2007 年间的事件序列。如果你是在校生、教师或研究人员，可以在 www. esds. ac. uk 免费获取相关资料。如果是商业用户，则需支付一定的费用。

在假定变量能够为寻找真正的原因提供线索的前提下，以上展示了我们是如何组织 BHPS 数据的。BHPS 的每一列作为一个变量，表 1-4 列出了 BHPS 中几类原因变量。如表中所示，可以通过观察其他的解释性因素来构建有关结果的因果关系（如离婚或学校表现不佳等）。结果可能不仅源自个人原因，还可能是由表中所列的制度和社会因素造成的。

22 **表 1-4　选自 BHPS 的部分变量类型**

结构性因素	制度性因素	个人因素
● 父亲所属的社会阶层	● 雇方是否成立工会	● 是否参加了工会
● 受访者所属的社会阶层	● 每周工作小时数	● 是否愿意延长当前工时
● 职业分类	● 工作时间是否具有弹性	● 性别
● 家庭收入	● 该工作是否提供养老金	● 应对幼龄儿童照顾的态度
● 年龄分组	● 是否参加教会活动	● 家务分工
● 婚姻状况	● 是否参加志愿者组织	
● 种族	● 是否为个体经营户	
● 区域		
● 城市/农村		
● 业主或租户		

因此，当我们向受访者提出如下问题“你是否同意：如果母亲在孩子年幼时外出工作，孩子就要受苦了”时，需要准备更为广泛的分析。我们不能随便地挑出自己偏爱的原因要素。要想回答上述问题，我们需要收集结构性原因、制度性原因（例如成员资格）以及基于事件的态度差异原因等资料（Crompton et al.，2005；Crompton and Harris，1998）。

认知谬论是一种将资料与现实相混淆的倾向。这种谬论通常始于一种统计方法，它只关注既定的数据而不收集原始资料。受限于可获得的变量，研究者倾向于仅从这些变量中寻找问题的答案。当原因被归结为目前已有的因素（例如种族），而不是更深层的未被记录的因素（如歧视）时，这种谬误就出现了。就“如果母亲外出工作，孩子就要受苦”这个问题而言，已记载的一个原因是受访者坚信孩子会受苦，关于这点可以在变量“年龄”中体现出来；然而，真正的原因更为深刻，即这些受访者在幼年时被长辈灌输的家务劳动观念。经过重新学习或接受新观念的人倾向于反对上述说法，而长时间墨守成规的人则可能赞同该说法。这里，将原因仅仅归结为“年龄”显然是找错了原因。巴斯卡尔（Bhaskar，1989）认为，这是一种认知谬误。他的贡献在于证明了回溯法能够抵消因仅使用预先给定数据而引发的谬误风险。简单地按照巴斯卡尔的思路，我们建议在科学研究中使用典型的研究设计或研究协议，以发挥回溯法的部分作用（如专栏 1-3 所示）。 23

专栏 1-3　回溯法引导下的假设检验协议

- 陈述某个理论或几个理论
- 列出某个假设或一些假设
- 收集和分析资料
- 检验假设
- 收集更多的资料来了解情况
- 仔细思考
- 设计新的研究假设
- 重新审视现有的理论并得出结论
- 开始下一个项目

这种以追溯性方法引导的假设检验协议如实地描述了众多研究者的研究经历，无论他们是否使用了调查数据。它促使所有的研究者意识到广泛的专业技术、质性研究技巧和理论知识的卓越贡献。随着学习过程的推进，获得更多的知识（在项目开展的中途）显然也是可取的。即使没有满足个人研究需要的调查资料，我们也可以研究历史和文献，从而了解一个模式背后的真实原因。认知谬误的解读为改进解释性研究设计做出了突出贡献。“资料获取”的更多细节将在本书的其他章节中予以讨论[1]。也可以参见 6.1 **个案研究**和 7.3 **回溯**。

注释：

1. 有些读者可能想知道，假设对于一个研究项目是否必需。并不是必需的。所有的项目都有一个初始的研究问题，但这个问题是可以随时修改的。不过，假设或假设检验并非适合所有的项目。专栏 1-3 中的协议旨在帮助那些希望通过运用假设进行学习的人，以优化他们的研究。“好的研究”可能需回答一些尖锐的问题，包括资料来源、究竟是怎样的因果演变过程（或结构）导致资料的最终呈现形式，以及假设是否遭到反驳等。就整个研究过程而言，收集资料可能会占用研究者相当多的精力，但资料本身并不能保证优良研究的实现。

1.5 抽样

24 抽样是获取个案的一种较为经济的方法。譬如，你可能会从一个城市中随机抽取家庭，再从这些被抽中的家庭中非随机地抽取个人。倘若你的研究对象是年轻人，那么你仅需锁定年龄在 16 岁至 30 岁之间的人群即可。随机抽样与非随机抽样是两种主要的抽样方法。由于将这两种方法运用于同一项研究时常令研究结果被诟病为不具有随机代表性，故我们要对二者的联合使用慎之又慎。鉴于非随机抽样在社会研究中所扮演的重要角色，笔者首先就此展开讨论。随后，将介绍随机抽样，并重点阐述多段抽样的意义。此外，本节还包括一些加权的运用方法，以解决当抽样方案与总体情况不符时如何提高资料代表性的问题。

实际上，对个案的非随机性选择并不能称为抽样。相反，我们通常使用“选择”这个词并做出一系列战略性决策。比如，人们可以预先设定需要的个案数量、地理区域范围、个案的基本单位，以及这些个案在其所嵌套的上一级单位中是否显现。

接下来，为大家介绍第一种非随机性的个案选择方法——滚雪球抽样。滚雪球抽样是指通过已知受访者所提供的信息来扩展现有的访问网络，以联系到更多的受访者。小型研究中的滚雪球抽样通常会锁定某个较小的地理范围。假设你正在研究滑雪事故，可能会从一家室内的滑雪场中挑选一些受访者，然后从他们那里获知其他的滑雪者。再然后，通过电话或电子邮件的方式设法跟这些滑雪者取得联系、获取信息，并让他们推荐更多的联系人。在此过程中，你会整理出一份清单，上面囊括了每个个案（即个人或滑雪者）的基本信息。不过，如果你决定以“事故”而非“个人”作为个案，那么就需要修改工作笔记，以适应这种新的个案单位的特征。一般来说，事故发生于滑雪者身上。在一些案例中，滑雪者可能会提供同一事故中其他滑雪者的信息。正是通过构建这种从 N 到 N 的关系（N 代表大于 1 的任一数字），从而建立滑雪者与事故之间的非对应性关系。在质性研究中，通常致力于研究上述的一种联系或另一种联系。而在调查研究中，由于一对多（1 对 N）的关系更容易被保留下来，因此这实 25
际上建立的是一种嵌套关系，即每个滑雪者可能会发生多起事故，但每起事故只涉及滑雪者个案中的一位。可见，滚雪球抽样并非对总体的随机性代表，相反地，它甚至连总体的特征（及位置）都无须知道。

以下滚雪球抽样的实例（Eldar-Avidan et al.，2009）表明，哪怕仅选择了 22 名受访者，也可以宣称该研究对社会上的各类群体进行了广泛接触。艾尔达·阿维丹（Eldar-Avidan）等人的小规模研究主要集中于那些少时父母离异的人群。关于样本设计，他们写道：

> 22 名以色列青年参与了此次研究，他们的年龄在 20 岁至 25 岁之间（平均年龄为 23 岁），他们的父母在其成年前便离异了……在“最大化变异”原则的指引下，受访者不断被抽取出来，直至达到“理论饱和”，抽样便终止。
>
> 通过这些受访者目前的年龄（在预先定义的年龄组内）、父母离异时的年龄、父母离异的时间长短、教育、职业、父母当前的婚姻状态、兄弟姐妹数量以及居住地等变量，来实现个案之间的异质性。这样，就有一些受访者来自大城市，而其他的则来自小城镇、村庄或农场（即社区居民）；有一些仍在服兵役，而有的则处于上班、上学或半工半读的状态。（Eldar-Avidan et al.，2009：2）

这里并不意味着这样的样本就具有代表性。毕竟，22 个个案中可能只有一两个来自已划分的社会群体。而且，由于统计意义上的代表性是要求能够从样本推论到总体，故亦很难证明上述样本的代表性。相反，在这种抽样策略的背后是一种温和的假设，即假设那些少时父母便离异且年龄为 20～25 岁的以色列青年在某些相关特征上会表现出某种同质性。不过，作者对多样性持开放的态度。在调查结果中，有众多迹象表明，进入一个亚群体（如以色列的农村居民），只需少数个案便能获得有趣甚至可能具有代表性的信息。而且，该文十分公允地避免了对更大范围的以色列人群做推论，其大多数论述也均关于那 22 名被访问的青年。正如大多数扎根理论，该文非常具体，且研究结果均围绕着所选的个案而展开。

在这项研究的结论部分，青年被划分为三种类型并呈现出一定的差异：一种类型是父母离异后本人更容易受到伤害，另一种是父母离异后本人的抗逆力增强，还有一种是父母的离异对本人的影响不大。这里，研究结果细致地呈现了扎根理论是如何进行资料收集与分析的。而在扎根理论中，有目的的逐步抽样和发展一个与结果相关的理论是携手共进、相辅相成的。所以，在这种情况下，逐步抽样会将部分滚雪球抽样和有目的的偏差纳入
26 对照组。“饱和”一词被用于扎根理论之中，特指样本选择的过程被视作完成，且稳健地开启了理论的发展，同时资料的收集与分析仍在进行之中。

滚雪球抽样也可以通过网络实施。互联网团体和在线网站（如交友网站）为质性研究的样本选择提供了更多的机会。定额抽样是质性研究中非概率抽样的另一种形式。它有赖于研究者根据研究目的确定受访者的类型，勾勒出其基本特征并按照所需的样本规模进行数量分配，再到特定的区域（或互联网）寻找所需类型的人群或案例。由于定额抽样的主观色彩较弱，故常常跟随机抽样相混淆。重要的是，在对街道、教室里的学生、游客、焦点小组或其他情况进行配额时，要意识到如此获得的个案是极易导致样本选择偏差的。对于不同的研究者而言，这种偏差因人而异。举两个例子：青年女性研究者在一个场景中可能会避开访问高个子男性，而来自某语种（如法语）的研究者则可能不去选择其他语种的人群。配额表可以在每一层定额中指定所需的性别、年龄以及职业类别。如果它能够明确存在偏差风险的区域，那么我们就可以消除这种偏差倾向。如果不确定，则这种偏差风险将一直存在。

此外，为了避免上述偏差，随机抽样要求普查员或研究者从可获得的

个案清单中选择具体的个案。常见的例子是使用选民登记册（其中包括了在特定地理区域进行登记投票的成年人及其地址）。首先随机选择某些页，再从选中的每页中随机抽取样本。我们可以利用 Microsoft Excel 中的“＝RAND()”命令来随机生成数字。比如，利用 Excel 软件，输入公式“＝INT(RAND() * 12＋1”（默认情况下函数是从 0 开始的，所以需添加 1 来获得正整数)，我们可以运用 1 到 12 来生成 60 个随机数字。如果登记册的每页中有 96 个名字，则可以先确定第一个随机数字所对应的名字，然后往下数（比如向下 6 行、再向下 4 行)，逐一抽取名字。在每页中，平均将有 8 个名字被选中。那么，随机选择 7 页，样本规模为 7×8＝56（接近 60)。通过调整公式，可以获得任何希望达到的样本规模。对于这 56 个人而言，只有极少数人出自同一个家庭。因此，这种抽样框应被称为个人名单，而非家庭名单。如果名单是随机排列的，那么可以用一种叫作系统抽样的简单方法来获得随机样本。具体做法是在选定的每页上抽取第 n 个名字，比如抽取第 12 个名字。

得到抽样框之后，我们还可以计算抽样比 n/N。其中，n 代表的是样本中的个案数量，而 N 代表的是总体名单中所有个案的数量。抽样比和由数据算得的统计显著度并不存在关联。真正对抽样比有影响的是抽样中的无应答（即无法接触到个案或个体拒绝回答）以及最终样本的实际大小。无应答率是拒访的个案数与期望得到的样本量 n 相除所得到的商。而 n' 代表的是实际的样本规模，由于拒访个案的存在，它比 n 要小。因此，有效的抽样比应该为 n'/N，而不是 n/N。在社会科学中，当抽样比达到 85％时视为良好，抽样比达到 95％则视为优秀。而在市场调查和商业研究中，较低的抽样比也是可以接受的。对于邮寄问卷的调查和某些源自较高同质性总体的样本研究而言，低抽样比也同样是可以接受的。如果怀疑某项研究的无应答率存在偏差，那么抽样比的值会更高些。倘若偏差并不成其为问题，也许只是个案的同质性所致，那么较低的无应答率也是可接受的。在某些情况下，个案之间的同质性是可能存在的。例如，当所有人的味蕾都按照相同的模式工作，所有的被试要求评价特定食物的甜度时。不过，同质性仅作用于特定研究中的所有关键特征。相反地，假如我们希望考察消费者对于高（或低）酒精饮料的偏好，但又无法直接获得酒精浓度而只能靠商标信息及以往的经验，那么就必须假设一个异质性的总体并设法获得一个高应答率、无选择性偏差的样本。

整群抽样是指在设定下一阶段的抽样之前，从已明确和已在册的某个地点或群体中挑选个案。假设一个地区内有 30 个保龄球俱乐部，而研究对象为在周六晚打保龄球的人群。那么，我们可以随机地选出 5 个保龄球俱乐部，然后进入第二阶段的抽样，即随机选择周六晚 7 点至 11 点在以上 5 个俱乐部第三赛道打球的所有人员作为访问对象。整群抽样的逻辑在于被抽中的每个群全部进入下一阶段，例如抽取这三周以来在周六晚打过保龄球的所有个案构成样本。当然，由于有些群未被抽中，整群抽样也可能导致样本多样性的丧失。这就有赖于前置信息的完善（比如一份完整的保龄球俱乐部清单）。在统计软件足够精细、足以整合分群信息与调查数据中的其他详细信息时，整群抽样一般会带来较大的置信区间。不过，对于某些研究而言，整群抽样是十分高效的，它能够帮助研究者锁定特定区域内的访问对象。恰恰是鉴于这种节约成本的考虑，尽管整群抽样可能对总体区域的代表性欠佳，但它依然得到广泛的应用。

相对而言，分层抽样则更为复杂。要想对一个样本进行分层，首先要确定样本的总体规模，然后再将样本划分为 n 个子群体。而在每个子群体中，诸如某些特征的普遍性及与研究的相关性等前置信息则用来确定每个
28 层别的个案抽取比例。我们可以按照不同的比例对样本进行分层，比较简单的一种操作是用子群在样本中所占比例的倒数来设置该子群中 n 的比例。相较于简单随机抽样，层数越少，分层抽样所得样本的代表性越强；层数越多，则样本的代表性越弱。可以证明的是，只有个案在相关特征方面皆具有同质性时，样本才比较适合设置更大的层别。这样，对于选定的总体而言，分层抽样的代表性要强于简单随机抽样。只不过，相关信息的获取并非易事。设定了样本的层别之后，要想获得无偏差的均值及关于全体 n 的其他统计结果，可以通过调整样本规模及抽样后的加权处理（参见 5.8 **调查数据的加权**）来实现。作为一种调整方法，事后分层加权还能够修正无应答所带来的偏差，得到满足研究设计的统计推论。此外，

整群抽样还可以结合分层抽样一起使用。当整群抽样降低了调查样本的总体精确度时，我们可以尝试在每个群内进行分层抽样，这样就能够提升子样本的精确度，从而改善总体的精确度。这种将整群抽样与分层抽样混合使用的方式称为多段抽样。

若在多段抽样中包含了非随机抽样（如滚雪球抽样），那么就不能将整体的抽样方法看作随机的。如果整体的抽样方法不是随机的，则基于样本的概括性结论就不适宜在更大范围的总体内进行推论。倘若打算采用随机抽样的方法，那么请注意不要混淆了以下这些基本原则。一般来说，随机抽样比非随机的个案选择成本更高。但是，如果需要节约成本，全盘的研究谋划（所覆盖的地理区域和波及的社会群体）则时刻处于变动之中。比如在以色列的案例中，研究者为了获取更多的个案，也可以将同一笔经费只用于城市的调查。

如果在一项研究中使用了非随机抽样的方法（包括诸如整群抽样和分层抽样之类的经过精心设计的抽样策略），那么行数据中加权后的均值则可用以估计样本均值，并以此代表总体均值。在使用整群抽样的情况下，上述估计误差有增大的可能性；但是，在使用分层抽样的情况下，该误差将被消减。

无论研究者使用的是整群抽样还是分层抽样，都可能选择事后分层加权。而这些权重则反映了研究者进行研究设计时所做的推论。而且，对于调查中无应答率较高的研究者而言，通过将实际所得的样本和优质的数据源（如普查或医院的完整登记册）相比较，可以生成抽样后权数并加以利用。通常，抽样后权数被称为事后分层加权，可以分为三种子类型。第一种权数是作为每个集群的标识符；第二种权数不仅是每层的标识符，更是用以弥补相对于总体抽样过多（或过少）的层别的附加值；第三种权数则是对无应答样本进行加权的修正值。所有的权数平均在 1 左右，它们彼此之间可互乘。由此，得到基于研究设计推论而赋予每个个案的总权重。比如，我们可以计算得到在 95%置信区间下样本的平均年龄。 29

相较于以设计为基础的推论，基于模型的推论略有不同。当研究者获得的与抽样偏误主轴直接（或间接）相关的变量足够多，或打算运用回归或其他多变量模型技术时，则应避免使用事后分层加权。例如，某个数据中原本包括很多学生个案，当变量“学生”进入模型时，由此所带来的变异便会被加以控制。那么，我们就要在结果中考察剩余变异是如何随着其他变量（可能是身体的尺码或以往的培训经历）而发生变化的。在计量经济学和面板数据中，最常见的做法是在模型框架中清除潜在的变异源（Greene，2003；Wooldridge，2002）。可喜的是，核查实验数据或其他非随机抽样的调查数据也是可能实现的。一般来说，如果研究者的结论明确地指涉个案的本质、多样性及总体，则建议最好核查一下。当然，在样本 n 中必须有充足的个案。此外，还有一种方法是纯粹描述样本特征，而不涉及解释与推论。毕竟，推论是指基于随机抽样所得的样本对总体做出归纳推理性的说明。

本章的延伸阅读

很多时候，资料的收集与分析是纠缠不清的。所以，这里给大家提供的补充阅读也是围绕着上述内容展开的，以免研究者机械地收集资料或是照搬。相反地，人们倾向于思考如何解决问题、如何围绕这一问题展开研究、如何设计资料的收集和数据的分析、如何启动资料的收集——或许是通过试点研究——然后在完成整个资料的收集之前重新审视早期的阶段。

布莱基（Blaikie，2000）和丹勒马克等（Danermark et al.，2002）大力推荐将资料收集与整体管理良好的研究项目相集成的整套方法。布莱基（Blaikie，2000）将引领你穿越研究设计的各个阶段。丹勒马克等（Danermark et al.，2002）则通过勾勒项目进展的总轮廓，诠释了研究方案的制定。德沃斯（DeVaus，2001）的书则相对较为实用，更注重技术细节的探讨，而在方法论方面所费的笔墨较少。雷德（Layder，1993）则运用非常直白的话语展开问题的讨论，故他的书适合本科生和刚进入研究领域的新手。该书清晰易懂，能够帮助读者选择适合特定研究主题的方法。

对来自第三世界和从事比较研究的研究者而言，劳斯（Laws，2003）

则贡献了有关资料收集与方法的著作。在相关的一般领域里，我们可以从两处获取更为具体的全程指导，它们不仅清晰而且实用。一处源于独立作者的著作（Mikkelsen，1995，2005）。米克尔森的书中谈到了研究的发展难以与实践的推进相分离的困境，涵盖了定量和质性资料收集的主要实践细节，对参与式资料收集和混合方法的推荐运用也有精彩论述。而托马斯等（Thomas et al.，1998）则编辑了系列丛书来探讨作为一种实践形式的研究发展。

米克尔森（Mikkelsen，1995）从技术细节层面对参与式研究进行了解释。对于打算从事研究或在任一社会背景下开展参与式研究或行动研究的读者，我推荐卡罗尔编辑的系列丛书（Carroll，2004）。弗林夫伯格（Flyvbjerg，2001）的概述虽然较少涉及实用性方法，但它令读者对研究的全场景有了一个大致了解，从而有助于参与到社会政治的壮丽画卷之中，使研究更具有针对性。

另请参阅巴尼特（Barnett，2002）关于抽样的著作。

31

第 2 章

质性资料的收集

2.1 访谈

33 访谈是在两人（或多人）之间进行的一种互动。半结构化访谈表（interview schedule）则是围绕着提示性的概念来展开的。本节中，我将对半结构化访谈的提示性问题及其他细节予以讨论。随后，再介绍获取访谈资料的另两种来源——非结构化访谈和结构化访谈。而记录的创建与输入将在本章内分别叙述（参见 2.2 **记录**和 2.10 **准确性**）。

在第 1 章中，我已经展示过三方参与的半结构化访谈实例（参见 1.3 **资料**）。安特克里夫博士提前设计了该访谈（Antcliff et al.，2007），以便整个研究的顺利进行。下面的访谈摘录有助于我们理解半结构化访谈是如何从一个话题转换到另一个话题的。访问员所做的两种陈述分别是提问和提示。这些提问都经过事先设计（参见 1.3 **资料**和 2.5 **解释**），往往是“为什么”“什么”“谁”“在哪里”之类的开放式问题，或者是结构化程度较低的问题。比如，“告诉我，你是怎么想到要离婚的”或者“你为什么开始打算换个工作”。访谈中的提示则更加难以界定。当我们设计一个访谈并为之准备时，拥有一份提示（指令）清单则显得尤为可贵。比如：

“为什么会是那样?”

“再跟我讲讲。”

“你还能想起什么吗?”

“然后呢?”

“所以呢?”

“还有谁？原因是什么?”

哪怕只是稍稍鼓励一下受访者（随后保持沉默），也是大有裨益的。*34*
可以像这样：

“我明白了……”

“事实上……”

“原来你有这样的感觉……”

“当时你是这么看的……”

通过这些提示性话语，受访者知道自己一直被关注，从而不会令访谈陷入冷场或跑题。访谈刚开始时并不会直奔主题，而是由访问员根据整个访谈的计划与时间在时机成熟时予以发问。

之所以称之为“半结构化访谈”，主要是因为研究者事先就设计好了在规定时间内受访者需完成的基本问题。而无结构式访谈（unstructured interviews）则只需拟定主题便可以进行。无结构式访谈通常没有时间限制，因为有可能需要再次进行访谈，在实地操作过程中这种情况非常普遍。而且，访问员也无须在访谈过程中做记录。相关的记录都是访问员事后通过回忆写下来的。如果还要在访谈过程中对无结构式访谈进行记录，那么研究者就很难找到有价值的部分，也无法将其与无关紧要的部分区分开来。相较于无结构式访谈，半结构式访谈则更为系统、更有规划性。

在本章第二节**记录**（2.2）中，奴隶口述史研究就运用了无结构式访谈。

此外，结构化访谈通常是由问卷促成的一种面对面交流。这种问卷显然是经过精心策划的。在典型的调查方法中，调查问卷会设有许多封闭式问题，也许还有一些“示范卡”（showcard）或经过预编码处理的备选项（另请参阅 2.10 **准确性**和 5.1 **操作化**的相关内容）。我们需要对调查中的访谈方法勤加练习、细化把控访谈时间、清晰地引导受访者并确保访问员认真遵守工作章程，才能使自身的访谈技能日趋精进。这里，访问员很可能会被称为“统计员”，因为他们的任务主要是捕捉可量化的（容易记录的）答案。（从字面来理解，统计意味着计数。）在统一的调查中使用统计员，可以使不同区域的调查从业人员以相似的方式进行类似的调查，从而生成统一的数据（参见 1.3 **资料**、5.1 **操作化和** 5.2 **测量**）。

总的来说，在调查研究的背景下，调查员应该尽量降低自身对整个调查的影响。而且，由于他们收集信息的重点并非开放式问题，因此他们在调查过程中也不允许使用提示性信息。他们必须遵循标准化的流程进行问卷调查并要求公平对待每位受访者，以保证每位受访者对同一个问题都有所回应。此乃“结构化访谈”的精髓之所在。尽管如此，他们亦可被称为“访谈员”。不过，令人不解的是，结构化访谈和半结构化访谈有时是由同
35 一班底来运作的。如果你打算开展半结构化访谈，那就没必要为了这次访谈来专门设计问卷。为了保证响应模式（response pattern）的自由度，我们不宜对问卷进行预先设计（参见 1.3 **资料**和 2.2 **记录**中有关访谈计划的内容）。

近年来，一些研究者运用混合方法大胆地对非结构化访谈、半结构化访谈和结构化访谈的诸多方面进行了融合。一种方法是在封闭式问卷调查的过程中或临近结束时设置开放式问题（以及做录音准备）。此时，这类调查的管理者就不只是一名统计员，更是一名访问员——通过与受访者的互动，在完成问卷填答的同时，还获得了部分文本资料。因此，比较明智的做法是在一个小组中设置一系列开放式问题，也可以在一个连贯的小组中设置封闭式问题。为了避免耗费过多的时间，我们需要对访谈进行缜密的时间安排和规划。

由半结构化访谈所生成的文字记录长短篇幅不等，从 6 页到 40 页皆

有可能。田野笔记的录入则是一项大工程，根据研究所涉及的语言、俚语和方言的差异以及录音质量的高低，其艰巨程度也各异。在没有录音磁带辅助的情况下，我们对半结构化访谈的分析是相当有限的。当最初的第一人称叙述被转换为第三人称的要点记录时，它就不是那么原汁原味了。而且，访问员事后进行补记时，常常会对访谈中的隐喻、习语、缩略语及音节省略进行转译。如果我们能够将访谈内容逐字逐句地记录下来，那么，记笔记的效果优于录音。但是，如果访谈的时间过长且无法逐一记录，录音的效果则要好过记笔记。

访谈记录可以让我们更好地洞察事件的运行机制、发生过程、个人的行为动机、社会结构以及其他众多社会现象。

安特克里夫（Antcliff，2000；Antcliff and Saundry，2005）采取了以下的方式作为访谈的开始：

> 我：首先，我想问的是，你对于当前的工作岗位有安全感吗？

这里的文字记录在录音开始之前就省略了先前的介绍。显然，此处的问题希望引导受访者对工作安全感和当前合同任期进行回答。回想一下，(在第 1 章中已介绍过)，第一个被采访的人（被称为“受访者 1”）是一位女性，签了短期合同的临时工；第二个（受访者 2）是一位成熟的男性职员，年纪较大，签订的是永久合同。访谈继续：

> 我：所以，你认为之所以得到这份工作，主要是因为你在别处学到的技能？
>
> 受访者 2：噢，是的。起初，我是拒绝的。后来，他们给的提议让我无法拒绝，不仅薪水可观，还将我作为正式员工对待，并纳入公司的退休金计划……
>
> 受访者 1：这对我来说，正好相反。据我所知，有一千人申请了 36
> 这项工作，这给了他们很大的挑选空间。和其他人相比，他们给我的薪水相当低……我还得签合同，承诺全天工作、放弃额外的福利，并在《欧洲工作时间标准》上签字表示自愿放弃相关权益。
>
> 我：那么，你最终签字了吗？

受访者 1：是的，签了字……

我：难怪你俩的待遇天差地别［指的是两位受访者］

受访者 1：其实，我做临时工时，享受的权利还多一些……

受访者 2：……难以置信。

受访者 1：就像我告诉自己的那样，这份工作只不过是让我感觉良好，我可以随时离开另谋差事。毕竟他们也没在我身上投资，也没有承诺对我进行电视产业的相关培训，所以我也不欠他们的……

受访者 2：［笑］是的，这的确是个问题，而且问题在于目前的技能差距越来越大，而且这种情况愈演愈烈。你仔细观察那些被召集参与大型演出的人，……他们都是自由职业者，根本就不是那里的员工……［说句题外话］工作由这些人［自由职业者］来做，那我们这些人就得不到锻炼，技能差别就是这么形成的……

受访者 1：……我老板说，我工作很出色，但是没法将我留下来……我想，每个人都希望待在一个地方，你知道，在那里他能够成长并受到重视。可现实是你不仅不受重视，而且薪水微薄……每当早上六点钟进入办公室时，你就会想——也再次提醒自己究竟为什么要做这份工作。

我：那么，你接受过任何培训吗？

在这篇摘录中，标记为“我”的访问员关心的有两点：一为工作所带来的技能，二为工作中的培训。访问员使用“提示”来表明自己对第一位受访者和第二位受访者有着不同的关注点。虽然这些提示推动了访谈的继续，但访问员还是要注意尽量减少自己的发言。

在上述特殊情况下，使用半结构化访谈的方法可以让研究专注于每位参与者所处的组织及所从事的职业。对于常见的面对面访谈法而言，联合访谈是一个有趣的转折。毫无疑问，运用三方参与的访谈在富有成效之时
37 也涉及一些额外的成本，比如人们能在多大程度上开诚布公地交谈、他们选择谈论的话题以及如何处理敏感问题。

在有关电视行业定期或永久合同的记录示例中，大部分访谈内容均是围绕大型组织内部的社会关系来展开的，其中也包含了分包商的角色。此

外，研究将初级雇员的职业（他是一个分包商，并在一系列定期合同中工作）作为核心课题。因而女性员工的主体性变得重要起来。

如果有关电视职业的访谈是按照主题进行编码的，就像内容分析中的那样，那么代码可能就包括金钱、技能、筛选工作、权力、临时合同、永久合同、员工的灵活性、雇主的灵活性、性别以及合同条款。如果运用话语分析技术，其中一些主题将被归在更为宏观的标题之下，如权力假设、等级关系、社交网络、处理工作合同的代理人、工作契约假设等。话语分析可以为具体的隐喻提供更为详细的代码。通过提取更多的文字记录，我标注出了以下一些需编码的细节：

- 动词——强加条件、请求帮助、建议培训、吸引自由职业者；
- 典型名词——自由职业者、员工；
- 惯用语——薪水微薄、全天工作、良好的员工；
- 讽刺——你知道、这很好、再次提醒我自己为什么要做这份工作；
- 隐喻——核心人员和外围从业者、上帝赐予的礼物、由公司照顾的人；
- 夸张——他们穷得叮当响（指廉价的年轻实习生）。

如果想研究更多的访谈内容，就得对这些细节进行更大范围的编码和模式识别。最终，主要的话语将由分析者发掘出来。也许有人会发现“灵活的工作话语”和“永久员工的企业氛围”的话语，也可能是“来自灵活就业的自由职业者之抵抗”话语。

当我们计划进行访谈时，应仔细考虑上述所有不同类型的分析问题。作为一种有效的先导环节，试访谈为整个研究流程的推进（即第一次转录，然后进行编码和分析）奠定了坚实的基础。然而，在分析方法尚不明确的情况下，最好不要贸然进行访谈。而且，我们也无须局限于某种单一的分析方法上。就访谈而言，我们至少可以用到以下七种方法： 38

- 现象学（研究一系列事件是如何发生、如何从内部被感知到或其内在运作机制）；
- 解释；
- 主题内容分析；

- 话语分析；
- 批评性话语分析；
- 叙事分析；
- 会话分析。

所谓“方法”，并不仅仅是对受访者所谈论的事件进行描述。它是一种从访谈资料中获取新知识的技术。而方法论则是由更宽泛的一组观点或主张构成，比如建构主义或现实主义观点。因此，通过举例和一些“编码”实例，本节向大家展示了在分析方法不明的情况下如何分析访谈资料。

2.2 记录

39 记录的创建包括手写或打印出访谈或其他声音文件的文本。焦点小组记录、市场研究讨论组记录以及半结构化访谈记录只是其中的三种。记录可以用原语言输入或进行转译。本节中，我先介绍了如何创建处理后的文本，然后讨论了转译方面的一些问题，以突出隐喻和习语在人们谈论世界时的重要作用。由于在大多数语境中起源于俚语或方言的习语普遍存在，本节不仅有助于跨国研究，对本土研究也将大有裨益。

记录中，运用缩写或化名可能很重要。我们必须考虑到相关国家的数据保护法规以及关于受访者的知情同意伦理。由于项目参与者很容易通过缩写的姓名猜出个人的真实姓名，因此缩写并没有很好地保护受访者的隐私。所以，从研究伊始我们就必须考虑是否使用化名。如果使用化名，那么就不要使用缩写。并且，在开始每位受访者的访谈时就引入对应的化名。此外，还要注意对他们所在区或组织中的他人进行命名。为避免多次重复命名某些个案，我们还需建立一个覆盖面更广的“备选化名”清单。而“主要化名”清单可能还包括案例编号、访谈号、卡带标识符和 MP3 声音文件名列表。由于化名清单是一种机密性较高的人造物，所以我们需要谨慎地对待和处理。个人电脑中应设置专门的密码保护文件来存储这些信息。

如果研究不需要，那就不要使用化名。这些化名不仅难以记住，而且为了避免重名，创建化名本身就极大地挑战了研究者的个人风格与创造力。因此，如果项目中有人叫帕特里克，那么以“帕特里克”作为研究化名就非常不明智，它可能会让人将其跟现实中的帕特里克“对号入座”。倘若确实需要在研究中使用化名，我们可以向当地人咨询这些化名在本土的不同含义。实际上，许多名字都被赋予了宗教或地域含义。40
尽量选择中规中矩、无伤大雅的名字。所以，“大卫”或“帕特里克”这样的化名用在爱尔兰可能较为合适，而“Skip”“Felix”或“Trig”则可能会带来误会。[对某些人来说，Skip 听起来像狗的名字；Felix 是卡通猫的名字；Trig 是美国政治家萨拉·佩林（Sarah Palin）的孩子的名字。]

如果不使用化名，我们也可以采用名字的缩写。我个人的经验是，在访谈过程中以“Q”和“A”来指代问题和答案，时常会发生混淆。最好对每位发言者的名字进行缩写，并在通篇文本中重复使用。而且，这些缩写有助于我们日后对文档中的相关段落进行搜索。调查中，你也可以选择使用独一无二的名字缩写。这样，“Th”代表的是“西奥多”（Theodore），“Tr”代表的是“特蕾西”（Tracy）。从而便于我们日后运用计算机进行搜索，并成功地定位到每位发言者。

在创建文字记录方面，西尔弗曼（Silverman，2000，2001）提供了许多详细的建议。鲍尔和加斯克尔（Bauer and Gaskell，2000）的著作为资料处理贡献了又一条有效的捷径，而卢因斯和西尔弗（Lewins and Silver，2007）则指导如何将文字记录输入计算机软件包中。记录通常是用详细的标点符号来逐字显示的。例如，使用“……（3）”来代表暂停，并显示暂停的时长。不过，现实中我们也常用省略号（……）来表示对连续对话的省略，要注意这种段落的省略不应该与上述相混淆。

以下两种文字记录形式各异，但都非常有趣。无论翻阅哪一个，我们都可以从中感受到文字记录的篇长，并领略其中的复杂性。在第一组文字记录中，没有任何问答，直接对演讲材料进行了转录。BASE（英国学术英语口语）和 BASE+集成项目网站（http://www2.warwick.ac.uk/fac/soc/al/research/collect/base/）在展示文字记录时，主要以“暂停符[1.2]”来代表暂停 1.2 秒，很少出现其他格式。下面呈现的是由发展经济学课程中得到的.txt 格式的原始文件。由于该文件旨在分析非标准书面语情境下的口语结构，故其并没有按照英语语法进行记录。

> 在 20 世纪 80 年代的加纳，同样的事件再次上演。[0.7] 所以 [0.7] 这种半国有的 [0.5] 大规模运营方式 [0.2] 正在拖垮整个经济 [0.9] 招致一系列恶果 [0.5] 麻烦不断 [0.7] 意料之中地 [0.6] 国际货币基金组织（IMF）和世界银行目睹于此便会说 [0.3] 老天啊赶紧把这些国有资产都私有化了吧 [0.6] 它们对你一点好处
> 41 都没有 [0.7] 呃 [0.2] 或许是有些效率低下 [0.5] 嗯 [0.3] 但并不是所有的都在低效运行但大众的感觉是政府办事效率不高 [0.4] 他们千方百计地把经济搞得一团糟 [0.9] 还向对关键的经济体制改革指手画脚 [0.6] 甚至还包括税收制度

在这个例子中，我们看到，没有标点符号的长句子用于强调某些短语，并启发听众去思索发言人的“弦外之音”。

演讲的过程中，发言人的思维转换迅速、滔滔不绝，观点一个接一个地冒出来。因此，若按照双倍行距和 12 号字体做类似于上述的记录，为时 60 分钟的演讲将会生成 35 页或 40 页的文字记录。而在受访者不愿开口、需要转译或存在对话停顿的情况下，每小时声音的记录量至少为 20 页（按双倍行距计算）。根据这些篇幅的估计，我们可以估算出每次访谈所需的记录费用。例如，若每次访谈的时间为 45 分钟，而且发言者较为健谈（流利地发言），同时打字员能够以每小时 8 页（双倍行距，每页 250 个单词）的速度顺利记录语音，那么将其整理为文字记录大概需要 3.7 小时（按照每小时生成 8 页、每个访谈的篇幅为 30 页来计算）。考虑到文档最终的编辑、化名的使用以及同类词的替换等情况，按照上述打字速度，每天整理的文字记录不宜多于两份。假设你有 40 次这样的访谈，

那么至少需要 20 天的时间来完成语音转化为文稿的工作。而非专业的打字员则要耗费更长的时间。

第二个例子源自奴隶叙事网站（http://xroads. vir ginia. edu/～hyper/wpa）。该网站的在线资源区提供了两千多人的口述史资料，这些人 19 世纪五六十年代在美国曾被迫为奴，他们的真实姓名全部出现在口述记录之中。人们登录网站，就能获取相关信息。口述史是一种资料的收集方法，所用访谈的结构化程度较低。选用这种方法的研究者通常会多次跟受访者接触，并在访谈前后进行大范围的背景研究。随着访谈时间和地点的不同，对奴隶的访谈资料呈现出极强的方言特点。我曾用 NVivo 软件处理了其中的三次访谈，并打算对这些曾经为奴者提及主人的具体时机进行编码。他们谈论的重点是曾经的主人在内战前及其期间的行为。在接下来的几段中，通过一些摘录片段，我向大家展示了如何用 NVivo 软件进行编码查询。由于访谈的记录文本均事先进行了编码，故编码查询是恢复文本提取的一种方法。本案例的编码“节点”是**对主人的谈论**。围绕于此，我对三个访谈进行了仔细研究。专栏 2-1 所示的摘录是对一次访谈的摘录。NVivo 的实用性在于通过比较每个奴隶（比如沃尔特·卡洛韦）对其主人的描述来研究不同的访谈记录，同时也展现了文字记录的形成过程。而且，在这些摘录中看不到访问员的只言片语，他们仅在必须做出提示时才会出现。

42

专栏 2-1　以前的奴隶谈论曾经的主人

〈内部\3. 来自方丹·修斯的原始口述〉——§4 篇引文被编码［覆盖率为 12%］

引文 4——编码覆盖率为 2%

现在，如果，嗯，如果我的主人想要打发我干点事儿，他从来不说你可以“骑马”。你得走路，你知道的，用脚走路去。你就是一个光脚“司令”。这没有什么不同。在奴隶制时期，你在某些奴隶主的眼中就跟狗差不多。现在宠物狗的待遇比那时的我们强多了。不过，我不是很想提及这些往事。相信你也能理解，因为这令人感觉糟糕透了。我可以坦陈一些痛苦的往事，但也只能说这么多了。

〈内部\3. 来自坦佩·H. 德拉姆的原始口述〉——§6 篇引文被编码［覆盖率为 41%］

引文 6——编码覆盖率为 8%

能够获得自由固然是不错，但在南方投降之前黑人的待遇还是不错的。毕竟，当他们生病时有人照顾，而且也不会陷入现在这般的种族争斗与杀戮之中。在奴隶制时期，如果一个黑奴不安分、试图逃跑，他的主人会狠狠地鞭打他一顿，然后他就老老实实地回去、关自己的禁闭。倘若他生病了，男主人或女主人会来照顾他……也许并不是所有黑奴的主人都像马斯·乔治（Marse George）和密斯提斯·贝齐（Mis' Betsy）那般仁慈，但是对于我们这些黑人而言，他们就像我们的爹娘一样。

〈内部\3. 来自沃尔特·卡洛韦的原始口述〉——§2 篇引文被编码［覆盖率为 30%］

引文 1——编码覆盖率为 20%

马斯·约翰（Marse John）拥有大片的种植园和众多的奴隶。在这里，我们得到了善待，不过要努力干活。我 10 岁那年主要负责对犁的日常维护。噢，看在上帝的份儿上，马斯·约翰对我们已经够好了，能够让我们吃饱肚子，不过他有个绰号叫“绿灌木”，意思是不管我们怎么做都难合他的意。是的，他极其粗暴，不过他自己从不动手鞭打下人。有一个名叫莫斯的黑人壮汉是他的帮手，人如其名，他像公牛一样强壮。监工让莫斯包揽了所有鞭打下人的活儿。这个男人经常挥舞着他的生牛皮鞭子。有一个 13 岁的黑人女孩因为偷偷摸摸地练习邪术，几乎要被他给打死了。约翰得知后非常生气，后来把那个监工赶了出去，而莫斯则再也没有动过鞭子。

资料来源：以上为温迪·奥尔森选取奴隶叙事网站的部分资料运用 NVivo 软件处理的结果，网址为 http://xroads.virginia.edu/~hvper/wpa，上面的摘录已被精简。

注：“引文”是指被编码的语录。“覆盖率”是指相对于更广泛的信息源（对单独个案的一次访谈或所有信息）文本中，引用文本所占的比例。“内部”是指由 NVivo 软件生成的资料。“马斯”（Marse）特指奴隶主。

从以上摘录中可以看到，大量单词并非以标准的书写方式来发音的，而是有其特定的记录方式，比如撇号及某些“拼写错误”。这说明了逐字抄写的重要性。如果这些词语被转换成 20 世纪 90 年代的标准英语，语义则会大相径庭，而且其真实性也会大打折扣。文本中所记载的成语及受访者特有的表达方式丰实了我们的信息。比如，方丹口中的“lawdy”一词实际上是“上帝”或“天啊”的缩写形式，与现代英语中的意思一致。只不过，方丹·修斯的这种表达方式带有浓厚的南方色彩。仅凭它的发音，我们就知道这句话出自美国的南方腹地。当然，语言学家还可以讨论不同的社会阶层和民族起源对发音的影响。另一个精确转录的例子是“Ole Marse”(坦佩·德拉姆所提及的)。这个短语可以改写成“老主人”。虽然这两个词是紧密相关的，它并不是指“先生”，而是奴隶对其“主人”的简称。通过追溯“先生”这一称谓的由来，研究者能够尝试从奴隶的角度来考察主仆关系，并对其意义进行诠释。 43

以上摘录展示了如何运用 NVivo 软件在长篇累牍的文本记录中对口述史片段进行直接比较。为方便大家思考其中的差异，我比较了奴隶谈论奴隶主的方式。而 NVivo 软件则可以用来计算每段引文在一份访谈记录中所占的比重。在查询编码时，这些百分比均是正确的，可一旦我运用省略号（……）来缩短引文时，这些数字就不那么准确了。由于文字记录的篇幅受到诸多因素的影响，比如访谈中的干扰、无关的题外话以及访谈主题的因人而异，故质性研究中的百分比在任何情况下都只是一种粗略的估计，主要用以显示编码节点出现的频率。

如今，像奴隶叙事这样的口述史材料越来越容易获得。随着互联网的普及，我们轻易地就能获得年代久远的材料。这是因为当下运用数年前的资料不太可能给牵涉其中的受访者造成伤害。而目前的访谈资料大多都保存在“数据档案”中，后者要么已经启用了化名系统，要么设置了许可性的网络关卡，限定了用户使用资料时必须遵守的条款，因而比以前要小心谨慎得多。

如果你想磨炼文字记录方面的技巧，可以再通读一下专栏 2-1，看看能否找到这三位发言人所用的习语和隐喻。这里，我列出了他们所用到的一些比喻（也就是文字游戏）：

● 将奴隶比喻为动物，这在美国奴隶制时期很常见（参见上述摘录中所提到的狗和牲口）；

● 奴隶们模仿主人生活中的礼节和礼仪，关注主人的日常穿着（戒指和白色的衣服及手套）——“漂亮的戒指”这个短语的含义远不止外表的吸引力。

隐喻是修辞的一种亚型，你可以通过仔细阅读文本来找出具体的隐喻。
44 习语则是嵌入日常语言的一种修辞手法，通常它使用的范围更广，而不仅仅是某位谈话者的“即兴发挥”。“价值一堆”就是这里出现的一个习语。虽然“堆”在某种意义上是一个量词“成堆”，但也可能是指农场中正在出产的大量农产品。在仔细阅读文字记录时，试试将这些分析性标题牢记于心，这种练习有益于我们认真地进行叙事研究。此外，我们或许还希望考察文本主题的连续性。叙事研究既包含内容，也包含文本建构的过程特征。

通过专栏 2－1 中的一些文本，我们还可以利用谈话的长度和通畅性来探究不同受访者提出的主题。也许，有人打算研究的主题是奴隶是否信任奴隶主。这里，信任可以分解为若干子话题。是否相信主人能公平地处罚奴隶？受访者是否觉得公平？只要奴隶们需要，是否就可以饱餐一顿？是否相信只要奴隶表现好，就能获得奖赏？

要想将文本分析透彻，就不能只关注叙事结构或小规模的语言特征。社会评论也可以成为文本分析的一部分，比如奴隶眼中的主人是什么样的。不过，在我们将研究的目光投向宏观领域之前，最好在细微的文本单元（如习语）上多下些功夫，这样有利于我们进入文本意义这个更宏大的领域。我们不一定能得出类似于“在美国 1860—1865 年间为奴的这些人认为奴隶主是值得信任的”的结论。更可能的是，*同一被访人群中有关*不同亚群体的陈述均成立，尽管它们之间可能相互矛盾。随后，这些经验性结论被吸纳到该时期的主仆关系理论之中。

以下的例子来源于 BASE 的访谈区（http://www2.warwick.ac.uk/fac/soc/al/research/collect/base/interviews/ireland.doc），它向我们展示了如何创建独特的缩写。这里选取了对斯坦利·爱尔兰医生进行录音采访的逐字记录稿：

注释：TK　Tim KELLY

HN　Hilary NESI

SI　Dr Stanley Ireland

HN　首先，我想问你："你认为研讨会的目的何在？"

SI　嗯，在很多方面，召开研讨会并非只为了一件事情。我想，这是你必须意识到的第一件事。就像开讲座也可能包含多重目的。

上述摘录中，你可以看到访谈计划中出现的一个问题是用引号表示的。其余的谈话则为逐字记录。即使一个句子在语法上并不完整，它仍然会被逐字逐句地记录下来。这只有在录音的情况下才可能发生。通过重复播放录音，我们可以生成准确的逐字记录。而第三个人总结，像"SI 说召开研讨会并非只为了一件事情"这样以第三人称做出的归纳则不适合下步研究的开展。实际上，逐字记录就是哪怕说话者暂时跑题，也得逐字逐句地记载谈话内容。在半结构化访谈中，访问员的任务就是将让受访者言归正传或者关注下一个访谈问题。其间，访问员可以就主题或当前话题对受访者做出引导性提示。

此外，记录者或访问员可能还希望在文字记录中加入自己的评论。那么，我建议使用"[ ]""{ }"或"/ /"来作为标记符号。微软的 Word 也允许插入注释，但这些注释日后难以删除，而且将在页面的右边生成一个非常宽的边距，反而显得文本拥挤不堪。Word 中还有一套专门的系统称为标记，它主要用于在文本中输入注释。根据打印设置，这些注释可以选择出现（或不出现）在打印的文本中。如果已经启用 Word 的注解或标记功能，那么以后就很难将这些内容转换为.txt 或基本的文本文件组件（如/ /注释）。这就是我为什么推荐计算机键盘上出现的基本字符，而非特定软件的注释功能。就记录注释而言，比较实用的键盘符有：**（用于记录陌生外来者的闯入），"　"代表外邦词汇（鉴于斜体格式在文件格式转换时容易发生丢失，故反向逗号比斜体字更可取），!（感叹号）和?（问号）显示谈话者表达的重点。至于♯～＋& @这些符号，可用于表示那些象征性的、无须具体解释的脏话。由于（）（圆括号）增添了我们理解的难度，故建议最好不要使用。而且我们不清楚它究竟是谈话者的附加评论还是记录者的事后补记，容易产生歧义。唯一的例外是（sic），这是一个标准的插入语，意思是“本就如此”（just as is）。我认为，［sic］较好地突显了“本就如此”的释义。显然，在实际生活中没有人会说“sic”。当谈话人故意说错话且希望引起他人注意时，就可以用［sic］。在核工业的相关讨论中，有人可能会说“我认为 nucular 动力是有用的”。那么，你的记录应该是这样的：

我认为 nucular［sic］动力是有用的。

目前，我们可以进一步分析谈话人的错误发音。同样，由于标准的方括号足以代表插入的内容，因此斜体字也可以被用于文字记录之中。

2.3 编码

46 编码是指从一组证明材料中挑选出数据项，并将其对应于各式各样的术语，由此创建数据库的过程。在编码之前，你可能已经准备好了手写的田野笔记、调查问卷、访谈计划、一些相关文献的卡片以及其他类型的证明材料。也许，你已经开展了或大或小的调查（得到的可能是成堆的问卷，且每一份问卷都有独特的识别代码；也可能是基于现有个案资料所形成的数据矩阵），或者手中已掌握了一些.mp3 格式的访谈文件。制作“编码”则意味着运用计算机对某些资料进行处理、赋予其相应的代码。

代码是一个概括性的词语，能够帮助我们对某些资料进行针对性的恢复或检索。代码的种类繁多。在前面，我已经展示了如何对奴隶的口述资料进行编码（参见 2.2 **记录**）。极为基础和极为先进的编码系统都可能运用于实践中。在大多数研究项目中，编码方案均为原创。所以，现在市面上所有的相关书籍都可以成为引导你进行编码的指路人（Lewins and Silver，2007；Gibbs，2002；Richards and Morse，2007）。而本节旨在阐述编码设计对资料收集的影响。尤其是跟质性研究、个案研究和调查数据发生关联的特殊知识点。显然，对编码的事先谋划也是必需的。

如果你希望生成一份清单，详细地罗列出计算机数据库中用到的所有词汇，那么你可以对文本材料进行语法解析。例如，通过 NVivo 软件（www. qsrinternational. com）的解析功能，我们可以得到每个词语出现的频率。数据库中的词汇也可以被用作代码，这在 NVivo 软件中被称为节点。但是，保证代码和词汇的数量相同还远远不够。相反，人们可能会选择出现频率最高的词语作为主代码。如果采用的是内容分析，那些未被明确命名但已清晰浮现于短语或文本蕴意之中的主题词也应纳入上述词汇清单。借助计算机辅助技术，我们可以通过搜索资料中的直接用语和文字短语来实现数据库的自动编码。有些软件包具备上述功能，比如 MAXQDA、ATLAS. ti、NVivo 和 Ethnograph。它们在高级功能方面稍有不同。那么，应该选择哪一款软件呢？卢因斯和西尔弗（Lewin and Silver，2007）的著作对此提供了实用的指导。

我们必须谨慎对待质性资料的编码工作，否则后患无穷、让人精疲力竭。实用的做法是设计三种编码，在研究资料时尤其注重通过第二种编码寻找编码的灵感。如前所述，第一种是索引性编码。通过它，我们能够精确地定位到与代码词汇相匹配的文本。如果想查看某个代码，只需点击它，系统便将相应的文本片段或引文汇集起来并生成一份简报。对于那些回忆性的文字且研究者打算将其用于书面文章时，索引性编码就特别有用。检索时，文档来源的详细信息也将包括在文本片段之中。 47

第二种编码的解释性更强。这里，设置代码的目的在于归纳句子或短语的意义。目前，对意义的分析广泛应用于以下三种方法：民族志、扎根理论、话语分析（每一种方法都有许多变体）。根据我的经验，尤为关键的是每次只选用一种分析方法，这样才能最大限度地利用该方法的优势。如果采用的是民族志方法，那么研究者应该沉浸于具体的观察场景中；并且鉴于田野笔记的重要性，还需要将田野笔记进行编码。如果采用的是扎根理论，研究者可以尝试采用两阶段的编码方法：第一阶段，对已发现的基本主题进行编码；第二阶段，在解释性或过程相关的结构中使用主轴编码（axial coding），从而将与资料相关的理论汇集起来。例如，扎根理论者可能要解释婚姻的瓦解过程。这不仅仅需要解释什么是离婚，还要解释离婚这一词语的使用是如何跟实际结果产生关联以及如何推动离婚行为的发生的。在访谈的同时，扎根理论者可能还会用到法律文书及其他资源（参见斯科特撰写的文本分析著作，（Scott，1990）。扎根理论的编码可能有两组代码：初始代码和某个特定理论的组代码。一些初始代码可以直接复制到被称为“树”的组代码中。而这些选定的代码则成为这棵树下的副主题词。作为软件内部的分组工具，树状代码的创建在研究后期尤为实用。树状代码相当于生成了一系列索引卡片，而索引卡片由两个或三个卡片组成，每个卡片都脱胎于以前的多个代码群。我们将以前的这些代码群称为树状代码的副主题。如果文本少于 20 页，就不必使用电脑来完成这项工作。20 页的文本大概包含 5 000 个字。如果超过了此篇幅，数据库内容就很难被记录。扎根理论有益于我们归纳结果。

第三种编码可能比较适用于话语分析。这里我们有很多选择，比如可以进行批评性话语分析或内部规则研究，后者本质上是文本实践的组成部分。根据我的经验，将每位发言人提出的主要话语绘制成树状代码是极为有用的。在一项研究中，我发掘出六个有关农村银行的话语。一个是有关规章制度的话语，一个是有关精打细算的话语，还有其他四个话语。根据
48 受访者谈论的主题而命名的初始代码（如规章制度），可以作为副主题在每个语篇中进行复制或移动。按照每个副主题，计算机能够清晰地整理我在开篇时所强调的文本片段。总的来说，计算机辅助方法创建了一个复杂的数据库，以便于研究报告的撰写。

如果编码计划影响了访谈或焦点小组的建立以及文字记录的创建方式，那么它将会对数据的收集带来负面影响。当希望将每个案例的多个材料进行整合时，则可以使用案例编码。每个案例可以是一个代码。**分装**（casing）是指建立一个概念性框架，人为地设置一些清晰但富于弹性的边界，以对案例进行拆分（Ragin，2009）。分装完成之后，我们将对案例的相关材料进行分组，甚至可以将焦点小组中的每位发言人作为单独的个案来重新拼接小组材料。我们必须每次突出显示某个文本段（通过鼠标的

点击和拖动），然后指出它属于哪个案例。在归纳了所有案例及其属性的案例表中每个案例貌似是互斥的，但实际上计算机程序也允许特定文本段的多次使用。例如，一份政策文件可能涉及所有的案例。又如，摄于银行办公室的小组照片可能分别被编码到多个案例中。在创建个案研究材料时，可能还需用到嵌套案例。在 NVivo 软件中，可以通过树状结构的再次运用来生成嵌套案例。例如，在你的研究中可能有六家银行。你已经跟三家银行中的两家分行进行接触。那么，可以将各分行作为银行的子案例。在访谈了银行经理之后，可以按照他们接受访谈时所在的分行（而不只是其工作所在银行）进行文本材料编码。

到目前为止，大家已经看到了分析型编码阶段的具体目标是如何影响索引性初始代码的创建的。甚至在话语分析中，我们也可以对诸如隐喻和修辞之类的话语要素进行编码。在此情况下，较为明智的做法是对研究进行整体规划，以便在合理的时间范围内有所收获。所以，编码方法在一定程度上会影响到最终能实现的访谈的多寡。编码越多，则可能意味着访谈数量越少或访谈时间越短。

此外，调查资料收集的核心要义在于编码能够让资料高效地运转起来并足以支持大样本量。这里的编码指的是设置数字代码来表示主题或答案的过程。同样，如何设计编码也会对资料收集的方式产生一些负面影响（参见 5.2 **测量**和 5.4 **数据清理**）。因此，资料的编码应用于多种研究情境——质性研究、个案研究和调查。

2.4　意义

人们总是穷其一生也不放弃对意义的追寻，或静观内省，或围坐热议。有时，甚至以超出正常认知的方式来探寻生活的真谛（如信仰宗教）。不过，研究者在“资料”中挖掘某种内涵继而设计如何收集更多的资料以便日后提炼意义，则是一项相对人为的构建活动。尽管如此，研究者个人 49

对意义的追寻与其所进行的意义探索研究可能还是存在一些关联的。首先，让我界定一下何谓意义以及对其极为重要的语境。随后，我将考察诠释学（对意义的研究）所做出的贡献。最后，讨论了不同学科在研究意义时是如何收集资料的。循此思路，那种完全沉浸式的、与研究对象打成一片的、纯人类学的方法显然与我的主旨背道而驰。而我主张的是不仅要收集意义相关的资料，还要让这些资料成为进一步反思的主题——“除了经验之外，我们还要花时间来回想一下这段经历吗?”换言之，在调研中深入腹地、跟当地人打成一片是不够的。我们还得随时准备应对以民族志（或其他）方法跟受访者接触时可能发生的状况。而我们所收集到的资料恰好就是解决上述问题的钥匙。

要想给“意义”下定义，并非易事。词典中对应的解释是：“当一个词或短语被陈述时，人们脑海中所浮现的最本质的看法。”在寻找意义时，一个词或短语所对应的语境更为重要。语境不同，词语的意义也将发生变化。这表明一个词或短语所具备的含义可能不止一个。此外，请注意，当我们说着某个词或用词造句，同时还辅以动作时，诸如摆手、挥拳或鼓掌等动作也会传递出不同的含义——这些能改变词语原来的意思。所谓意义“浮现在脑海中”——究竟指的是谁的脑海？

那么，让我们首先将意义作为社会交际行为发生的常规参照点，以便于理解其具体的含义。一种行为意味着它是由相应的群体社会构建出来的。它可能指的是另一个事件、一个规则、一种情感、一个人或其代理人、一个抽象的概念、某些数学定律或其他陈述。对我来说，意义就是一种参照。通过对意义进行命名或按照意义采取行动，帮助我们指向特定的事物。

因此，一本书或一部电影可以呈现出一个完整的蕴意；而一个词的意思则可能随着其用法和听众的改变而发生变化；哪怕是对一个问题的回
50 答，也可能有着多重意味。词语的释义在词典中所占的篇幅受到出版商对词典总页数的限制。牛津英语词典有很多卷，其中既收集了单词和短语的历史用法，也囊括了它们的现代含义。大多数词语往往有各自的通用时段及词源。词典中词汇的各式组合构成了词语不同的含义，继而搭建起一个

由意义组建的网络。词语所承载的蕴意往往具有褒义或贬义的一面，而且在特定的语境中将重新出现。这些蕴意相当微妙，且体现了权力关系的千差万别，因此适用于那些随时间推移而解读多样的历史情境。

我们如果试图理解他人口中或笔下所描述的事物，就不得不依赖语境。一般来说，语境是一种文化的比较与对照。我们的文化和外来文化屡有交流与碰撞。鉴于存在着众多亚群体（如知识分子、青年人、阶层、种族、语言群体），文化从来都不是简单划一的。有时，当我们试图给某个事物下定义时，不得不先花点时间来介绍其所对应的群体或背景。也许，在接近该群体时——哪怕是暂时“卧底”于其中——作为研究者的你将被“一分为二”：既要融入被研究的群体之中，又要坚守自己的研究使命。那么，请记住，群体之间也是有交叠的。下面的示例或许有助于理解这一点。

试比较以下两个摘录。第一个摘录（Olsen，2007a）按照一种新理论解读了资料，在名为亚丝明（Yasmeen）的印度村妇的个案研究中进行了意义的发掘。如前所述，这个新理论是建立在其他理论的基础之上的。所以，在某种意义上我试图将亚丝明的访谈结果跟以往理论者以及我个人的研究进行互动。

> 策略通常被定义为代理人对未来可能性的定位，主要是宣称一个主要目标，并意识到：在主要事件到来之前某些次要事件将必然发生或可能出现，以作为前者的酝酿和铺垫。我们如果明确地陈述或提出一项策略，就需要了解导致结果发生的原因是什么、结果是怎样的或将要如何发展，并要求人们在短期内愿意采取行动——我们认为，这些行动将导致最终的结果。因此，对人们而言，策略是具有预见性的。
>
> 访谈临近尾声时，（亚丝明）告诉我们，她希望看到她的孙子们以后能混出点人样来，所以她不介意离开村子到城里跟他们团聚。
>
> 毕竟，有一天能够走出村庄是亚丝明的一个美好愿望。但总的来说，并不是每个人都能够或将明确地表达出自己的每个策略：吃什么、在哪里买食物、如何去上班，以及买怎样的奶牛。布迪厄用“惯

习”这一词语来直指众多社会实践中的习惯养成与社会规范实质。

第二个摘录（Olsen and Neff，2007）讨论了一对农村夫妇［（吉里亚（Girija）和戈帕尔（Gopa）］如何看待自己为房东做的无偿劳动，并附有研究者的相关解读。

51 丹·内夫（Dan Neff）记录了这对农村夫妇有关租地的访谈：“地主提供土地和水，并获得一半的收成，但种什么得由地主说了算。租户为地主免费劳动，包括洗衣服、灌溉庄稼或者拾柴火。”换言之，丹注意到正如拉马钱德兰（Ramachandran，1990）在泰米尔纳德邦（Tamil Nadu）案例中所描述的那样，吉里亚被期望从事各种各样的免费劳动……

A：六年前，你租了这片熟悉的土地；你为地主干过免费的活儿吗？

戈帕尔：是的，我干过。只有干免费的活儿，地主才会同意出租土地。

A：有哪些免费的活儿？请解释一下。

戈帕尔：看管稻田，在甘蔗的压榨期去甘蔗田准备粗糖［煮糖］。到地主的农场里打杂等。

吉里亚：还包括给地主打扫屋子、洗盘子、洗衣服。如果我们能够包揽这些，地主就会把土地租给我们；否则就会租给别人。

戈帕尔：我们必须做这些抵债性的杂活儿，不然，他们会把土地租给别人。如果真是这样的话，我们就只能放弃现有的租地，去寻找其他苦力活儿。

上述被描述为永久佣人的免费劳动。如上所述，这些杂活儿的具体类型有时是以一种固定的格式罗列出来的。男人们讲述属于男人干的活儿，而女人们则讲述属于女人干的活儿。这里，上述并非他们当前为房东提供的劳动，而是六年前他们经常干的免费劳动。

在第二个摘录中通过呈现此家庭的一些详细信息（以其他研究者为参照，即我们“自己”这个群体），我们首先将引文置于情境中，然后在访问员的提示下向这位女士及其丈夫展示了所选的引文，最后还附有我们的相关解释文字。我们试图去解释当时的义务是什么，毕竟“抵债性劳动”往往似乎暗示了长期甚至永久的束缚。然而，就目前的状况来看，该束缚仅存在于过去，现在已经没有了。要进一步探究这种关系的演变，我们还需要再次访谈原受访者并做更多的笔记。

即使解释像这些来自印度乡村的简短摘录，也需要耗费大量的笔墨。我们很难准确又完整地描绘出语境，也无法表达出其中的微妙之处。我发现，要想详细地记载这些在印度乡村的访谈，着实是一项巨大的挑战。我的团队共有 9 位成员。有的负责到村里进行访谈；有的负责以泰卢固语进 52
行文字记录，然后再将其翻译成英文；有的则将英文形式的文本输入计算机；还有一名成员负责将所有受访者的姓名匿名化；而我所做的有限。此外，我们还要请摄影师到村里采风。我们的资料库中既有相关的照片，也有一些 .mp3 格式的声音文件，以便我们回忆村庄中具体场景时作为参考。

能够描述他人眼中的含义是优秀民族志者必备的一项重要技能。出色的质性研究者会在全书撰写时对访谈中的所见所闻进行思索和解释。拉蒙特的著作《劳动人民的尊严》（Lamont，2000）就是一个例子。拉蒙特使用半结构化电话访谈和一些面对面的访谈来研究美国东北部的就业人员。她发现，男就业者中存在某些特定的种族及惯用的种族刻板印象。她认为这是种族主义在作祟，但大部分又并非有意为之，而且——重要的是——男从业者这么做时并没有想到会伤及他人。相反，种族主义性质的言论主要是为了帮助个人塑造自身形象——某种身份，如果你愿意的话——作为健全、正直的人。她认为，如果没有这个“其他”人格的身份，这个人就很难构建出自身的“好我”。该作者对一组访谈进行了解读。

对于我们这些有志于科研的研究者而言，拉蒙特还在简明附录中介绍了其访谈的方法和抽样方法，这同样令人受益匪浅。尽管每项研究所处的语境会跟我从印度访谈中的摘录有所区别，但围绕资料管理所展开的议题却是一样的。包括记笔记、收集社会人口学的背景资料、匿名化处理、相关的团队合作，然后是转录、分析、解释和写作。在撰写该书之前，拉蒙特还对其所选州的历史背景和社会结构进行了研究。对我们读者来说，它介绍了美国部分州的社会经济和文化状况，无疑是一部优秀的著作。

截至目前，我对“意义”这个词的含义进行了界定，并给出了三个例子来说明研究者是如何解释意义的。对意义的研究也被称为“诠释学”。诠释学让我们意识到，文本作者希望表达的意思不一定会被特定的读者所领会。这方面，对圣经或古兰经的注释贡献了重要的实例。要想破解原意，对作者和译者进行追溯是不可忽视的一个环节。作为理解作者本意的一种有效途径，我们可以通过翻阅历史文献或口述史来将自己沉浸在其所描绘的古老世界中。所有的文本均可能遭到质疑。在诠释学者（即翻译员）看来，争论屡见不鲜，是日常的必修课。

在诠释学中，事物的客观含义和人们对其的主观理解进一步被区分开来。

我们将意义与东西的含义区分开来。客位研究法（etic approach）是站在局外人的角度来解释某些事物对其他局外人的意义。其实很难做到这一点。毕竟，若我们只是局外人，观察的结果可能就会有偏误。而主位研究法（emic approach）则是进入一种文化或群体，通过行动、到场、休息、交谈以及与该群体的互动来“了解”事物的具体意义。研究者彻底地
53 融入当地。同样，这也是有问题的。人们的知识很难向外传递。因而，这些知识或许就沦为隐性知识；秘而不宣的事物也可能成为我们的学习对象——它可能是一种新的语言。翻译行为将主位意义（当事者的理解）与客位含义（局外人的看法）连接起来。这也时有争议。而诠释学则为我们提供了一场关于人类社会如何进行交流的饕餮盛宴。

一种众所周知的解释学理论被称为“解释循环”（thehermeneutic circle)，它强调应从根本上质疑对既定交际行为意义的解释的有效性。解释循环始于你对他人的解读。你认为，你是懂他们的。或听见他们的对话，或予以观察；同时，在你脑海中形成一些认知；然后，你说出自己的看法。不过，认知这一步在研究者大脑中是有所过滤的，经研究者的主观构建与后天加工而成，并带有研究者自身过往经历的烙印。由于每

个人的社会化都是独一无二的，故个体经历具有高度的社会性。当你听到某个词时，你的部分反应是在脑海中搜寻与这个词有关的记忆。也许，你用自己的方式解读“他人”时造成了误解。请查看图 2－1 中所创建的连接。

通过图 2－1 我们可以清楚地看到，无论是说话者还是倾听者对何为事物的常规含义都有各自的准绳，双方正是以此准绳为参照进行交流的。

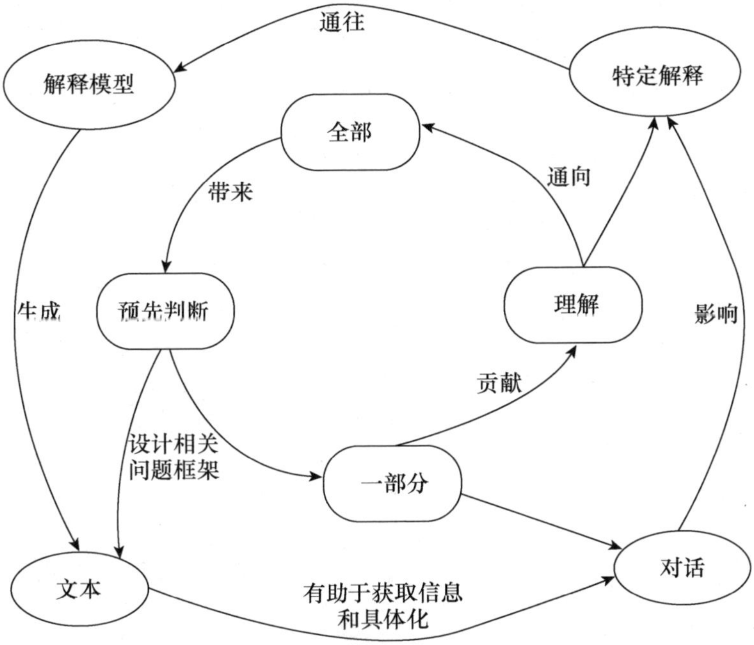

图 2－1　解释循环：与代理人对话的意义

资料来源：改编自 Danermark et al.，2002：160。

但是，对于人们进行交流的参照准绳，我知之甚少。所以，我对其意义的理解可能与它们的真正意义也相差甚远。如图 2－2 所示。 54

人类学者曾经尝试了解那些现在被称为后殖民国家的居民，所收集到的资料不仅认为是有效的，而且也应是真实的。但近几十年来，人类学越来越尊重认知的双向平衡性：每个人都应在知识方面对“他人”有所回报。“他人”不仅仅是居住在森林保护区的土著部落，或城市区域之外的本土居民。当我们误解别人时，“他人”也会发生同样的误会。

例如，家中的青少年。我们每天都会费尽心思去猜度老板为何紧锁眉头抑或面带喜色。意义如同一个个有待解开的谜团。而意义的解释则是一种社会介入行为。基于对意义的当下解读，人们为社会的持续互动奠定了基础。

无论是管理学、健康科学还是社会学与心理学都试图对意义进行有效的解释，但其尤为依赖高质量的资料。而扎根理论、话语分析及其他解释性研究流派均要求研究者能够在访谈后及时回忆，并具备回访以及对质性资料进行讨论与再分析的能力。经验固然重要，但是讨论和反省也不容忽视。尤其是扎根理论，特别要求要具备详细的文字记录。有些人甚至运用内容分析来统计不同主题在作品中出现的频次。

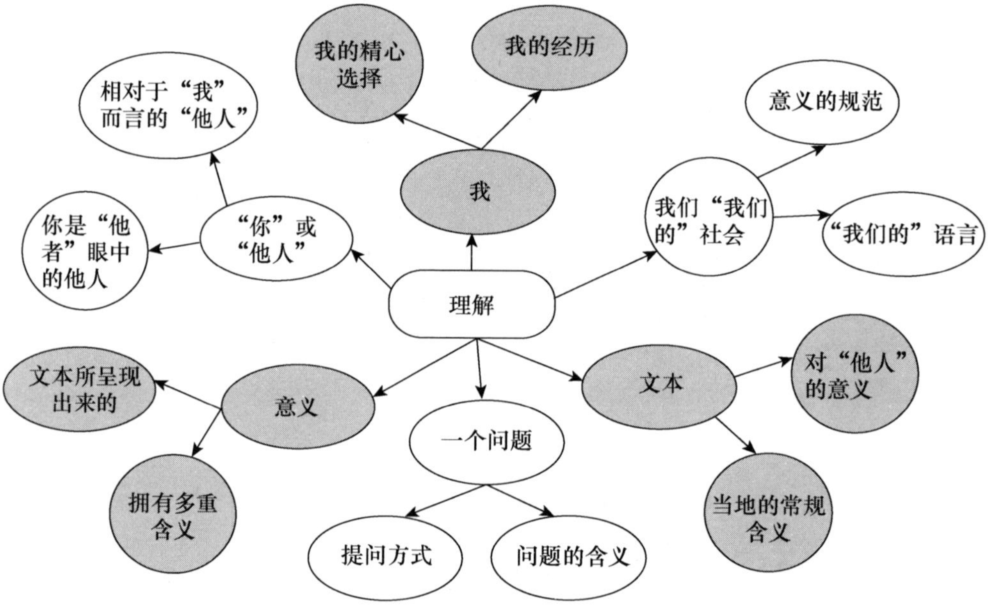

图 2-2 理解过程中的复杂要素

注：圈是指可被知晓的知识或意义项。箭头表示众多已有相互关系中的某些关系。

55 上述这些社会研究的分支流派显然跟人类学本身具有很大的不同。它们试图令有关意义的研究更加地“科学”。承前所述，解释循环本身难以保证“科学”研究的客观性，或无法排除社会因素的影响。同样，诠释学亦非真实无误。因为它虽然是一种对意义的探寻之旅，但其解释的参照系却复杂多变，模棱两可。诠释学的研究者就好比科学家，当试图研究的原子受到实验仪器干扰时，就必须对此做出解释。只不过科学家在进行解释时，并不是从主位或客位的视角来寻求新的发现——不会去考虑这种现象对于当事者或局外人的具体含义。

如今，知识的交际性在人类学中被普遍接受。事实上，大多数社会科学均建议研究者在发掘意义的工作中进行反思。借由研究者的这种反身性(reflexivity)，质性研究方法跟所谓的“硬科学”或讲求实用的经验主义方法形成鲜明的对比。这里，我们将不再讨论研究者的倾向性问题，因为对研究偏好的自我剖析是研究者成功驾驭科学方法的必备素养之一。这也是我曾在论述（Olsen，2007a）中解释自己尤其关心在布迪厄理论的语境下理解印度人眼中的含义的原因。在旁观者看来，这种研究策略是否值得推崇是要打上问号的。对于经验主义者而言，这么做可能会造成研究偏误。而扎根理论者则认为先验论的色彩太过浓厚，有些人主张纯粹的感知和归纳。但是，于我而言这一切刚刚好。对于原有的理论，我们不能采取“拿来主义”生搬硬套，而是需要因地制宜地进行“量体裁衣”，这样才能有效地解决研究中遇到的新问题。

在制定主题时，我的经验是高质量的质性资料有助于主题的设计。这种经验既是个人的，也可以是全社会共享的；它是研究者进行反思的结果，但同时也是感性的，有时是发自肺腑的。它虽经由个体精心设计，但仍带有社会建构的烙印。它是三重背景中的情境化：我们、观众和他人。在研究和写作阶段，我们将这三者结合在一起。资料是介入这一过程的重要人造物。通常情况下，资料是被动的，而受访者则非常活跃。现在，大多数民族志学者都建议对受访者进行回访，以便重现研究者笔下反映受访者心声的对话。尽管如此，人们也不必跟研究者的看法完全一致。在解读话语时，我就经常跟我的受访者产生分歧。例如，即使受访者告诉我放债人对他们如同仁慈的上帝一般，我仍会认为他们是被放债人剥削的。进行质性研究时，我们不能从单一的视角将世界简单化。因此，允许同一词语的多重含义存在是好事，它说明所处的语境非常健康、功能正常。

2.5 解释

56 一旦手头备齐了一些原始资料或其他质性研究的证据，研究者便可以着手资料的解释工作了。在一定程度上，我们可以设计资料如何被解释。因此，资料预期的解读方式将影响到资料的收集方式。在这一节中，我将首先介绍解释是如何形成的，主要围绕诠释学的相关讨论（对意义的研究）——以一些采访材料为例。随后，我将探究两个实践领域：内容分析的一般操作方式，以及话语分析师是如何解读质性数据的。上述三种情况中，研究者可能需重返田野搜寻其他信息，对获得的新知识展开讨论，也许还要进行计算机编码；在得出项目结论之前，研究者往往还会对数据集进行优化。这样看来，研究者不是仅仅收集资料、进行解释就大功告成了。研究者还需在方便的情况下，在意义解释的过程中不时地回溯到资料的收集阶段。

在定义诠释学之前，尝试界定“解释”不失为一种有效的途径。解释并不是简单地描述人们所说的话。如果研究只是对收集到的信息进行复制，那就没有任何价值。在这种情况下，根本就不会产生所谓的社会学知识或科学专业技术。专家或有经验的社会研究者以各种方式对资料进行深挖，从而得出新的结论、创新性成果或政策建议。其中，洞察力是解释行为的重要组成部分。而洞察力的培养，一方面源自研究者对冲突立场及观点的归纳，另一方面源自阅读过程中做到“纵古观今”，同时也是将个人的研究发现和官方文本或社会理论进行比较的结果。此外，对于某些由田野调查归纳而来的短语，其具体的含义通常隐藏于字面之下，颇为微妙。解释是以赋予新含义的方式来重新呈现某些事物。翻译艺术可以成为解读社会资料的一种范本。作为处理资料的一种方式，解释牵涉到诸多方面，既复杂又微妙。“纯粹的描述”对于研究发现是远远不够的（参见 1.2 **研究发现**）。

我在 2.4 **意义**中已讨论过诠释学，当时我强调每个交际行为都有其内在的含义，只不过局外人可能会根据所处的环境而产生不同的理解。一个社会对某事物的普遍理解或约定俗成的含义是什么？社会科学界目前对此争论不休。社会纷繁复杂，每个社会的背景亦千差万别，而社会中的个体也是形形色色。当然，我们的寿命也比前人长很多。因此，我们现在有机 *57*
会去仔细考虑自己想要成为什么样的人，然后做出改变。所以，对何谓“正常”的界定是备受质疑的，原因在于其适用的范围可能相当狭窄。这里有几个简单的例子。

母亲和孩子会用同样的方式来解读“危险”这个词吗？两个成年人对“婚姻”一词的理解是一样的吗？接下来，我将以贫穷为例来展示一个为社会共享的词语所涵盖的三种截然不同、彼此对立的社会结构。一般来说，以简单引用一个外部对象来解决诠释学问题的方式并不奏效（参见 1.3 **资料**和 6.3 **配置**）。让我们再回到母亲与孩子的例子中来。假设所讨论的这个词是“爸爸”。母子俩是否有相同的参照点，这样，他们对这个词的理解是一致的？也许是这样。但是如果指的是外公呢？或者像托儿所这样的地方，很多爸爸同时在场呢？如果此时爸爸不在场，孩子由“爸爸”一词所联想到的画面肯定和妈妈所联想的画面有所不同。不要小看这些画面。它们并不等同于参照物。可以想象，每个人对于特定词语所展开的联想各有不同，所以，有人不禁怀疑：当我们用语言去“指向”事物时，实际上根本就没有任何参照物。

从特定男性的意义而言，你或许联想到的是“父亲”而非“爸爸”这个词。前者为成年男性的经典形象，或代表了社会对男性气质的原型刻板印象。在这种情况下，人们可能会辩解，“父亲”所指向的是一个正常的参照点。这个参照点或解释规范可能特指某个地区的、某个时间段（如十年），以及较小的社会群体（如宗教团体或文化亚群）。“父亲”这个词的标志性形象或意义是多元的，但并不意味着无据可循。它只是表明我们不能草率地评判“父亲”这个词的具体指向。因此，在实践中，当一个女人说出一些有关“爸爸”的语句时，她可能会提到某个特定的男人或一个概念，而二者可能都是真实的，即使只有其一（男人）是在物质世界中以肉身的形式存在的。一个社会中，“父亲”这一概念的影响力不亚于特定男性的真实存在。的确，最直接的例证便是非物质的东西也可以是真实存在的，即使它们看不见摸不着。这表明，如果一个人去世了，并且死者是一位父亲，“爸爸”这个词仍然指的是“他”。当我们提及“他”这个概念时，一个真实的（但非肉身意义的）参考点是存在的。所以，在解释“爸爸”这个短语时，我们需要考虑到所有可能的情况。

哲学探讨的一个问题就是参照物是否存在。总的来说，“现实主义者”倾向于认为是存在的（但并不等同于“爸爸”一词在其语境中有一个标准的含义）；“理想主义者”则倾向于认为不存在；而其他一些学派对于这个问题则是不置可否。有时，建构主义者的立场颇令人费解［这里无暇深究，感兴趣的读者请参见塞耶（Sayer，2000）的相关讨论］。理想主义者的视角
58 则相当有趣。一个“理想主义者”或许会说，“我们只是在处理文字和图像。除此之外，无法证明自己还能做些什么”。他们认为，无人能够证明短语与其参考点之间的必然联系。不幸的是，这种方法将迅速催生不同类型的相对主义，信奉者不愿意维护任何真实的论断或为真理而战。有人将其称为知识的虚无主义。也许，告诉某人他们是知识的虚无主义者——这不太礼貌——他们甚至不相信世界上存在着真正的知识。对他们而言，只存在着“论断”。一些后现代主义者普遍采取这种立场，认为有效性难以立足。然而，有时候研究者的方法论（有可能是后现代的、基于理念或者推理无限循环的）可能导致他们根本不相信任何东西。这对研究意义而言是非常危险的。诠释学不一定会带来这种困境。它提供了两种出路以及循此进行研究的众多程序（如内容分析和话语分析）（参见 2.2 **记录**和 2.1 **访谈**中的解释实例）。

有人提出，我们可以对论断进行检验，如果这些论断无法被证伪，那么我们就将其悬置，直到新的挑战来临。这是典型的波普尔派观点，它由美国及其他一些国家的社会科学团体所创立。对此，请参阅波普尔（Popper，1963）或富勒（Fuller，2003）的相关概述。拉蒙特（Lamont，2005）对美英法三国不同的社会科学文化进行了回顾。为了找出三国在公认的出版工作标准上有何不同，她研究了同行评议模式。美国更看重事实，同行之间通过证伪来查明真相（Lamont，2005）。而法国则更重视理论，对以质性研究方法获得的有关地区或人群的具体基础知识予以高度的

尊重（Lamont，2005）。英国则是上述两种立场的混合物。在英国向研究生颁发的各种“经济和社会研究委员会培训指南”（Economic and Social Research Council，2005）中，质性研究和定量研究之间的分歧一目了然。值得推崇的研究方法从人类学、经济学到心理学都存在着很大的差异，本文仅列出研究者在不同的专业领域所需的技术分类。它们泾渭分明，学者们也从未尝试将其融合。方便起见，表 2-1 对其进行了总结。

本书中，我认为这些专业领域是可以通过现实主义来达到融合，但前提是在尊重不同的立场、伦理及差异的历史背景之下，谨慎地运用现实主义来表达。这样，针对诠释学“知识虚无主义”问题的第二个解决方案便浮出水面。如果你踏上了探寻意义之旅，那就放手去做。即从对绝对意义的搜寻中跳脱出来——绝对意义不会因时间和地点的变化而不同——给你的探寻之旅设置更多的条件，以充分响应听众的呼声、引入启发式思维、考虑既定时间限制下的可行路径以及回应自身真正的学术信仰。有时候，这种方法是作为知识的实践方法（而非完美主义方法）得到了普遍应用，它比主观主义更为客观，但也得承认研究者的主观性。所以，当结果从你

表 2-1　三种立场：对解释的有效认知 59

假设检验的极端	中间立场	多重视角的后结构主义
需要证据； 有证据的程序标准	必须在认识论上接受并承认不同的立场、观点、话语和解释事物的方式	认为证据是由社会建构的
经过足量的实验 达到一致的结果	研究实践具有伦理标准	不要求实验数量充足或能够获得公认的解释
进行实验	认为只有个体真正地参与其中，自然主义才有意义； 将研究者视为代理人	避免实验，希望达到一种“自然主义”——不牵涉过多的观察者，就能真实地反映全部
如果论断被证明是错误的，则被推翻	通过研究行为及对研究进行传播来创造新的意义	通过新文本产生新意义
[实际上可能存在一些先验性假设，它们从未被质疑过]	[实际上可能存在一些先验性假设，它们从未被质疑过]	[实际上可能存在一些先验性假设，它们从未被质疑过]

资料来源：第 1 列，请参见鲍尔和加斯克尔（Bauer and Gaskell，2000）关于内容分析的章节。第 2 列，参见布莱基（Blaikie，2003）和塞耶（Sayer，2000）的相关论述。第 3 列，在斯坦利和怀斯（Stanley and Wise，1993）或哈默斯利和戈姆（Hammersley and Gomm，1997）的著作中有更详细的说明。越深入地研究这些文献，有时越令人困惑。例如，哈默斯利和戈姆（Hammersley and Gomm，1997）似乎将“现实主义”和“自然主义”的含义糅合到了一起，现实主义指的是关于世界的知识的某些参考点，而自然主义则是指试图按照世界本来的模样在无干扰状态下对其进行研究；参见 Potter，1999。

的潜意识浮现于意识之中时（也许是不期而至地、令人惊讶地），你会对此了然于心。与他人的切磋交流可能会激发你新的思维火花。请注意这些新的思维火花，它们是有意义的；它们反映了你对意义的研究从一无所知转变为了解日益增多（Flyvbjerg，2001；Charmaz，2006）。

以下实例特别有助于大家理解如何对访谈资料进行解读。我在英国政府援助部门和曼彻斯特大学同事的支持下，在科伦坡附近的斯里兰卡高地对两个村庄开展了一些实地调查。在访谈部分，以下的两个摘录已被翻译和转录。我将讨论它们的含义以及我是如何着手予以解释的。（可以在Olsen，2006 中找到完整的讨论）。

60 在第一个摘录中（Olsen，2006：122–123）受访者是一名男性，僧伽罗佛教徒，他无法向银行借款：

> ［另一个］受访者表达了以下的规则性话语。他是一位僧伽罗佛教徒，给石匠当帮工。以前他家是务农的，但他们失去了土地。
>
> 受访者：如果我们从干活儿的地方借钱，他们会从我的工资里扣。所以，我们不用这种方式……我三四天没活儿可干时，手头就很拮据。这样，我们就得靠赊账来买货。我只要一拿到钱，就立马拿来还债，哪怕是最后一分钱。……他们［精品店老板］给我［赊账来的货物］。我从来不欠债。所以，他们随时乐意给我赊账。我很害怕一直借钱却又不还。如果我们借得太多，就很难还清。所以，我们还是习惯量力而行。如果去一个地方，还碰上债主讨债，我们会觉得不好意思和愧疚。

第二个摘录（Olsen，2006：121–122）的开篇是一位女性，僧伽罗佛教徒，工薪阶层，已婚，育有四个子女，工作是设计装饰性花朵和缝制衣服：

> 储蓄的尊严。
>
> ［另一个］受访者用自律性谈话来描述在 Samurdhi（福利津贴）计划中强制性的定期储蓄投入。因此，在解读银行文件和存折时出现的约束意识，在访谈中也得到了呼应。

NF：好吧，当你需要钱的时候，你怎么才能得到呢？向别人借？或是向你亲戚借？还是去贷款？

受访者：我向亲戚借钱，相当于贷款了。

NF：你很想跟亲戚借钱。这样好吗？

受访者：当然好呀。

NF：通常你会按时还钱吗？

受访者：确实会的。他们信任我们，才借钱给我们。我们有义务及时还钱。

一个男受访者说道：

受访者：我大概欠我叔叔 2 000 卢比。不过，这没什么大不了，因为他也不会逼我还钱。有时候他还问我有没有钱。这只是像开玩笑一样问问而已。银行显然跟这个很不一样。如果我们只是延迟还款一两个月，他们还能容忍。一旦到了第三个月，他们就要我们统统都 *61*
还清。

NF：还包括利息，不会吧？

受访者：是的。连本带利。所以，我拼命工作来赚取更多的钱，或者向其他人借钱以尽快偿还贷款。有时候，我的妻子和孩子们都饿着肚子，没关系！不管怎样，我很快就偿还了贷款……

我从两种角度对第二个摘录进行了解读。首先，这里的问题是访问员以僧伽罗语进行访谈，并跟受访者一样都是佛教徒；其次，他不仅参与了意义的生成，还明显影响了受访者的陈述。这些访谈便存在着“引导性发问”的问题。如果你希望推翻原假设，你可能会觉得该访谈很糟糕，且不应这样由访问员来引导受访者作答。在我看来，访问员不可能像看透玻璃瓶那样，能够一眼看穿受访者的真实想法。实际的场景是：温迪静静地坐着，一名外国白人女性负责管理一个六人的科研团队。有些人到社区里发放问卷，有些已经探访过那里。尼沙·费尔南多（Nishara Fernando）手拿访谈表端坐一旁，同时按照对书面问题的理解选择措辞并进行提问。对于受访者的疑惑，他畅所欲言，以帮助受访者尽快地适应访谈。受访者的小屋有一个茅草屋顶，屋外的园子种着胡椒和香蕉，地板是由经过整理的干燥粪便和泥土制成，墙壁则是由自制的砖块搭建的。访问员的造访令身处此境的她极为尴尬。怎能不承认，我们也在影响受访者的举动？在这种情况下进行半结构式访谈，我们要设想自己如何能做到不偏不倚？或许，我们可以在某些情况下减少偏误。在一大群参加派对的人当中，使用 vox pop MP3 录音可能就是一个例子。我确信尼沙影响到了受访者。具体的影响表现在鼓励受访者表达自己的尊严，特别是当他们提及储蓄或（全额）偿还贷款时。那么，我认为这种影响是值得称赞的，或者可以视为一种微妙的积极的推动力。

如果你是现实主义者，那么主流话语可能是真实的。但是要想了解它们，我们需要做研究。在这里所报道的斯里兰卡的乡村研究中浮现出一组明确的主流话语，而对它们的抵抗则是无声的。其中的一个话语是有关精打细算的话语，讲话人提及对储蓄的重视；而另一个是有关自由市场银行业务的新自由主义话语，即商业（而不是公共服务）活动。这些话语具有内部的规则和规范，它们也是我计划研究的对象。然而，访谈伊始我并不知道会发现哪些特定的规则或具体的话语。

在对社会制度的研究中，“规则”一词通常意味着有争议的或有待商榷的规范，而这些规范可能是多变的。里塞乌（Risseeuw，1991）在
62 斯里兰卡的性别专著中明确阐述了布迪厄与福柯之间的共同点，即话语的“规则”具有可塑性，也就是说它们可能随时发生变化。布迪厄将其称为“doxa”，并随意地译之为法规。这些规则受到经验研究的支配。除了访谈外，对图形图像、广告、法律文件、申请表及其他文件（如银行年度报告）的研究也可以用来揭示主流话语。而要想发掘抵抗性的、罕见的或少数群体的话语，则是难上加难。我们必须努力去获得一些普遍不被所谓的“正常”而影响的文本。比如，在观察被边缘化人群的话语时，我们可能需要将这一场景中该人群的敏感性纳入研究设计中来。

福柯（Foucault，1977，1980）自己的话语方式是由描述阶段演变而来（可以追溯到 1970－1972 年），并最终发展为对争议性话语的批判解释。有关争议性话语的权力关系逐渐从他的作品中崭露头角。当前大多数

的话语分析都是直接或间接地基于福柯的作品［反过来，他的思想也吸纳了布东（Boudon）及其他欧洲作家的成果，还包括一些主要文本］。在研究新自由主义话语和自由化倾向背后的社会因素时，重要的是要认识到主流话语是有争议的。这有助于研究者保持开放的态度，即使有些受访者思想狭隘或者墨守成规（其实二者差不多）。

在所有的社会研究方法中，话语分析是倾向性较强的一种方法，它要求研究者对“正常”的越轨及主要的社会分层保持高度的敏感性。还有其他一些方法，它们的敏感度较低，使用这些方法的人更容易概括整个社会或一组文本。例如，内容分析通常是描述性的，并以归纳性陈述为主，而不是将文本划分为多个部分或希望从中寻找多样化的结果。内容分析（Bauer and Gaskell，2000）能够测量一系列既定文本中主题出现的频率。在选择文本（或抽样）方面，其方法相对集中。之后，编码工作将有条不紊地系统推进。尽管每个主题出现的频率可能会随着时间的推移而变化，或受到出版物类型的影响，但它最终将作为研究结果被呈现出来。内容分析通常是非常系统的，以发表的文章或文件（也是已出版的）作为其资料来源。由于访谈中不同的主题所用的时间各不相同，这种随意的半结构化方式削弱了内容分析对访谈资料的处理效果。内容分析模式中的解释主要基于文本中所用到的主题、话题和短语。因此，它几乎是扎根理论的一种翻版，但从传统而言，它跟扎根理论学派强调的解释相去甚远（Charmaz，2006）。

表 2-2 展示了一个话语分析的实例。在这项研究中，我考察了关于 63
发展和贫穷的各种文献资料。我发现有一种模式可以在三种主流话语中同
时出现，只不过，当其中的一种话语在文本中出现时，另外两种话语则表 64

表 2-2　三种典型的贫穷话语元素

	慈善话语	社会融合话语	经济贫困话语
技术性代理	非政府组织	国家和公民社会	经济学者、企业家
代理人	给予者、有需要的人、捐助者、孤儿、难民（越受压迫越适合）	选民、公民	企业、工人、企业家

续表

	慈善话语	社会融合话语	经济贫困话语
关于社会结构的假设	贫富差距使得富人有义务向穷人捐助	强烈的阶级意识；对种族、性别和其他社会分层有强烈的认识	无，因为个人的原子化。每个阶层的角色都是人们根据自己的意愿选择加入的（例如通过《龙之穴》节目）
关于人性实现的假设	穷人受到限制；富人可以通过善心和无私的捐赠来促成	发展受限和剥夺是衡量社会排斥的标准	金钱是人类实现幸福的一种手段，重要的是如何衡量收入
国家的作用	国家的作用发挥得不充分	国家发挥着重要的作用	国家的角色各有不同
联合国的作用	假定联合国失能了	联合国和欧盟为个人权利做出了重大贡献	联合国有多重功能
神话	“给予帮助”	“人类发展”议题	市场的“看不见的手”
比喻*	滴水汇成河	发展水平低，“落后”	人力资本投资
符号	“直达咖啡”标志	国旗	账单上钱的标志
代表性动词	贡献	参与，发声	赚钱，创造财富

资料来源：Olsen，2010b.

*比喻是一种文字游戏。不过，在社会学中，“trope”一词也被用来指在词汇上的有效发挥，即说话者还达到某种言外之意的效果。

现得不明显。因此，在我研究的已发表文本中，这三者几乎是相互排斥的。（不过，对于此项研究，我并没有系统地挑选文本。所以，如果有人用内容分析进行相同的研究，所得的结果可能会大相径庭。）表 2-2 的第一列显示了我正在寻找的几种话语元素。在这一列中，一些先验性假设被揭示出来。我假定，话语中是隐含着假设的。这些假设种类繁多，并且，如何在实践中孵化出第一列的话语要素则取决于我手中的研究资料。所以，“人性实现的相关假设”虽然重要，却无法由其他研究推导而来。这三种话语的不同之处在于人类如何实现自身的各种可能，即人们如何在社会中发展。这个发现之所以重要，主要是因为它来源于经验性资料，而非理论的“纸上谈兵”。例如，Oxfam 广告就是该项目的研究资料。

本节还对解释及一些特殊的解释方法予以了讨论。笔者认为，对分析阶段的设计也应纳入整体的项目设计中来，故笔者给出了有关解释及话语分析的简单实例，并视后者为一种结构严谨且在实践中富于启发性的解读形式。福柯的追随者、后结构主义者或现实主义者均假定话语是有争议的。话语的这种争议性和内容分析方法形成了鲜明的对比。如前所示，大家已领略过方法论的极端，但更明智的是在极端假设之间选择较为折中的做法。

如果你打算进行内容分析或话语分析，这些方法的选择将影响收集的资料类型及对不同类型资料的需求量。要想在同一个资料库中同时运用上述两种方法，并非易事。二者有着截然相反的预设，在实践中甚至可能如同表 2-1 那样“南辕北辙”。我们得有所取舍。那么，向方法寻求帮助吧；或者通过内容分析寻求一般性的社会意义，使目标受众或实际听众接受你所做的解释，或者在其原始语境中去发现神话、修辞和符号之类的东西——而不是你自己的想法，这是一种全新的进入场景的方式——帮助受访者深入地理解事物对他们的意义以及自己是如何对事物进行解读的。如果采用话语分析，研究者需要对证明性材料予以论证和说明，尤其是研究所在的社区有着一套自己的意义准则，且这套准则跟研究者自身的出发点存在着较大出入的时候。内容分析更多地应用于公开发布的文件，而话语分析则更适合专家组中的私人谈话及其他交际行为，这是因为本质上这些方法与上述两个领域更为契合。我们要尽量确保研究设计与研究对象的实质相符。

2.6 观察者偏见

什么是观察者偏见？实践中是指一种在本质上较为片面的看法，或对 65
一种现象所具有的特定立场。研究者、个人访谈、对焦点小组的引导以及进行观察研究的观察者都可能出现观察者偏见。它甚至还可能出现在调查问题的框架中。观察者偏见犹如为场景蒙上了一层面纱，或者可能曲解他人从不同立场所迸发的观点。观察者偏见也可能指的是观察者在看到具体情境或对其进行描述时所赋予的“情感”或情绪（Olsen，2007b）。

本节从记者对银行业的报道说起，聊一聊观察者偏见这个话题。之后，我将阐述几种与此情景相关的基本立场和观点。接下来，具体分析了社会科学家对该问题的处理。有别于人们脑海中的第一反应，观察者偏见算不上是个问题。我的建议是，“平衡”、宽容和概览可以有效地消解观察者偏见。本节的末尾则讨论了调查数据和内容分析为何被视作“不带偏见”（或“有偏见”）。有时，调查和内容分析的结果都声称是公正不倚的，但实际上这些结果必然是有所倾向的，或至少是经由个人塑造而成的，但我们不应仅仅因为如此而予以诘难。对于观察者偏见，我通常的做法是接受但对所有数据持一种怀疑的态度，并谨慎对待每个论断，从不小看任何有偏见的论点。于我而言，“观察者偏见”并不是个贬义词，但仍值得我们关注。

让我们重新回到具体的事例上来。近年来，银行业的奖金文化日趋流行，银行的高层管理人员和董事会高管不仅每年都会得到可观的奖金，当从特定的职位离职时还可获得巨额回报。在专栏 2-2 中，《太阳报》（*the sun*）介绍了 2008 年英国银行业发生的变化。这份报告出现在自由市场的廉价小报上，每本仅售 24 便士。相比之下，我们可以列出许多关于奖金和银行家的文章，它们均源于自由派知识分子的《卫报》（*the Guardian*）。《卫报》的每日售价为 90 便士，周六版的售价则为 1.90 英镑。那么，首先要考虑的问题是，如果《太阳报》的文章有偏
66 见，那么观察者究竟是“这份报纸”（《卫报》）还是名为伊恩·金（Ian King）的“记者”。

你可以在大开本的报纸上练习如何锁定观察者的偏见，因为大报以一种更开放、更多元、多种立场林立的方式呈现事件，从而更难捕捉观察者偏见。带着批判性去读报，可使研究者意识到自己提出的某个研究“论断”思虑不周或可能无法得到支持，从而提前锻炼了相应的能力，为即将开展的研究做准备。

专栏 2－2　报纸对银行业事件的报道

苏格兰皇家银行（Royal Bank of Scotland）昨日坚称，首席执行官弗雷德·古德温爵士（Sir Fred Goodwin）的工作保住了，因为该公司已向股东发放 120 亿英镑的奖金。

对苏格兰皇家银行来说，创纪录的巨额现金支出是一个令人倍感羞耻的 180 度大转折。因为在今年 2 月，苏格兰皇家银行刚向大众表示无需更多的资金。

董事长汤姆·麦基洛普爵士（Sir Tom McKillop）承认，苏格兰皇家银行董事将对导致现金交易的事件承担部分责任。

据《城市耳语》（*City Whispers*）的消息，尽管弗雷德爵士曾提出过辞职，但董事长坚称弗雷德爵士不会辞职。

董事长说："董事会对公司业务的管理方式负责，你不应该怀疑我们的悔悟之心。但是，没人需对这些事件负责，也没必要为了失去的土地而寻找一只替罪羊。"

资料来源：King，2008.

根据以往对英国报纸的了解，我们知道《太阳报》倾向于支持以市场为导向或自由市场的价值观，以及捍卫国家、自由或左翼的价值观。可以从两个角度开始我们的分析。（这些被非正式地称为文章的"偏见"，但不可避免，拥有编辑团队的报纸通常有一个通用的方法和一些编辑立场。因此，我将把这些观点称为"立场"而非"偏见"。）记者金似乎承认，也毫不怀疑地在报道中体现了银行应对其行为负全责的态度。他貌似也赞同董事会中没有人应对结果负责的想法。那么，认为上述两个论断能够相辅相成并为大公司所用，这种想法不仅仅是一种观点或偏见；就企业部门而言，这更像是一以贯之的道德（或伦理）规范。要将其应用到银行，还得有另一个隐含的前提，即适用于公司董事会的这套道德规范对银行也同样适用。到目前为止，以上列出的观点均可能成为深入调查、引发更多伦理思考的线索。 67

这里并不是要呈现记者的偏见和报纸的立场，相反，我希望的是找出这个场景中“有偏见”的其他观察者。因为，我想强调现实中有许多不同的内部参照系，每个参照系都会令银行业的情况看起来截然不同。参照系是人们及其他代理人“看到”现场的话语透镜。以下是部分笔记，为了节省空间，它们不是那么地完整：

（1）苏格兰皇家银行的股东。外界认为他们的经济利益源于苏格兰皇家银行的利润。他们可能还持有不会破产的苏格兰皇家银行的股份。

（2）古德温爵士。他曾是一家大型银行的首席执行官，该银行在2008年英国政府介入并注入资本后，一直处于破产状态。他感兴趣的是银行的盈利能力、声誉以及自己的薪酬。

（3）麦基洛普爵士。作为董事会主席，他一贯秉承规范管理银行的优良做法，并努力求生存、盈利润和为股东创收。其旨趣在于将银行按照企业那样管理，而不是将其视为个人肩负的责任。

（4）苏格兰皇家银行董事会。银行的董事会是一个企业实体，在社会学术语中也被称为“代理人”。它的利益与话语框架基于其内部运作的话语，且环环相扣：面对非执行董事会成员、执行董事会成员与银行职员时，这家银行所采用的法律规定、会计和利润话语以及标准薪酬话语亦有所不同。

（5）记者金。如果不进行传记研究，我们对记者金知之甚少。我们不确定是否了解了《太阳报》，就摸清了金这个人。在研究参考框架或观察者偏见时，重要的是区分非人类的代理人（报纸及其传统、管理和文化）与人类代理人（如记者金）之间的区别。也许有立场5a和5b，作为个人的金和企业雇员的金。后者是“扮演某种角色的金”，但也不限于此——它是《太阳报》联合记者金为读者打造图像的方式。5a属于个人立场，而5b属于更大的代理人的立场。

（6）银行服务的消费者。消费者的物质回报和零售服务的质量、效率及成本息息相关。他们对银行的主观看法可能是潜藏于心而不是有明确指向的。如果非要他们明确表达看法，他们可能会认为苏格兰皇家银行的生死存亡很重要。而有一些人则会认为苏格兰皇家银行是其金融储蓄的持有者，而不仅仅是一家管理日常开支的银行。

也可以从英国纳税人的立场进行探讨，但记者金并没有对这方面有所提及。总的来说，还有很多不同的观点。

无论从上述七种观点中的哪一种来观察苏格兰皇家银行的变化，均会造成对核心解读内容的曲解和偏误。在 2008 年的文章发表之后，古德温确实丢了工作。在他离开后，斯蒂芬·赫斯特（Stephen Hester）以年薪 120 万英镑被雇用，并接任首席执行官。就职后，赫斯特马上收到了价值超过 600 万英镑的 1 040 万股股份（Treanor，2008）。特雷纳（Treanor）在报道中说，“对古德温和主席汤姆·麦克洛普爵士对苏格兰皇家银行失去信心，赫斯特应负有责任”。若果真如此，那么金（King，2008）的报告可能就是错误的，并且歪曲了形势。然而，我们现在遇到的一个问题是究竟谁应该对事实出现的偏差或错误负责。正如 2008 年仍为苏格兰皇家银行董事会成员的麦基洛普爵士所发表的声明那样，董事会确实对结果负有责任；但它跟无须寻求替罪羊（也就是麦基洛普爵士）的主张并无明显的联系。所以，导致偏见或错误的可能并不是记者金或《太阳报》，而是金的线人麦基洛普爵士。总而言之，这种情况着实令人费解，即使作者心怀善意、合理地提出事实，也可能会被指责带有偏见。

某种意义上，每次“偏见”的提出都是对知识的一种升华（另见本书 7.1 **事实**、7.2 **现实和** 7.3 **回溯**）。戈姆等（Gomm et al.，2000）对偏见和错误的探讨有助于我们对一些相关问题展开讨论。他们区分了错误或偏见的不同方面及其变体。对于研究者而言，重要的是不要过分倚重某个信息源的某种引证。相反，可以从一个角度去收集人们的多样化看法，然后拜访持有另一种看法的代理人，以收集不同的观点。显而易见，此乃上策，对记者可能也是适用的。

正如银行家奖金和首席执行官的企业责任这一有争议的领域所示，当务之急是从这种情况中吸取教训。第一，有些事实是错误的，比如麦基洛普爵士是否真的说过那些话。第二，在解释一组评论时，存在判断失误。第三，鉴于观点承载了持有者的某些信息，那么，即使记者金（或《太阳报》）可能同意或不同意某个观点，我们也要理解它并连贯地呈现出来，这对我们的研究是大有裨益的。第四，有必要认识到立场与观点的不同。
69 第五，探究伦理并以此展开推论的意义在于人们如何从自身的立场展示他们的“利益”。第六，好的研究往往是站在不同的立场进行推理，再予以融会贯通。

立场和观点并不完全相同，因为立场在某种程度上代表了一种社会地位，而不仅仅是用言语表达的主观看法。某些观点的默认参照系只是默认的习惯。例如，英国的银行要求要盈利。政府买入一些银行的资本所有权，哪怕是暂时的，也会混淆银行的立场，并引发银行业的混乱和公众的紧张。那么，此时银行用于开展银行业务的参照系就不稳定，无疑处于紧张或转型的状态。我想强调的是，以这些参考系为基础的制度是正常的，这些框架包括习语、词汇集、假设、隐含规则或指导方针，以及话语的其他方面。至于如何详细管理话语，请参见 Chiapello and Fairclough，2002。和费尔克拉夫（Fairclough）一样，我希望在具体的文本中看到不止一种话语的互动——他称之为“互文性”。但是在社会中，每一种立场的本质都倾向于对一定时间内、不同地域或更大的地域范围内的连贯话语进行整合。在一些国家，银行几十年来一直在提供公共服务而非赚取盈利（例如在 20 世纪的几十年中，中国、斯里兰卡和缅甸）。利润话语不是银行业务的必要组成部分（Olsen，2006）。一般而言，立场是话语规范的真正起点，而观点则是从既定的角度更明确地表达代理人的态度或信念。

像这样梳理了基本知识之后，我们还需认识到，在表面或主观层面上，以及上述有关记者金和特雷纳的两篇文章中，复杂的片段化社会必然存在着多重真理。一个人从自身立场所陈述的真理，对于持有另一种立场的他人而言可能并不正确。我认为，这种事实的多样性不仅仅存在于规范性陈述之中，如“银行应该获利”，甚至还存在于事实性陈述中（参见 7.1 **事实**）。因此，“苏格兰皇家银行通过提供银行服务来为公众利益服务”——这听起来很真实，无论它是否真实，其实都代表了利润话语和服务的相关立场。如果事实性陈述的真假具有争议性，那么不可避免，那些试图据实记载的作者有时就被指控“带有偏见”。甚至在诸如婚姻、痴呆症等不那么情绪化的话题中，人们也能发现观察者的偏见。

截至目前，通过实例，大家可以看到银行业的变化带来了多种解读。本着兼收并蓄、纵观全览的宗旨对案例进行讨论，有助于消除观察者的偏见。兼收并蓄的陈述将试图以一种连贯的、具有包容性的方式提供不同的观点，而不是掩盖或压制某些观点。要想提炼出一种兼收并蓄性的知识并面面俱到地记载下来，可能是相当耗费功夫的。尽管如此，它有利于促进 *70*
不同立场之间的交流。

包容性的方法取向会让我们认识到在某些说法的背后以及根植于各种话语之中，人们和诸如银行等其他代理人都持有强烈的规范性观点。人们会遵守他们认为适合特定情况的行为准则。一位宽容的科学家会认可每个代理人在特定情况下持有某些观点的*理由*。通过揭示这些理由对不同的代理人的意义，科学家们促进读者进行理解。跟“兼收并蓄”相似，这里还包括了沟通的功能，但我们不仅就事实进行沟通，还交流价值观。银行为什么说他们必须要盈利？董事为何会倾向于避免责怪个人？在这些情形下，我们要想清楚地解释他人的价值观，就必须探究其规范的由来。人们希望总结出，它是如何在小范围内辅助意义的生成（这里是指银行业的做法）——其中的规范普遍受到了重视。如果作为作者不认同这些规范或者认为它们被滥用，那么要想解释这些规范则困难重重。不过，宽容的研究者会在探索其他代理人的观点时悬置自己的观点。从某种意义上说，这是近年来重新修订的“扎根理论”的传统优势（Charmaz，2006）。宽容的科学家不能只是编造故事，而必须在工作时手握证据。然后，他们可以像演员那样对事件、观点和过程进行“感知”，而不必完全认同事物的意义。在持有客位视角（局外人看法）的同时，他们也能清楚地理解主位观点（内部人的看法）。扎根理论中的“扎根”一词通常意味着有证据来证明一种说法。当“扎根”一词应用于立场时，它是指某种立场所固有的结构和历史方向。立场是人们赖以参照的真正起点，它们不仅仅是虚构出来的想法。

在 20 世纪早期内容分析或扎根理论坚持事实与经验的价值中立，而到了 21 世纪后期则转为接受观察者偏见是不可避免的。现在，我们准备对此进行评判。在早期阶段（Glaser，1978；Glaser and Strauss，1967），作为一名优秀的科学家则意味着通过向他人展示数据来避免观察者偏见。而数据被认为能够被用于复制研究并帮助检查研究的有效性。

在新的世纪里，更多的社会科学家认识到好的科学能够容忍观察者的偏见。现在，大家普遍认为：

(a) 就整个社会而言，我们都是局内人；

(b) 情境中的观察者对此非常了解；

71 (c) 每个代理人都有一套术语和规范来帮助他们理解世界；

(d) 观点常常反映了立场；

(e) 这些观点是多种多样的。

世界如此复杂，简单的事实都难以断定是否真的存在。尽管人们公认在检查研究的有效性时可以复制数据，但普遍认为“甲之蜜糖，乙之砒霜”，即对某人有效的事实可能对他人是具有争议的错误陈述。因此，社会科学家往往更倾向于质性研究。在这种研究中，相互竞争的声音被仔细聆听，观察者试图给出一个兼收并蓄、细致入微、多元包容的描述。

那么，调查资料是否有可能因观察者的偏见而有所偏差呢？请记住(参见 1.3 **资料**)，调查资料只是信息，而非知识。作为信息，这些资料可以真实地反映访谈过程中的所闻所见，但仍有可能受到观察者所用参照系的影响。这里的观察者是指调查的设计者或者访问员。显而易见，在他人的眼中，这些信息是有偏差的。所做出的论断及调查资料的使用说明也可能是带有偏见的。我的应对之策是，当描述调查资料中所记载的内容时，尽量做到兼收并蓄、细致入微、多元包容。此外，我建议收集质性类型的资料，并进行综合的混合方法研究，以便更多地了解历史和社会背景，而不是将其置于调查数据的模型之中。调查数据本身在很多方面都存在着较大的局限性。所以，利用其他的数据源来扩充已有的调查数据，不失为一个好的办法。

有趣的是，我们会注意到，调查数据并没有提供“主位”视角。就封闭式问卷调查而言，受访者在某种程度上必须迎合调查所使用的话语体系。可能很多受访者都有这样的感受。样本越复杂，大多数受访者越可能不适应（或不熟悉）调查语言。在小型的局部调查（如评估调查）中，受访者可能会更为舒适，而参照系的混合运用则更为有限。

综上所述，我将观察者偏见界定为一种本质上较为片面的观点，或者对某种现象的特定立场。由于这些偏见在很多社会场合都是固有的，以观察者身份出现的科学家也难以避免，故我们认为在描述社会的过程中，偏见的出现不可避免、是再正常不过的事情。鉴于偏见在一定程度上存在着局限性或者是有问题的，我们在描述时要尽量做到兼收并蓄、细致入微、多元包容，这样才有助于克服偏见。此时的科学家就是一名探员，他试图解释为什么某些人持有某些信念。在深入了解某个场景及其所有的冲突、内部意见之后，科学家将形成自己的观点，并意识到许多看法都是真实的。

2.7　表述

表述（representations）是代理人向观众描绘情景时的一种交流形式。72
借助四个专业术语，我们可以理解表述在媒体和政策声明中的具体功用。我将首先对这四个术语进行简介，随后考察在质性和定量资料的收集过程中如何进行表述。

我们使用话语来描绘某个东西的形象，这就是一种表述。话语是一种特定的交流方式，它遵循一定的社会规范，对一般意义的代理人及其行为做出假设；同时，它赋予世界一些特别的词汇，使得某些叙述别有意味，而另一些叙述则平淡无奇。例如，在英国和其他西方国家，婚姻话语已经发生了改变。从早期的异性恋、一夫一妻制的宗教认可仪式开始，婚姻逐渐被重新诠释为一种具有多样性的社会和法律安排。在 20 世纪后期，新的法律允许民间婚姻成为强化一夫一妻制的一种民事制度，这对于同性恋群体也同样适用。婚姻安排中的话语既包括传统基督教的婚姻誓言，也包括印度教中用鲜花和珠宝增强婚礼仪式感的习俗。当然，还有很多其他的变化。因此，婚姻话语是以特定社会群体眼中具有意义的方式揭示了夫妻关系的开始。

还有三个术语也倾向于运用话语概念来表达，它们分别是“叙述”“文本”和“意义”。叙述是一种特殊的交流行为。不仅在故事中有叙述，问答的先后顺序也构成了一种叙述。因此，叙述是大范围交流（即话语）的亚型。

文本则是一个更为狭义的概念。文本是一组特定的符号或动作，用以记载一些具有社会意义的故事。文本可以按字母顺序来书写，也可以运用图像来呈现。人们可能对文本的意义存在争议。文本的意义是指——大致上——内在的概念性内容，它旨在经由文本的作者传达给读者。话语和叙述被视为是有意义的，并且由其受众主导部分意义的形成。而且，文本又
73 可以独立于这些制造意义的群体而存在。不过，我们在试图解读文本时，不仅要调用文本制作者的预期话语和原有叙述，还要结合我们自己的某些话语和叙述。

解释学是对意义的研究。由于意义有时具有争议，所以通过询问特定的发言人或作者的意图，有利于我们轻松地开启质性研究。不过，听众或读者也可能在交流的过程中创造出新的意义，这一点在下文表现得越发明显。目前，一个短语可能被赋予两种含义。里科尔（Ricouer，2003）则认为，我们可以为既定的文本赋予第三种含义。这个第三种含义相对独立。它是一种社会意义。由于现有的社会规范或多或少地涉及特定的地点和时间，故人们可以断言，特定的交际行为具有公认为正常的标准含义。说话人和听者均可以打破这一规范。当社会规范被打破时，人们试图创造新的意义。如果认定存在着社会性的标准含义，那么就是在做本体论假设。这样就有了三种含义：说话人表达的含义、社会性的标准含义和听众理解的含义。我们在理解这三种含义时，所面临的困难被称为“表达识别的认识论障碍”（the epistemological difficulty of discerning representations）。解释学研究是社会研究的一个分支，它关注的是人们如何从交际行为中确定或推导出意义。

在收集支持性材料时，我们要时刻牢记：某些特定的意义经由既定的

陈述所传递。我们先来看看访谈中的陈述。质性研究中，访谈被视为一种对话。在这个特别的对话中，一个说话人试图引导出另一个说话人的话语。访谈的文本可以传递一些意义，较好地呈现世间万物及其内在联系。不过，我们仍需要注意四个维度：受访者希望呈现的世界、访谈者的解读、社会性的标准含义以及被塑造的现实世界。最后，不要忽略那些书面或口头研究的受众，他们的数量也是相当庞大的。因此，即使是一次访谈的片段，也可能隐藏着许多不同的含义。

某种意义上，现实和描述之间也存在着循环。这是因为访谈者不可能完全脱离某些话语或叙述来描述现实（访谈希望证明的现实），而这些话语或描述早在他们学习语言或符号之前就已经存在了。换言之，解释不可能是原创的；它不仅是由“观察者”创造的，更是建立在以往社会语言规范之上的。吉登斯（Giddens）将这个问题描述为诠释循环（hermeneutic circle）[参见丹勒马克（Danermark）等在 2002 年的总结；若对此感兴趣，乌思怀特（Outhwaite，1987）] 提供了丰富的资源。解释有赖于对社会规范的普遍了解，而沟通也需利用社会规范的意义来传递其意图。很少有“质性资料”属于纯粹的私人问题，实质上都是社会规范在发挥作用。甚至有人可能会说，访谈中的受访者就像个傻瓜。所以，有些学者就认为 74
访谈总是破绽百出的，无法客观地反映真实世界。由于质性研究使用特定的叙述来构建话语，就如同隔着纱窗看屋外的风景一样，我们所看到的世界已变形，得出的观点也受到质性资料的影响。不论人们多么精心地解构文本，作者偏见将一直存在并挥之不去。

正因如此，质性研究的批评者认为，这类研究结果是存在偏误的。有些质疑源自一些特殊利益既得者，如医院服务的供应商或负责市政决策的官员。换句话说，那些不希望自己的世界受到严密审查的人会推说访谈者构建的根本不是他们的真实世界。还有些质疑则使人们意识到，仅一个互动就可能蕴含上百万个的意义。

然而，访谈对于证据的收集还是极为有用的。要想化解此难题，我们不妨将访谈视为一种证据的来源（尽管这些证据并非全然正确），而非事实的来源。在这种情况下，对世界的表达是一种针对性的交流形式，而访谈只不过我们借以发展出对世界有趣且有益的知识观点的一种手段。访谈的科学性在于使用系统和严谨的方法将质性研究的方法置于审查之下，以重新评估研究者个人的解读。

在收集调查资料的过程中，结构化访谈比半结构化访谈及非结构化访谈更为常见。因此，一旦涉及如何在调查过程中合理表达，我们就再次陷入认识论的困境。这个问题的症结在于大多数收集调查数据的访问员都声称自己是中立的，并且全程小心翼翼地重复着每个问题，以确保对所有的受访者一视同仁。这是公认较为科学的一种调查问卷管理方法。而定量数据则通常建议最好由这种特殊的访谈程序来完成。

那么，定量数据会是一种中立的、真实的表述吗？大多数学者并不这么认为。由于数据既没有包含整体的描述，也不是论证，故它们本身并不是一个非常明确的表述。由矩阵中的符号组成的数据往往包含更小的交流单元，例如单词或数字。数据的读取人将这些单词或数字放入具有新含义的句子中。民意调查的措辞方式可能会在调查数据的数字解读中重复出现。然而，也有可能以访谈者不希望的新形式来解读调查问卷。所以，许多表述可能源于同一组调查数据。换言之，调查构建了一套关于社会的信息。

后经验主义者认为，各种表述经由文字而形成。他们会辩称，即使原材料为定量数据，情况也是如此。在图 2－3 中，我用维恩图列出了一些
75 标准，以明确何谓良好的论证。左侧显示了如何以一种典型的后经验主义方法来评估研究的质量。研究设计应该充分发挥其应有的作用，不仅要对社会事实进行采集，更要通过一些针对性探索来更好地了解某个社会问题或项目（Scheyvens et al.，2003 和 Brockington and Sullivan，2003 推演了这种发展研究的方法）。右侧的标准则是一种典型的标准（例如，具有系统的数据和严格的方法），这在经验研究者中更为常见。当然，二者是有些共同点的。共同点在于双方都希望达成一些有理有据的观点，这些观点是任何理性的观察者都能理解甚至接受的。因此，我们不能武断地认为后经验主义研究全盘否定了经验研究的所有基本标准。它们还是有一些共通之处的。

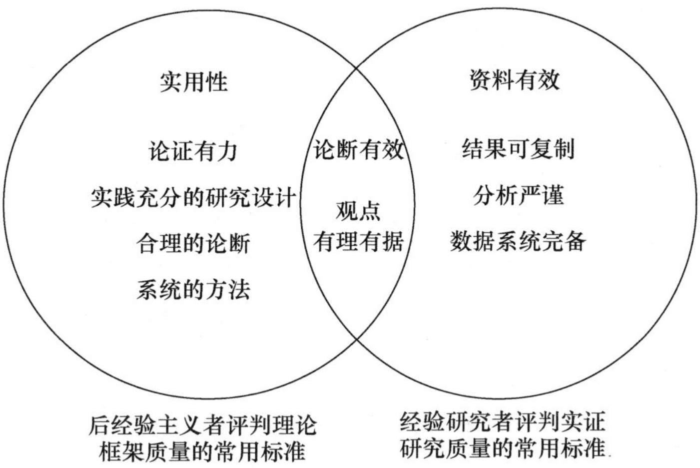

图 2-3　两种方法论视野下好研究的标准

注：塞耶（Sayer，1992）界定了“实践充分”。史密斯（Smith，1998）定义了经验主义方法有哪些。这里的“后经验主义”一词将后结构主义认识论与对经验观察的兴趣相结合。

如果我们只使用调查数据，那在某种程度上就无法达成完美的论证。从好的方面来看，人们希望以此得到的表述可以避免被虚假的现实牵着鼻子走。因此，我们可能会综合利用调查数据和其他专业知识，提出优良的、有根据的论点。通过高质量的试调查，调查问卷得以优化，并通过筛选问题和恰当的提问措辞来提高问卷的代表性（参见 4.1 **问卷设计**）。

让我们仔细看看政府主导的人口普查。这种数据来源究竟是权威而有 76
倾向性的，还是中立而真实的？政府调查或许是权威的，因为调查所用的措辞往往会在数据生成的报告中重复出现。对种族的描述就属于此类。利益者从各自的立场对调查对象进行提问，从而使得提问中所用到的措辞颇具争议。洞悉这一点之后，我们就很难说政府调查是中立的。语言、教育和宗教的相关问题塑造了公众印象中人们应该如何说话、如何学习以及如何做礼拜。这些问题还分析了更为广泛的行为，比如语言转换和洋泾浜英语，尤其是分类方式。出于上述两个原因，政府调查报告乐于接受多方的质疑，也从不宣称所得的结论如同“上帝之眼”般完全中立。

有趣的是，以前普遍被视为羞耻的某些生活事件现在反而成为官方调查的热点。性和健康就是这样的典型，尤其是同性恋性取向和艾滋病病毒感染。这些例子说明政府引导并推动了社会认可的表述方式。有时，资料收集者会在官僚机构内采集资料的同时完成创新，以参与渐进的社会变革。在其他时候，资料收集者则可能扮演相当保守的角色。无论他们的愿望是什么，他们可能会发现很难影响官僚机构的运作。正如 20 世纪 50 年代毛泽东所言："百花齐放，百家争鸣。"

综上所述，我将对社会的表述界定为一种人类的互动行为，在此互动中，代理人（如个人）试图以特定的方式描绘世界，努力跟周围进行交流。我们表述世界的方式必然受到价值观与偏好的影响。审慎起见，我们需要密切关注既定表达的所有可能含义及其相关证明。这些含义根植于话语之中。表述在特定类型的叙述中可能起着一定的作用。总的说来，我们可以将表述理解为人类在努力传递意义的过程中所绽放出的花朵。

2.8 焦点小组

77 焦点小组一般由 5 至 12 名成员组成，而且还会配备一名引导员。通过焦点小组这种资料的收集方法，许多更为依赖调查和访谈的研究均可以得以强化。焦点小组也可以有效地运用于参与式研究中（参见 3.1 **参与式研究**和 3.3 **行动研究**）。由于在焦点小组进行的过程中需要录音和转录，故应在严格控制会议数量的情况下使用，以便对结果数据进行详细分析。举个例子，如果一项研究已开展了 25 份个人访谈，那么再开展六个焦点小组则能分析得更深入；或者一项研究仅用到了二手的调查数据，那么只在一两个地点上追加 6 个或至多 10 个焦点小组，就足以增添一个新的质性分析维度。至于其他的质性研究方法，分配给资料分析的时间至少应该跟焦点小组的设计、执行及生成相应文字记录的时间相当。

在焦点小组中，视频的使用并非必需的。一方面，它为博物馆或当地参与者创造了一些具有未来潜在价值的历史人造物。另一方面，在未来的研究中，要想获得受访者的同意来使用这些视频材料，可能比使用音频资料更加困难。因为谈话者在视频中很容易被识别。即使脸部被模糊处理，衣服和采访地所泄露的线索也会令结果变得"指名道姓"。因此，对于敏感话题或易暴露的人群，我们可能更倾向于使用音频而不是使用视频。不过，作为一个实用的辅助方法，焦点小组允许每个参与者制作一个简短的视频日记。

我们可以使用话语分析中的原则与概念来处理焦点小组的资料。在话语分析的各子流派中，更多的社会学类方法倾向于推荐：在时间允许的条件下，用视觉图像或其他不同流派的证据作为来焦点小组数据的补充。这也促使将研究主题中详尽而广博的历史知识应用于文字记录的解读阶段。此外，还有一种更偏向语言学形式的话语分析（Wodak and Meyer，2009）。心理学家也会用到焦点小组，只不过形式略有不同且明确以心理学理论作为参照［Potter and Wetherell，1987；如果要获得实际操作方面的帮助，请参见肯德尔和威克姆（Kendall and Wickham，1999）有关福柯话语分析的论述］。由于在焦点小组的记录中话轮转换 78 (turn-taking)[①] 带有较多的人为操作色彩，故会话分析的运用则更加困难。我们可以应用一般性的解释方法（参见 2.5 **解释**）。这样，就须做一些取舍来限定分析阶段如何进行操作。

最后，使用计算机对焦点小组的资料进行编码也是明智的（参见 2.9 **文献分析**）。对于一个时长为 40 分钟的焦点小组会议，可能会生成 30 至 45 页的双倍行距的文本。如果有 20 个这样的焦点小组，那么将生成约 20 万字的文本。计算机技术的应用可以简化这些资料的编码工作。抄录员需要赋予每位发言人一个单独的识别（ID）码，然后就可以很轻松地设置自动编码程序，完成这些识别码由出现的行到段、再到文本某部分的自动编码（Gibbs，2002）。为了更好地设计自动编码，需要对试焦点小组的转录本进行自动编码，以确保在文字记录中放入正确的编辑标记。由于语料库将会变得越来越庞大，故在开始后继的转录工作之前，尽量将试焦点小组的作用发挥到极致。转录者应该备有详细的转录指南清单（参见 2.2 **记录**）。

---

① turn-taking，指会话的基本原则就是按话轮说话，即话轮中的两位交谈者必须要遵守"a-b-a-b"的原则。——译者注

2.9 文献分析

79 在工作场所、互联网、档案及图书馆中，我们都能发现文献的踪影。当打算进行文献分析（Document Analysis）时，首先应考虑的两个问题包括是否需要对变异进行系统分析，以及深入的质性分析是否可行。要解决第一个问题，最好能获取大量文本。而想解决第二个问题，则需要我们了解语言、历史、当地的社会规范和习语等相关背景知识。如果上述两个条件都能满足，实际上我们是按照混合方法的思路来研究文献的。本节介绍了系统分析的指导原则，然后就如何开展深入的质性分析阐述了个人见解。

在收集文献时，要么集齐所有的相关文献，要么从大量的文献中抽取一部分样本（参见 1.5 **抽样**）。也可以从文献中抽取段落、部分页或短语作为样本。通常，系统的分析还包括把每一个提取资料输入计算机软件中。可用的软件有 NVivo、MAXQDA 或 ATLAS. ti（Lewin and Silver，2007）。在条件适合的情况下，我们可以对文献进行内容分析。此时，每个主题已被标注。一般情况下，这些主题被提炼出简短的标题作为代码，这些代码与对应的文本形成链接，从而全篇文本就按此方式进行编码。随后，代码的值域可以作为资料中主题的快捷方式来进行搜索。有些代码出现的次数不多，有些则频繁出现。我们可以利用软件来统计一个文本中所有词语的出现频率。这是设计代码清单的第一步。接下来，我们可以设计更为复杂的主题名称，涵盖诸如“反对政府政策”之类的主题。须澄清的是，通过该代码，你所表达的是否与原作者的立场一致；或者，这个代码是否体现了文本的主旨。这就是 NVivo 软件中存在代码树的一个原因。代码树就如同一个伞状的代号。被称为“作者观点”的代码树可以有一组代码，表明作者的真实想法及希望表达的话语。单独的代码树可以设置一个“文本主旨”代码，文本中的主题被一一罗列其中。某些内容的编码简单明了，而有些编码工作则需经过深思熟虑。由于简单的文字处理程序难以呈现整体的频率分布和主（次）要主题的再现情况，因此它在未来的应用有限。总之，专业的计算机软件适用于更系统化的内容分析。

还有一种系统化的文献分析是基于案例的分析。这些案例可能是学生 80
及其论文和报告卡中整理出来的证据性材料。因为学生与其报告卡之间存在着一一对应的关系，而这些案例中则包含了这些文档（参见 6.1 **个案研究**）。随着论文数量的增加，资料库迅速庞大起来。假设我们有 50 名学生，而每名学生有 6 篇论文。如果每篇文章平均有 1 000 个词，那么数据库一下子就有了 30 万个词。通过混合运用抽样和基于案例的计算机编码，我们能够轻松地实现资料的瞬间倍增。（Byrne，2009，其中对这类资料的分析给出了建议。关于计算机辅助编码，另见 Gibbs，2002）。

管理文献时，我们可以将不同种类的文献转换为简单的文本。如果文献中出现了多种语言，即使需要翻译，我还是强烈建议某些文献按原文保留下来。翻译工作本身是相当耗时耗力的。通常，编码的第一步是考虑需编码的文本段的规模（例如句子）。然后，开发一个代码清单，以便于基础检索。例如，每个文档都可以在其标题下作为一个整体进行编码。然后，根据词语频率表，我们可以从中抽取需要的词语作为接下来详细检索的代码。这样，通过对研究问题的条件设定，我们可以选择两到三个词的组合。一般来说，研究问题不仅为编码工作指引了方向，还缩小了编码范围。除非我们打算将文本制成供搜索的语料库，否则通常没有必要进行详尽的编码。最后，你已准备开启最有趣的部分。

利用文献分析来寻求意义是一次探险之旅（参见 2.4 **意义**）。现在，我们移步至质性研究。在这里，研究者的背景知识将影响其解释方式。你可以通过文本搜索来寻找那些在文本中未被明确命名的单元或短语。参见 2.5 **解释**中的例子。譬如，人们可能会用含糊的讽刺方式来表达对政府政策的不满。讽刺和幽默的含义也颇为复杂。基本上，每一个意义单元都可以被编码。这就表明，文本的某些段落可能会出现多个重叠的代码。这很正常。

通过统计代码清单中重要代码所出现的频率，内容分析对文本进行标记，从而给我们的研究助力。一个项目可能有 120 个代码，但是书面报告只会详细讨论其中的 10 个。内容分析对于比较不同群组或不同时间的主题的频率特别管用。它的分析稳定而可靠。这里，可靠意味着即使另一个观察者用同一个资料库进行分析、重新编码，所得的结论也是相似的。

81 当进行更深层次的质性分析时，我们会聚焦于小部分文本，并仔细研究讲话人或作者的目的和意图。现在，每篇文本中的论据都被提炼为一个代码，并对这些论据的解读进行研究。通过诠释学，我们想要阐明的观点是讲话者的本意可能跟读者对于文本含义或蕴意的实际理解有所不同。战时的宣传公告牌就是一个典型的例子。对于制作宣传牌的军队而言，他们的意图很明确，意思也简单明了。这个宣传牌可以指导人们如何进行登记注册。但是，来自一个支持性社会团体的读者可能会与另一社会人群的解读截然不同。比如，被占领国的人们看到这块宣传牌时，就会对被占领区的人们心生同情，抵抗情绪悄然而生。根据宣传语，某个人群可能会“被带入文本”去思索真正的惩罚是什么。文本中或许有一段文字清晰地描绘了惩罚的具体情形，如“在……情况下，就会招致这样的惩罚……”(比如，“不登记将面临……的惩罚”)。正是这些不同解释之间的相互作用构成了众人皆知的诠释学。大多数的分析方法或多或少都对诠释学有所借鉴。

因此，当解释文本的具体含义时，我们将其分解为短语或拆分为几个部分，以研究它们对不同人群的意义，并就文本进行一般性的解释。在上面的例子中，未来的情景包含了富于争议的蕴意。更详细的分析方法（如批判性话语分析和话语分析）很大程度上依赖于研究者解释的能力。我们必须仔细考虑多种解释的存在。在形成最终的论点之前，多元主义可能是站得住脚的。大多数质性分析都容易陷入一种误区：即使运用同一资料库进行分析，观察者不同，所得的结论也不会一样。解释者所拥有的特定背景将影响他们如何处理文本及产生怎样的理解。在此方法学领域，可靠性的价值远远低于人们的预期。

2.10 准确性

本节我将探讨两种准确性。首先，我考察了在不同国家或语言群体中 82
统一问卷意味着什么。书中有一些很好的国际数据集的例子，它们都是关于统一问卷和测量的。同时，强调了准确性和测量的概念之间的联系——后者包括从分类标准到指标等级的多种类型。围绕第二个话题，我讨论了关于科学方法的争论，其中准确性被某些人视为优势，但被另一些人视为经验主义至上的意识形态工具。换言之，我首先关注的是实际问题，其次在更深层次的哲学层面上探讨了资料收集的准确性问题。

准确性涉及要将人类或社会世界的特征映射到资料收集的具体方法中。相应的方法有很多。当考虑准确性时，较为实用的做法是先从映射（mapping）这个概念开始。假设通过调查问卷，我们打算将受访者所在的地区、县、方位（市或镇）及行政区等信息都一网打尽。你怎么能确定他们在回答这三个问题时会给出准确的信息呢？许多问题便纷纷冒出来。比如，他们可能住在交界处，毗邻另一个区，而且他们可能更喜欢以后者而非第一个区自居。在英国，一些大的地区被水域分隔开来，它们沿着两条主河系之间的最高点蜿蜒而下。因此，生活在高海拔地区的人可能会认为自己是在东北，而根据专家的说法，他们则生活在西北。这些地区的边界也发生着历史性的变化。例如，名为“坎布里亚郡”的县在几个世纪中有着不同的边界。在欧洲，许多国家的国界在数十年间也经历了变化。受访者可能在心理上更接受对国界的古代划分而非现代的边境线。一个好的问卷调查系统将允许统计员对地区和县资料中的错误之处进行检查和修正。同样，我们需要正确指出人们居住的城市或城镇。一个城市群可能由两个或三个连续的城镇组成。因此，人们可能会引用较大的城市名（如大
曼彻斯特）而非实际居住的城镇（如奥尔德姆或索尔福德）。通常情况下， 83
受访者会同时地处四个或五个位置（城镇、城市、地区、国家）。为了便

于他们直接回答所在的地理位置，我们需要提供明确的指示或下拉式菜单，来帮助其选择正确的地理位置名称。提高准确性的一种方法是使用示范卡。示范卡将以大号字体列出合理的选项。看完示范卡后，受访者可以选择符合自己情况的选项。当受访者的选择与实际情况有误时，访问员可以暂停调查。

要想更精准地获得调查对象的地理位置则更加不易，比如行政区、街区和邮编区。人们通常不清楚他们具体居住在哪个行政区。在面对面访谈中，访问员可以使用地理定位系统获取准确的经纬度数据，并将其设计到问卷的备选项中。通过地理信息系统技术，这些 GPS 坐标可以稍后映射为每位受访者所处的行政区、街区和邮政编码。如果调查是以这样的方式开展的，那就没必要直接向受访者询问这些问题——那只会导致错误的发生。在某些生活领域，准确性相当重要，我们应尽量避免错误的蔓延。

个人的生活史、态度和信仰，以及他们关于自己和家庭成员收入、就业、工作单位和其他活动的反馈均构成了“事实”中大面积的灰色地带。在调查中，让一名受访者代表家庭中的其他成员来答题是很常见的。这种方法被称为“代理”，即在无须访问每个家庭成员的情况下由受访者填写每个家庭成员的调查问卷（年龄、性别、就业状况等）。使用代理回答的原因主要是为了提高效率。一个单独的访问就可以全面覆盖受访者及其家庭（能够大致符合事实）。讽刺的是，人们通常所称的“事实”掺杂了较多的估计，故存在较大的误差，比如：

- 究竟是家庭社会住房的使用期限还是私人租用期？受访者可能不清楚。
- 不在场户主的就业情况是个体经营还是受雇于他人？受访者或许还是不清楚。
- 不在家的儿子每周工作时间是少于还是多于 30 个小时？受访者可能不太清楚。

由于受访者会有意地迎合，因此，即使不知答案正确与否，他们也会
84 直接作答，从而导致错误的发生。我们需要绝对准确，为了达到这一目的，有以下三条经验法则：

- 询问最了解情况的人。
- 调查结束后尽快补记，不要搁置太久。
- 让受访者收集支持性文件（如工资单），以此来提示他们作答。

调查完成时隔多日之后才进行回顾和整理，将导致资料的失真和前后矛盾。

调查问题的统一需要仔细研究不同语言的措辞，以便能够统一答案，使之在地理差距较大的情况下也具有相同的含义。协调是一项非常具有挑战性的工作。即使在一个国家里，也可能是多种语言、方言和地方俗语并存。由于调查对象通常以当地的语言来进行日常活动，故这些语言对于他们相当重要。此外，在法律和监管机构方面也确实存在着差异，这就必须因地制宜地为地区、国家或语言群体设计不同的答案选项。当针对每个地域的答案选项均出现在列表中时，示范卡的篇幅将有所增加。调查管理员可以研发在每种语言内通用的示范卡。

回译（back-translation）用于检查和复查大型调查（如民意调查、人口普查）的问卷内容。回译，即用第一种语言写出问卷中的问题并以其他语言进行翻译。然后，由不知情的另一个人接手这个新文档，并将其翻译回第一种语言。如果结果与原始问题相似，则符合问卷的一致性。如果存在差异，则需要进一步澄清和完善。调查每修订一个版本的问卷，均可以同步进行回译。

为了保证报告的质量，针对跨语言群体开展的试点工作也至关重要。试点不应该仅锁定于一个城市或地区。它必须对边远地区、遥远且狭小的
地域及少数民族语言群体亦有所触及。为了获得准确的调查结果，我们可 85
能需要在试点工作上多花些功夫，以便将打算提问的内容、受访者如何理解提问以及备选项对不同地域人群的意义相糅合，从而进一步提高调查的准确性，并使调查员或访问者可以有机会详细记录他们所遇到的困难。每次调查至少要留出半页纸来做评论。对于自填问卷式调查，应在问卷的末尾空出半页纸，以便调查对象表达自己的想法。一旦收集到调查文档，请马上阅读。不要等到这些文档堆积如山时才想起阅读，因为它们会告诉你如何在调查的同时优化调查。即使无法优化早期收集的一些资料，所有的

改进努力也都是值得的。作为资料的收集者，我们的目标是不断地尝试以提高调查的准确性，同时降低选择性缺失或错误回答的发生概率。

准确性的概念被一些质性研究者所嘲笑，他们对调查方法本身就持一种批评态度。在科学史上，关于质性和定量研究的争论一直为两个阵营的分裂所困扰。

第一个阵营通常被称为实证主义者，但其追随者也被称为经验主义者或标准经验主义者[1]。他们专注于获取事实，仿佛所得的信息都是客观的并且可以从认知者和已知对象之间的关系中分离出来。对于这一阵营的研究者而言，调查对象被客观化；他们试图利用人来获取事实。他们可能会把调查“工具化”——以此作为提高效率、改善税收目标或进行预防保健的一种方法。为了至善的科学，他们剥离了研究者的个性。如果实证主义阵营坚持数据只是简单地“描述了事物”或者可以是“真实的”，而未认识到研究发现背后的社会和人类基础所产生的边界具有伸缩性，那么他们属于客观主义者。我在书中的别处也提到过，这种边界的伸缩性一方面源自人类的深层智慧，后者是人类发明不断更迭、日新月异的源泉；另一方面，它还源于人类个性的复杂性和身体的多样性，这使得我们难以进行统一的比较，哪怕是生物学的比较（如癌细胞增生、哮喘、肌肉生长的完成、骨骼发育速度或身高体重比）。人们对生物学研究的客观普遍主义诟病最多的是它要求“正常”的人体，因此数据库应该忽略身心有残疾的人以及其他有关的异常情况（如果要寻求事实的话）。但若忽略了这些异常情况，科学家实则建立了一个人们赖以寻求事实真相的规范世界。这些规范虽然是含蓄内隐的，但糟糕的是，它们使研究具有高度的排他性。如果真的存在实证主义阵营，它会以准确性作为挡箭牌，以此来捍卫调查并不断巩固自己的“科学”声誉。不过，从批判的角度来看，实证主义学派被发现无法积极有效地应对人类的差异与多样性。具体参见哈丁（Harding，1993a，1993b）关于实证主义生物学和医学研究的相关批判。

第二个阵营中有两类研究者，分别是主观论者和后结构主义论者。这两个流派之间存在着一些共通之处。主观论的要义是真理（作为论断的一个特征）只能用其他的论断来评价，因此它取决于讲话者的最初立场。他们认为，主观性的相互作用造成了真相基石的多变性，故真理实乃无源之水、无本之木。后结构主义论者则更关心社会科学中的决定论，它是基础主义的一种或然形式，但不等同于客观主义（承诺真理的客观性），主观论者往往以此为掩护进行反驳。后结构主义论者已经发展出多样的方法来分析社会，从而不拘泥于“社会结构影响现状并塑造社会变迁”这一观念。他们强烈反对将人视为被操纵的傀儡。相反，他们主张人们具有可塑 86
性并能够反思自己和他人。

在这些社会科学的分支中，涌现出一大批质性资料的研究者，他们对质性资料的分析游刃有余。调查并不是其关注的重点，他们更侧重于其他类型的研究：话语理论研究、理论研究、宏观社会学研究、神学、文学及其他模式。其中的一些模式属于人文科学，它们与社会科学在事实发现方面截然不同。对于质性研究者来说，文本引用与文献来源的准确性是相当重要的，但他们并没有试图将个人的现实看法做更大范围的推论。这类研究的主要对象为具有代表性的作家、艺术风格、道德趋势和历史变迁。此时，准确性通常被抛到一旁，而认识论问题则被视作更深层次的哲学化问题。例如，“我们如何知道别人的经历”这一问题不仅提出了准确性，而且提出了感知和存在的本质。

实践中，尽管许多大学的社会科学系分为两大阵营，但这两个对立的社会科学前沿之间存在着一条中间道路。就“准确性”而言，中间道路这种方法体现了一种认识论的价值，值得赞扬。

注释：

1. 关于实证主义的三种变体，这些类别不应该被贬义地使用，因为它们均是指一整套基本的研究假设。人们可能会赞同一些观点，而对其他的假设持反对意见。史密斯（Smith，1998）对实证主义的三种风格进行了面面俱到的归纳。这些可以被视为思想流派，但是如果读者发现其中一个或多个的不一致，那么它就变成一项专业的解释性活动，需要我们观察它们在哪里是不一致的，或者研究者是在哪里决定跟诸如自然主义和唯名论等基本前提分道扬镳的。有关统计推断影响的讨论，请参见 Olsen and Morgan，2005；批判现实主义方法的评论澄清了几个相关问题，参见

Potter，1999；具体操作性建议见 Blaikie，2003；从质性的角度讨论相关问题，特别参见 Outhwaite，1987。

2.11 伦理审查

87 通常，对大学和医院研究项目的审查过程较为漫长。而且令人不解的是，它还会存在着地方差异。由于伦理委员会或伦理评估委员会必须考虑到各种可能的道德和法律问题，因此，建议研究者如何操作的伦理程序文件有可能既冗长又复杂。

本节的重点是伦理对资料收集的影响。首先，我描述了大学环境下的伦理审查过程，然后介绍了一些相关的法律和数据保护问题，最后对伦理的真正含义及伦理对资料收集的一般性影响进行了评论。伦理审查的流程通常由申请人发起，申请的具体项目决定了其适用于哪些伦理守则。如果这个项目没有志愿者或实验对象参加（即非实验性项目），那么整个流程相对简单。如果该项目需要向参与者支付报酬或使用某些化学品之类的干预，那么这将是一个漫长而复杂的过程。伦理的相关声明需涵盖以下领域：

- 对拟开展研究中所有受试者的身心健康和福利进行风险评估，受访者和线人均属此列；
- 是否对项目的特定部分设立保险以及如何获取（如果有的话）；
- 总结项目的整体研究设计，以便伦理委员会衡量科学提案的有效性，并了解其在知识探求方面所做的积极贡献；
- 整理一份清单，用以记载志愿者（或参与者）招募中的所有行为，特别留意是否接触或涉及哪些弱势群体；
- 采取筛选和预防性措施，最大限度地降低健康与福利方面的风险；
- 承诺将向有关部门提交数据，确保数据对该大学的完全开放，并保证其符合数据保护的相关法律法规；

- 以何种方式警告志愿者：研究将可能涉及隐私或敏感性内容，附表征得每位志愿者的书面知情授权； 88
- 知情同意书必须声明志愿者或参与者并非必须参加本项目，他们可以随时退出，确保每位参与者都知晓。

以上流程适用于压缩性项目。而时间跨度较长的参与过程则很难实现伦理审查。不过，每年还是需要进行复核（参见 3.1 **参与式研究**）。

该伦理申明的基本假设是志愿者、参与者和研究人员的地位基本平等，且拥有不可剥夺的权利。秘密研究从未得到大学伦理委员会的批准。由于其自建立以来就充满了谎言，所以它几乎从未有过正式的科学地位。秘密研究通常是对信任的破坏，而好的科学研究则往往是建立信任的过程。比较好的做法是为参与者提供一份简报或其他形式的研究摘要，以增强他们的存在感和参与感。也需让参与者知道，最终的研究结果将需要两年的时间才能完成。

在提交伦理审查申请表之后，可能会有一个面试环节，以讨论具体的研究设计和方法。从研究中提出一些明显却未呈现出来的好处并予以强有力的解释，这点至关重要。否则，一所大学为什么会同意让志愿者、参与者或受访者来参加研究呢？不过，这些好处只有在研究结束后才可能充分展露出来。而由于各种各样的原因，某些项目中途就流产了。

委员会将批准通过该项目或要求提供更多信息。完成伦理审批流程可能需要几个月的时间。所有合作参与的研究人员必须同意并遵守各自的伦理声明。如果项目中包括了高校之外的研究人员或参与者，伦理声明则更加难以完成。可能的解释有两点：首先，其研究环境跟高校存在着差异，故伴随而来的风险也可能是完全不同的，甚至有所增加。其次，其相关条款跟大学环境下的研究程序并非完全契合。因此，在伦理审查的声明中，他们可能需要明确地强调对特定政策或指导原则（例如平等机会政策或儿童保护原则）的遵守。在大学以外，一些企业也鼓励员工遵守职业协会的伦理准则。无论是社会研究协会（Social Research Association）还是全国性的社会学协会或管理协会，几乎所有较大的专业协会都为成员提供伦理方面的标准化指导性文件。即使这些文件无法

89 像大学伦理委员会一样提供保险保障和法律保护，它们还是有助于处理实际中的伦理问题。

一年后，大学可能会要求研究者提供一份简短的备忘录来更新项目成功的相关信息，同时回顾各学科的伦理实践。

对罪犯的研究是一个颇富争议的领域。一般来说，在研究者听闻罪犯正在进行或即将实施犯罪的情况下，大学的研究伦理委员会建议研究者最好报警。这一领域的研究者也建议自己的线人按照上条建议来执行，并劝他们不要传递特定犯罪的关键信息。在保证双方都知晓这一事前规则的前提下，对话和访谈方可进行。我们需要在资料采集的会议之前（而非之后）获得知情同意书及其实际签署的纸质表格。

鉴于具体情况的千变万化，上述总体原则在实际运用中也存在着一些例外。假如受访者不识字，以口头或其他特殊形式进行预先商定的知情同意也是允许的。如果风险无法避免，那么可以为高风险地区人群购买保险，并在伦理声明中细化出有关健康、安全和风险的协议。附录的文件A1就是这方面的一个实例。作为实用性指南，该协议可以用于所有项目人员的培训。不论项目中的新近参与者是偶然加入还是暂时参加，它都能对项目的新加入者提供有效支持。附录A2则包括了知情同意书中参与者许可的具体条款。

一项研究所引发的法律问题包括：

(a) 参与者的健康面临风险。一旦造成健康损害，他们可能会对相关的大学或研究人员予以起诉。

(b) 大学的声誉面临风险。通过伦理委员会谨慎行事，确保每位研究者认真地探求知识并以清晰明了、通俗易懂的方式呈现研究结果，从而部分规避这方面的风险。

(c) 从事研究的人员面临受伤的风险，并将其归咎为大学的疏忽。因此，大学可能得负责所有的保险安排。在与保险公司交涉后，他们可以告知项目人员如何进行风险管理以及在每个特定健康和安全领域中需要采取何种预防措施。虽然有人认为伦理委员会不应干预日常的健康安全问题，但重要的是，若一个项目对健康或幸福存在着不必要或可规避的风险时，

伦理委员会将不予以通过。否则，就是有悖伦理的。一般来说，项目中常 90
规的法律依据和保险在科学实验和社会科学实地工作这两个领域内皆行之有效后，伦理委员会或董事会才考虑是否予以批准。

研究中的数据保护则涉及两国及其相关法律：一个是田野调查的所在地，另一个是资助者和研究者的所在地。在英国，“数据保护法案”（Data Protection Act）提供了明确的指导意见，即必须向受访者通报相关数据并被授权允许持有这些数据。英国甚至规定，每个人都必须意识到他们有权审查和修改与自己相关的数据。而研究必须遵守数据保护法案，才能通过伦理审查。

不合格的例子包括：

• 未获得受访者书面同意，便运用预约阶段所获得的受访者资料（包括真实姓名）在计算机上进行抽样调查。

• 输入问卷数据时没有对每个调查问卷分配序列号，夹杂了大量受访者的真实姓名。当然，受访者明确同意将其真名录入计算机的情况除外。

• 未经受访者的明确同意，将其录音资料（.mp3 音频格式）进行计算机录入。

我们一般需要提前征得受访者的同意。但在现实中，若某个程序发生错误，最好还是继续下去，事后再征得同意。虽然因此获罪的可能性不大，但牵涉甚广。因为，按照“数据保护法”，被指控的对象不仅仅是研究者个人，还包括整个研究机构。

此外，如何使用公共事件的录像记录也是令人头痛的问题。这里是法律的灰色地带。在英国，哪怕是使用判例法，也必须得自我举证找到最为适用的条款。良好的判断力和可行的伦理规范（即对个人的尊重）表明，公共事件的研究性视频应降低目标人群面部的可识别度，除非已具备该人群的知情同意书（Alfonso et al.，2004；Pink，2007）。

此外，给孩童拍照也是伦理问题的重灾区。通常情况下，需要相当的技巧才能征得孩子们的同意并对他们展开研究。若以父母的授权同意来代替，那就更尴尬了。因为，这就意味着作为研究对象的孩子反而可能未被征询意见。要想解开这堆乱麻，最好的办法就是避免给孩童拍摄全身的正

91 面照片。尽管不够美观，但是在社会研究中，选用背部照片和隐藏头部的身体照片则更为实用。毕竟社会研究并不是以“赏心悦目”为标准来选取照片，而是将每位参与者的福祉和合法权益置于首位的。

在跟参与者的所有互动中，研究者需要牢记自己并非单打独斗。他们代表了所处的大学、院系，甚至代表了所研究的整个学科。如果他们被指控有任何非法行为，都可能引来公众的不满。即使指控最终被证明是虚假的，后果也很严重，大学可能因此而名誉扫地。所以，我们应该尽可能预见相关风险，避免其发生。在公共场所和研究项目中，各国有关数据保护和普通民众权利的法律有所不同。比较明智的做法是对所在国家或地区的法律做功课，找出项目或研究具体适用的条款；但凡涉及的法规，均要严格遵守。因此，如果你的共事对象是非洲国家的移民，那么你需要考虑按照非洲法律有哪些条款是适用的，并要求自己也努力遵守。倘若你发现自己无法做到，则可能陷入触犯法律的危险境地，此时就应对所在的大学据实上告。通过上述问题的辨析，你可以将其作为一个共同的问题展开调查。同时，也不要回避那些令人尴尬的问题：有时候你猜得中开始，却猜不到结局，甚至会越变越糟。随时写下你跟人谈论时所提到的法律、伦理、在部门管理或研究支持人员方面的困难，以随时追踪上述问题的解决。

通过远程教育的研究案例，我们来看看多国法律问题是多么重要。假设你要评估一个远程学习计划，而参与评估的对象生活在不同的国家。从被评估者的角度来看，由于是在他们的地盘上做研究，哪怕只是通过邮寄、网络电话或电子邮件等方式完成，你也得遵守他们国家的法律。

不难看出，鉴于法律和伦理问题牵涉甚广且包括了众多的风险评估与应对，所以伦理审查与研究设计的发展有着直接的联系。你会发现，你只能做一些行之有效的事情，而且为了保证项目的有效性还必须通过伦理审查这一关。因此，有必要列出拟收集的资料类型及相关活动，并设法克服任何潜在的困难。而对于那些望而生畏的、不具可行性的或可能引发灾难性后果的问题，可暂时悬置。

随着研究团队经验的积累，对伦理审查“流程”的管理将变得越发轻松。不过，研究的实质性伦理（substantive ethics）则是另一码事。在更深层次的评估方面，人们需要确保研究以某种方式为社会创造价值。这个价值可能是以极其间接的方式展现的，也可能历经较长时间方能释放出来，但前提是其所创造的新价值、新知识能够为人们所捕捉。此外，研究也是一条彼此博弈、荆棘丛生之路。它可能令某些人颇感尴尬、受访者陷入窘境，或一纸诉状不期而至。并且，研究者也无法确保每个人均能从中 92
受益。伦理研究之所以有趣，在于其千变万化。将伦理入门指南奉为圭臬、仅仅关注伦理的操作流程是远远不够的（MacIntyre，1985）。事实上，一项对美国人的正式访谈表明，美国城市中普通人的道德标准也相当复杂。在做出决定之前，人们会将各种各样的因素考虑进来（Wolfe，1989）。同样，研究人员以全面提高知识水平为宗旨来创立研究项目。随后，他们着手为各组成部分或每个项目进行具体的研究设计，认为这将带来经济效益并为更广泛的研究贡献力量。我希望大家能够高度重视研究过程中参与者的身心不适，在某种程度上它要比研究结果的社会价值重要得多。

本章的延伸阅读

对质性研究者而言，费尔克拉夫及其著作从解释学的角度为我们理解社会权力研究提供了捷径。不过，通过阅读柯费尔（Kvale，1996）建构主义的众多著述，我们能够从中轻松地掌握访谈的建立及其解读技巧。简而言之，上述二者的不同视角构成了整个思想流派的分水岭。费尔克拉夫是一位众所皆知的现实主义者，他认为权力的运作已提前内嵌于社会建构或文本的解构之中；而柯费尔则更关注认识论问题而非世界的“真实”特征。柯费尔虽然鼓励研究人员进行解读研究，但是我们不确定是否能够用他所描述的质性研究方法来探求真相。相反，鉴于话语和权力关系之间的先验性本质，我们可以借用费尔克拉夫的现实主义视角来发现真理，随时准备通过文本分析等创新方法来挖掘希望探索的真相。

根据费尔克拉夫的说法，我们不能随意编造来解读收集的文本，对此我深以为然。解释受制于文本源自的真实世界。归根结底，话语分析是对关于现实的分析，而不仅仅是对语言的分析。许多质性研究方法的相关书籍都没有解决这个问题，哪怕在韦瑟雷尔等的著作（Wetherell et al.，2001）以及卡麦兹的《构建扎根理论》（Charmaz，2006）等优秀作品中也是如此。梅森（Mason，2002）对质性研究的介绍有助于我们从实践和理论两个方面来了解如何进行诠释。

93

第3章

参与式研究及相关方法

3.1 参与式研究

参与式研究会令团队合作更为复杂。所谓“参与”，我们通常指的是 95
在研究者的推动下，活跃的代理人（比如人或机构）的介入。研究可以由机构、企业或政府来推动。那些关注草根阶层、聆听社会边缘之声的研究者对参与式研究赞赏有加。例如，流浪汉、少数族群、移民和难民通常无法获得其他公民所享有的全部权利或特权。而研究则可能在别的方面帮助他们维护自己的权益。本节中，我首先回顾了“社会边缘之声”的含义，然后描述了参与如何在研究中发挥作用，最后简要回顾了参与式研究所面临的一些批评。这样，就可以客观地判断参与社会研究的可能性。

“我们几乎听不到社会边缘的声音。”这种说法的意义不仅是隐喻性的，从字面意义来理解也无关乎声音的“响度”。它更侧重于强调某些人不被主流社会和强势的精英阶层所接受。边缘化主要表现在三个方面：拥有的社会权力较少、没有机会参与精英的策划、被排除在社会团体之外。接下来，我将用两个示例来展示边缘化的具体情形。第一个例子是性别意义上的女性。

在人们眼中，若女性从事有偿工作或担任高级管理者，则莫名地有些“多此一举”或“离经叛道”，故多年来（20 世纪 50 年代和 60 年代）对管理和劳动力市场的研究几乎全部以男性和男性管理者为对象。人们对高级管理者的研究越多，就越有可能认为这些管理者是男性。20 世纪 50 年代，许多西方国家流行的意识形态是，尽管妇女在过去的社会中发挥了重要的生产作用，但不应该从事有偿工作。在中世纪的农业社会中，妇女挤牛奶或在农场劳作。在工业社会中，她们到工厂上班；到了后工业社会，她们从事服务行
96 业，或者在零售、医疗或教育领域工作。共同的特征是妇女被排斥到核心劳动力市场的边缘，其贡献被抹杀。近几十年来，人们逐渐意识到这对女性是不公平的，女性的收入不应只是用来补充家庭主要收入的“零花钱”。

性别研究指出，边缘化是通过语言的类别化和对性别角色的刻板印象而产生的。刻板印象的运作方式是暗示人们要按照应有的规范来扮演日常的角色。角色的诠释通常是将角色说明和角色规范结合起来。实际上，男性和女性均倾向于促成这种角色诠释模式。因为，他们也将打破常规视为一种奇怪的行径，唯有“正常”才是好的。当被压迫者、圈外人或沉默群体在政治上处于弱势时，边缘化就会加剧。妇女虽然也是劳动力市场中的一分子，但由于从事的是兼职或社会地位较低的职业而被排除在核心的政治角色之外。无论过去还是现在，民主国家议会中女性相较于男性所占的比例还是很低的。在非民主体制中，“位高权重”的女性也相当少。妇女在公共生活中保持沉默，但在“私人生活”中却非常活跃。哈拉维（Haraway，1988）明确地批评了在这种情况下公共科学所扮演的角色。他认为，沉默的声音是无法被倾听到的。这是因为女性无法进入男性的话语体系或使用主流男性群体所倡导的一些习惯用语。比如，自然科学中有关“假设检验”的语言表达或“事实发现”的话语。

斯坦利和怀斯（Stanley and Wise，1993）也探讨了上述现象，指出透过该现象可以看到，科学本身所带有的性别色彩使西方科学在其知识取向上变得非常男性化。斯坦利和怀斯认为，应该有一门以女性为主体或

“非男性化”的科学来关注人群差异的鸿沟，倾听罕见而富于创造力的声音，并提出新的观点，而不是为了“保持一致”向一种普遍性的规范靠拢。毕竟，这种科学承认规范是存在地方差异的。为了批判寻求普遍规律的科学，女权主义者以性别角色的差异、儿童的自主权或对医疗干预的信仰为范例，指出群体内部的文化差异（Alcoff and Potter，1993）。所以，一定程度上，这类边缘化是强势的精英利用科学来循环地复制权力，并且——必然地——将无权者排除在外，除非后者被纳入权贵的意识形态和话语之中。

在性别的例子中，我们可以看到，女性自身可能因拥有的社会权力较少而无法自我救赎。由于家庭的性别分工，她们很可能跟国家及国际制定的职业规划相背离。因此，女性常常被集体排除在大型的社会团体之外。社会融合性研究试图打破这种僵局，而社会排斥性研究则一再倡导当地民众和基层参与到民主和预算进程中来，以提高当地边缘化群体的“音量”。

第二个例子与移民和难民有关。有些移民拥有明确的公民身份，而另 97
一些移民则不被新居住国接纳。“难民”和“寻求庇护者”这些术语已经演变为一种概括，用以指代其区别于合法移民的法律地位。与此同时，所用词语的社会规范和情感寓意也在不断发展。有些人是“移民”“难民”或“寻求庇护者”，那么，他们可能就难以融入日常的社交生活及正常的群体活动之中。他们可能会被屏蔽于亲子团体之外，或者在当地的体育中心受到区别对待。最初社会的忽视或避而不谈造成了对移民群体的法律界定模糊和监管不到位，可能会逐渐演变为针对少数族群或第一语言非母语的群体的一种消极反应。实际上，占统治地位的种族群体可能只是站在本民族的立场行事，而并非有意为之。

以我居住的英国为例，假设一群工人打算去“酒吧”或公共聚会的场所（典型的“英国”社交场合），他们在那里聊天、放松、喝几杯酒精型饮料——这可能就属于“制度化”的歧视。因为，友人中的穆斯林无缘于该聚会。去酒吧的计划似乎忽略了一个文化现实，即该团体中的穆斯林不喝酒或不允许去酒吧。

无论是视觉上还是听觉上，人们往往与自己的同类相处得更自在（即语言相通或说同一种方言），由此也形成了社会排斥。边缘化造成的影响可能是深远的。国家的政治体系往往未将移民考虑在内。移民表达政治诉求或参与缓和紧张局势的对抗或谈判的能力可能也有限。因而，对研究资料的影响是多方面的。例如，移民的居所可能不固定，他们可能也无投票权，故使用选举登记册进行抽样往往会将移民排除在外。如果是关于投票或公民权利的研究，而移民根本没有任何权利，那么，从抽样框中将其忽略的做法是可接受的。当被问及是否愿意（主动地）参与研究，移民更倾向于拒绝，而土著居民中占统治地位的少数族群则不然。移民意识到本群体的特殊之处。而且，他们明白这一点可能很难被理解或倾听，并清楚自己在某些方面是“有违常规”的，比如有关宗教或文化的基本看法、家庭结构、语言及历史背景。自我排斥是社会排斥的重要组成部分。

对移民的研究必须考虑到这些被排斥的风险。一般来说，移民不太可能有本族的政治代言人，往往比其他人在当地拥有更少的社会力量；而且由于是外来人群，这种特殊性也使他们不能像当地人一样参加社会团体。我举个英国的例子，一些天主教学校是拥有公共资助的，但除非移民是天
98 主教徒或居住稳定，抑或两者兼而有之，否则他们将无法入校。此外，非天主教徒的新移民甚至不会考虑加入以天主教（或其他）信仰为主的学校。所以，总的来说，那些“与众不同”的移民（即上述非天主教徒的移民）被剥夺了获得社会生活福利的重要机会。可是，有法规明确规定，这些天主教学校应接收一定数量的非天主教儿童。英国政府正努力将所有的社会群体纳入教育体系，以确保“全覆盖的”非选择性学校为每个需上学的孩子提供服务。不过，较之于非精英学校，精英学校的选择性更强，移民进入或被关注的机会更加渺茫。因此，学校制度参与了阶级权力和社会权力分层的再生产。

从研究的角度来看，我们比较容易接触到移民，却很难让他们明确表达出研究者在其中发现的问题。人们往往并不了解他们所处社会的系统属性。或许，他们也不想谈论。大多数非专业人士无法清晰地表达自己遭受的社会排斥或沮丧感。相反，他们更关注日常生活中的舒适区，比如度假、手机或其他消费行为。这样，社会排斥往往在分裂的社会中重复上演。一个社会既有公共领域，也有更为狭小的社交圈，后者让人更为自

在。在小群体中，人们可以事无巨细地谈论生活琐事（宗教崇拜、管理宠物等）。对于一般人而言，他们不可能频繁讨论那些他们认为最为棘手的问题，尤其是这些问题被视为无解的时候。

这种区隔式的社会场景恰好是参与式研究的背景。参与式研究的过程可以源自众多子主题中的一个。参与行动研究（participatory action research，PAR）是一种重要的研究类型。它运用行动研究法使人们参与到分享研究、促进个人成长的过程中来（Heron，2000；Reason and Bradbury，2009；Reason and Rowan，1981；法尔斯-博尔达和拉赫曼［Fals-Borda and Rahman，1991］则介绍了如何在发展中国家进行参与行动研究）。跟弗雷尔（Freire，1993）的大多数论著相似，法尔斯-博尔达（Fals-Borda，1988）也认为社会结构和资源分配方式固化了社会中的权力关系，使边缘人群难以发声。人类学和社会研究可以是参与的一种形式，但同样无法绕开上述障碍。其他形式的公众参与或许能够让公民参与到反馈过程或社会伙伴关系的设置之中，但均受到大型政府或准政府组织的影响（Hickey and Mohan，2004）。在大多数参与过程中通常设有一名受雇的推动者，而其组织赞助人则左右着整个研究过程（Heron，1999）。该研究可以遵循一个标准化的流程。专栏3-1介绍了典型的研究方案。该流程包括了米克尔森（Mikkelson，1995，2005）提到的各种创造性的资料创建过程。丹勒马克等（Danermark et al.，2002）也强调，可以按任意顺序来安排研究的各阶段。

专栏3-1　参与行动研究的研究方案 99

- 明确问题或确定主题。
- 让研究涉及的相关人员参与进来，选择某些参与方式。
- 推动参与并记录过程，同时跟下一环节做好连接。
- 分享关于不同群体或个人的陈述（或作品）的记录。
- 通过民主会议或动员大会来结束整个流程。
- 以文档的形式呈现调查结果，或制作一个视频来反映多方的呼声。然后，回到前面的步骤，重新开始研究。

在参与过程中，常用的有：

- 参与式绘图，以图像来描绘不平等或饥饿等主题；
- 焦点小组，用以识别和界定不同的观点（参见 2.8 **焦点小组**）；
- 讨论小组，将利益相关者聚集起来，以便更深入地了解多方观点；
- 推动者，引导全程在指定的时间结束，或促成各方达成一致。

资料收集的问题在于是否应将收集过程中的任一阶段视为“数据”并记录下来。显然，以上每个阶段均可以生成备忘录或田野笔记。它们究竟是归个人所有，还是可以公之于众？它们属于个人的劳动成果，还是集体智慧的结晶？对于这两个问题，研究者各执己见。近年来，将多媒体材料输入到电脑越发便利。因此，参与研究过程中所产生的图表、地图以及创意产品（如短剧）均可以用数据格式来呈现。

收集资料之前，获得知情同意是极为重要的（参见 2.11 **伦理审查**）。随着时间的推移，参与式研究的伦理将包括征求更多的同意及获取更大范围的公平参与，知情同意只是其中的一个部分。出于法律原因
100 （尤其是数据保护法），规定操作是在每次资料收集活动进行之前必须先获得资料收集的知情同意。即使不确定知情同意书是否能很好地发挥作用，掌握一些调查对象的知情同意书仍是相当重要的。可以事后调整同意事项的相关安排，但需具备明确的许可书或协议——最好是在早期已签署完毕。

借由以上研究方案，参与者基本上可以获得自己需要的资料，甚至全部资料。不过，我们并不清楚是否所有的参与者都会在将来真正地使用这些资料。而且，全部使用这些资料可能也不现实，毕竟有些人根本就没理由用到这些。此外，不能忽视数字鸿沟的存在。“数字鸿沟”指的是穷人和被社会排斥的人群难以接触到电脑、互联网及软件。并且，有些人可能没空来查看或使用这些资料。同时，我们还需警惕一个“大麻烦”，即研究的赞助人、推动者或最终用户将左右研究的解释。这便引出了我对参与式研究的下一组观察，其中就涉及了“对参与的批评”。

对于参与式研究，主要存在三种批评。第一种批评认为，通过参与而收集的材料反映的客观事实较少，无法检验其准确性，故不具有代表性。

比如，有研究者就某个种族做出一番论断。无论该研究者对此是多么地深信不疑，我们仍需要提出疑问并寻求进一步的证据——可能是科学的、系统的或不带观察偏见的——以便能够理直气壮地在以后的报告中引用这些论断。对于后结构主义者而言，上述批判无足轻重。因为，这种批评之声的意义在于我们借此明了它是如何在边缘地带里“真实”存在的。甚至在社会中处于优势的人群也有坚持自己观点的权利。研究的宗旨在于倾听参与者如何构建社会生活的逻辑。我们怀疑参与者观点的“真实性”或“客观性”时，实际上是将知识的精英结构强加于他们，而这本身就受到了参与式研究的彻底质疑。总体上，参与式行动研究对不同的观点均十分包容。

第二种批评则认为，被压迫者很难表达出自己的真正诉求，相反他们可能会说出近期的迫切需要，甚至会利用这一过程来达到建立关系或宣传的目的。这一批判注意到了推动者所用方法的社会伦理在根本上可能跟社会伦理反应并不匹配。特别是当涉及政府资金或强势的资助者时，整个过程将会变得四分五裂。在真正的利益冲突集中爆发并交织作用的情况下，推动者要想顺利完成研究或做出定论则极具挑战性。不过，这种批评也受到了质疑。试图尊重不同观点的人们指出，无论观点如何，我们都不应预设应拥有的态度或设立特定的要求。 101

有时，被边缘化的个体并不清楚自己的真正需求，我们称之为“错误意识”。例如，当某个移民群体想要一所特殊的学校而不是把自己的孩子送到普通学校时，错误意识便出现了。有人可能会认为，这些移民没有意识到主流化以及社会融合的好处。他们“更愿意”被区别对待，因为这样自己更轻松，但此偏好并不能使其利益最大化。

这里，我来梳理梳理以上论点。这是一个有争议的论点，很大程度上是关于知识和有效性，以及谁有资格来判断观点或建议的有效性。在社会科学中，错误意识的问题引发了一个更宽泛的问题，即在从事质性研究时如何辨别真理。研究者是否有权认定事件的真实性，即使研究的参与者并不认同？参与式研究充斥着有关真理、知识和权力的各种问题（Babbitt，1993）。有鉴于此，一些研究者对参与式研究避而远之。还有些研究者则通过精心搭建背景，求同存异地设法完成参与式研究。

第三种批评认为，虽然参与的全过程倡导民主以及“积极倾听”被排斥的社会群体，但不可避免地，仍是由受过良好教育或有抱负者主导研究。更糟糕的是，将被社会排斥的人群纳入“参与者”，往往会使之客体化，或诱导他们进入主流群体的话语。库克和科萨里（Cooke and Kothari，2001）提出了类似的观点，指出参与发展中国家的研究有时也是一种专制。目前，一些研究资助人通常要求参与到研究过程中来，而且认为这只不过名义上的行为而已，但实际上，通过对政策发展进程设置审批权，它重构了社会权力和等级制度。

作为一名研究者，你必须考虑需要记录研究过程的哪些方面、遵循哪些伦理规范、希望达到怎样的效果（实践方面）。如果参与对你的研究有益，那就用起来。

我们可以仔细考察以下的例子。在2000年至2001年期间，我在曼彻斯特的索尔福德进行了参与式研究。此行的目的是引导当地12名社区发展工作者接受培训，并就索尔福德的贫困问题对当地人进行访谈。作为辅助，我还被要求提供有关房屋价值、贫困水平、社会和经济损失及收入的二手数据。所有的研究人员都仔细研究了2001年以来有关剥夺感的详细数据（参见5.5 **数据提取**）。

整个活动是由“社区网络”发起和资助的，“社区网络”是地方理事会、改革委员会及一些社区团体的合作伙伴。它还允许个人成为其成员，无论是否为其“成员”，人们均可以参会。这项为期12个月的研究按照之
102 前约定的大部分步骤进行。可是，在最后的总结阶段经过大幅度的修改，结果如下：

假设1：在索尔福德，家庭的相对收入贫困持续存在，并影响人们的日常行为。就此意义而言，大约有五分之一的家庭处于贫困状态。

假设2：主观上对贫穷和堕落的恐惧使得索尔福德的人们不愿被贴上“穷人”的标签，并为了自尊和自我价值而奋斗。

假设3：对于当地人而言，索尔福德地区相关的剥夺状况使他们越发重视养成健康、丰富的生活方式。

一份约两万字的总结报告面世，其中包括了定量和质性两种资料。该报告涵盖了当地人的重要言论。以下文字生动地展现了有关贫穷的讨论：

A：嗯，个体上处于贫困的人。在社区内，总有一些贫民区。所以也许是，嗯，某些特定的人群，可能是失业人群（原文如此），他们没有工作也没有收入，或者我们换个角度来想，比如健康。那么，就可能是那些无法获得医疗服务的人。

Q：所以，你将这个也视为贫穷？

A：是的，我认为这是一个剥夺性的问题。我们之所以贫穷，是因为我们不能得到某些东西。我们食不果腹，所以越发陷入贫困。(Olsen，2005)

对于当地人而言，社区所处的地理位置是一个重要的问题。可以用较低洼地区的剥夺性数据来分辨哪些区域人群的被剥夺感最强，而质性研究则用来关注人们为什么感到不平等以及这种体验是怎样的。在某种程度上，上述研究可以得出以下结论：贫困与其说是个人收入的问题，不如说是基于地域的剥夺性问题。这样，有人可能会说，公共便民设施与社区中心等社会资产的使用为个体提供了公共资产及公开参与的新方式，由此或许能抵消收入少所致的贫困。近年来，索尔福德引入了社区委员会，以增进当地基层民众对委员会决策过程的参与。在这种情况下，参与式研究的方法跟行动研究法相当地接近。

以上三种被列为“假设”的说法是对研究发现的总结，而非先验性的或经过检验的假设。在参与式研究中，“检验”通常在全程中并没有占据重要的位置。相反，表达观点、学习与倾听、听取意见及面对面的对话更为重要。有人称之为对话过程（Freire，1996）。对话与常规科学的自说自话形成鲜明的对比。我们用索尔福德的研究来制定与指导城市的地方发展和改革战略，而大多数社区发展工作者很快投入其他的工作和活动中。在索尔福德，其他的参与研究过程仍在继续。正如以上所提到的原因，它们都是有争议的。许多参与者发现，数据资料的创建与重新分析都是相当有趣的。该研究资料已被保存，以供将来使用。 103

3.2 从实践出发

104 你可能有过填写问卷的经历，而且好奇这些问卷结果的用途。也许，当评估某些教育培训，或是在填写一份市场调查表的时候，你想知道这些数据将被用来做什么，因为你认为调查的发起者有着自己的打算。他们的意图（即目的性行动）不会轻易地在问卷中被发现，但有时也未必。开展研究之前，明确规划并策略性地选择方法将有助于我们的研究实践。

在这一节中，我解释了实践（praxis）这个词的语境和起源，随后探究了在当今的研究环境中惯习（practices）为什么如此重要。研究人们的惯习乃大势所趋，它详细考察了那些使实践得以顺利进行的基本价值、规范及专业知识。哪怕是最日常的活动也蕴含着惯习——体育比赛中均设有裁判、教练、球员和检票员，他们按既定流程扮演着各自的角色。惯习需要人们遵循“通常”的惯例，而实践则意味着人们的所作所为可能既令他人感到意外又在意料之中。惯习是一种超越道德的、自发的、习惯性的行为方式；而实践则是一种经过特殊计算或计划的行为，具有战略性并可能产生变化。

马克思和列宁用“实践”这个词来指代革命党派活动家或人民“先锋队”的行为（Marx and Engels，1998）。在马克思看来，社会变革发生的方式往往是由一组精英思想所主导的。为了给精英们冠以科学之名，他将其思想称为“资产阶级”的思想，而将其他阶级称为“工人”和“小资产阶级”或小商人。根据马克思的观点，实践比思想更重要。罢工或其他可见的集体行动远远比言论或书面请求更为强大。罢工将是工人阶级的实践。马克思的确在思想领域工作过，但他认为这些思想只有引发正确的行动时才具有生命力。马克思和许多其他的现代作家认为，思想是引发正确行动的试验场。研究中，实践指的是作为一部分研究结果的行动。从这个角度而言，如果新理论、新概念或新颖的图表无法影响他人的行为，那它们就毫无意义。

“实践”一词有助于我们将注意力集中在研究的战略意义或研究影响 105
上。我们对问题有着清晰的认识却不知如何解决时，通过研究便可以找到答案并比较不同的备选方案。许多健康研究就是这样进行的，在为病人提供医疗、饮食或其他建议及治疗时，实践便出现了。

另一个例子是研究者对某种特定的管理倾向进行批评，而这种行为带来了管理文化的改变，这也属于从研究中总结出实践经验。鉴于政治经济学中某些思想的陈腐无用，马克思对其进行批判，认为它们只能在纯粹概念上的隐喻空间中发挥作用。马克思以及后来的列宁等人力推社会行动，而不仅仅是对社会进行思索（Lenin，1964）。对他们而言，思想的批判也是一种行动。

常被遗忘的是，马克思和列宁二人均是正儿八经的研究者。马克思以一种非常严肃的态度研究哲学，得出结论：唯物主义必须取代唯心主义，这是整个社会的又一大进步。正是唯物主义的出现，极大地动摇了人们对迷信和运气的信任根基。按照唯物主义传统，关键是要考察一个国家的现实生活和生计，要以人民的生活而非信仰作为衡量国家进步的标准。尽管对马克思的实证研究还存在着争议，但他试图按照科学的进程来进行。列宁则稍晚（在 1898 年到 1917 年之间；参见 Lenin，1964）对俄国工业革命时期工人阶级与农民生活的变化进行了严肃的历史与社会研究。列宁也是恩格斯的追随者（Engels and Kelley，1892；Marx，1969），他对曼彻斯特和英格兰其他地区的工业部门进行了唯物主义的研究——二者均遵循了基本由马克思所创建的政治经济学框架。

总之，实践活动因这种斗争和行动主义的传统而闻名。实践在弗雷尔（Freire，1993）和赫伦（Heron，2000）的观点中也占有一席之地。弗雷尔认为，学习者应该能够影响甚至控制他们的学习状况；而赫伦（Heron，2000）则认为人们应该精诚合作，而不是受限于严格的科层制、各自为政。

实践意味着对行动策略负有责任。弗林夫伯格（Flyvbjerg，2001）曾写道，社会科学研究可以通过追溯始于亚里士多德时代的实践概念来汲取营养，以免思想僵化。和我一样，弗林夫伯格也是亚里士多德的部分思想的追随者，我们笃信唯物主义和现实主义。现实主义者对造成（或固化）不平等和苦难的社会传统观念体系持批判态度。弗林夫伯格重新启用了实践智慧（phronesis）这一概念来指代利用知识改变社会，他是非常谨慎的。他之所以选用实践智慧这个词语，那是因为其他词语都无法表达出以下内涵：社会科学具有变革性，信息构成了人类变革策略的一部分，而知识主要在辅助**实践**的过程中扮演着重要角色。

106 以下的例子展示了弗林夫伯格（Flyvbjerg，2001）所提出的**实践智慧**是如何在现实的情境下发挥作用的。假设婚姻制度正面临崩溃，而婚姻的去制度化导致了伴随离婚而来的痛苦和失望，那么对婚姻的研究则可以着眼于婚姻之外的其他选择与婚内的其他生活方式。该研究的结论既可能是为“新娘和新郎”提供某种特定的解决方案来指导个人行动，也可能应用于诸如 Relate（www. relate. org. uk）这样的服务机构为人们提供婚姻咨询。

实践方法的一个关键点在于仅仅了解世界是不够的。正如马克思（Marx，1969）所说：“哲学家们只是用不同的方式解释世界，而问题在于改变世界。”也许，你现在就可以研发自己的案例了。花点时间来思考你最喜欢的研究主题。你为什么喜欢这个话题？只是出于一种偏好，还是它在你脑海中隐约有什么非凡的意义？例如，酒精滥用的研究者或许会担心，“无知”的社交习惯会导致健康问题和反社会行为。他们可能希望改变现状——但如何改变呢？研究有助于发现彻底改变习惯的途径。毕竟，研究不只是对这些习惯进行重述而已。

如果在选定的研究主题中成功地锁定了基本的研究目标，那么就可以探索（作为一种心理练习，或者是用笔和便笺簿）需要怎样的数据，以便采用新策略来优化所做的改变。你已经知道该怎么做了吗？为什么还没有这样做？如何才能改变现状，以扫除优化过程中的障碍？

回顾过去、探索这些问题及其争论点，并记录下你可能需要的数据、信息或新理论。这是布莱基（Blaikie，2000，2003）、塞耶（Sayer，1992）和波特（Potter，1999）所解释的逆向过程。你不能以这种方式“做”研究，但它能够引导你对研究进行规划。你可以把这些笔记都记在研究日记里，稍后再揣摩。

对于实践而言，我们应以问题导向作为研究的起点。研究者不能只研究自己感兴趣的东西。他们往往从亟待解决的问题入手，试图消除人间苦难或减少日常生活中的烦忧。他们之所以研究，是为了让社会有所改变，而不仅仅是为了写书赚钱或谋求仕途发展。实践开阔了我们的兴趣视野，超越了个人喜好、艺术旨趣或生理欢愉。实践要遵循亚里士多德的建议，即美好的生活不仅仅能给人带来快乐，还散发着正能量，福泽八方（Aristotle，1925，1988）。

弗林夫伯格说，我们必须先研究社会的整体趋势，再来看看如何改变事物的发展方向。研究的实用性在于它能够帮助人们更准确、更针对性地了解正在发生以及可能发生的事情。弗林夫伯格所推荐的研究形式也非常看重研究结果的社会价值（MacIntyre，1985）。虽然麦金泰尔（MacIntyre）主要是一位社会理论家，但他仍建议研究者要走出去、撸起袖子干实事。

所以，给教师派发测评表，是为了帮助其改进教学；而市场研究者的 *107*
调查则旨在帮助公司优化产品——或者，至少是改善产品营销。这些意图明确且针对性非常强。

当我们转向管理研究、医疗或健康研究和社会科学研究时，更宏大的社会目标引领着我们前进。我们不应该只局限于某个阶层的意图——为了某人的一己之私而不顾他人的利益。根据实践方法，我们的目标要放眼于更普遍意义的社会福祉。研究只不过是我们选用的一个特殊词语，以表达应如何以冷静、积极、兴趣盎然却又谨慎的方式来对待社会福祉。对被访者而言，资料收集貌似太过于功利，但这不能成为一个问题。如果研究是为了“公众的福祉”，那么它通常可以公开进行。这样，既不需要保密，也没必要进行秘密研究。

现实中，实践方法在多方面均对研究于资料收集产生影响。一个显著的影响是，研究全程不应对任何人造成伤害，毕竟我们难以证明这些损害公众利益的行为是否必要。倘若不幸产生伤害，那也应是无心之过。

第二重影响在于作为一种非常重要的方法，质性研究有助于解决业已存在的社会问题。一个社会问题存在得越久，我们就越需要质性研究对其重新审视，越发仔细地观察影响变化发展的障碍有哪些。

在无私的道德领域中，实践方法最为有效。实践的第三重影响是使研究者对自身的研究兴趣和偏好进行反省，将更为普遍的社会运动或集体利益纳入个人的研究视野中来。或许，“道德”的真谛是我们在考虑何谓为“好”的时候，除了想到个人需求，还要将更多与自身需求相冲突的诉求也考虑进来。因此，实践的研究者可能并不希望当“独行侠”，而更愿意加入非政府组织、国际组织或其他企业（甚至是政府部门）之中，通常这些企业的目标与其成立的初衷一致。研究者试图从公共利益出发，调停纠纷、消除误会、促进和谐，寻找解决旧问题的新办法。

实践方法为开展行动研究和某些形式的参与式研究提供了线索。不过，它也为二手资料分析、原始调查研究以及多种形式的质性研究奠定了伦理基础，并指引方向。实践并不是一种真正的“方法”，而是一种方法论框架。其实，它反映了一种完整的哲学立场，类似于“批判社会科学”，但更为积极。有意识地将方法论原则贯穿于资料收集的过程之中，将有助于我们的研究。也许，实践性将成为开展研究必须遵循的一个重要原则。

3.3 行动研究

108 提到行动研究（Action Research），总是能让人如释重负、欢呼雀跃。因为，它摆脱了科学语境中常用的假设检验方法这一桎梏（Olsen，2010a）。鉴于非专业参与者的参与程度不一（可以从极少评论到完全控制），行动研究可以采取多种形式。卡罗尔编辑的文集（Carroll，2004）解释了行动研究与组织内观察、批判社会科学以及前面所提到的实践之间的关系。麦克尼夫和怀特黑德（McNiff and Whitehead，2009）则对行动研究给予了手把手的指导。而里森和布拉德伯里的相关书籍（Reason and

Bradbury，2009）则跟这本实用指南相得益彰、互为补充。

倘若研究者从学术立场考虑，行动研究的科学性则是至关重要的。对某些学科而言，在某些情况下（如社会科学学科的毕业论文设计），行动研究将是在战略上难以取舍的一种方法，因为它挑战了许多传统的科学研究假设。例如，它能够让普通人发出自己的声音、为弱势群体增权、对组织管理进行赋权。塞耶（Sayer，1992）将学术话语和一般的非正统话语进行了比较，而普通人的“发声”则恰好落入他所划分的“非正统”话语之列。话语分析者指出，学者、记者、教师、年轻人以及未受过社会科学训练的人在短语的使用风格与意义上均存在着很大的差异。假设常人的话语和学术话语的确如此不同，那么认可这些声音的权威性将可能带来很大的麻烦。此外，行动研究中也有控制的相关问题。我将列出行动研究者一般的研究行为，最后对行动研究者收集和保留资料的方式进行评论。

一般来说，行动研究者对那些经常被忽视的社会权力关系持批判的态度。我发现，谈论社会权力和普通（或非学术）人之间的权力关系是相当具有挑战性的，因为它有时是违背常理的。“鱼不谈论水”是用以形容这类研究的一个典型短语（Risseeuw，1991）。

我们可以辩证地来看待这个问题。比如，为了维护个人尊严，人们试图培养一种社会阶层的归属感，从而消除社会权力压迫带来的心理不平衡（Olsen，2010b）。相反，即使你是被压迫群体中的一员或处于受压迫阶层（如失业），你也会结交一帮朋友、培养某种业余爱好或习惯来维持当前的阶层地位。打个比方，你可能会说自己正在照顾亲戚或学习新的技艺，而不是说自己失业了。一些失业者往往感到沮丧，然后就说自己抑郁了而没有失业带来的无所事事感。普通人常常混淆了因果关系。有可能是失业导致了工人的抑郁，但工人却可能会说抑郁是当前失业的原因。当社会科学家进入现场，想要给某个人贴上被压迫者的标签并找出其失业的结构性原因时，就打破了原来杂乱无章的惯性思维模式，使局面变得尴尬起来。人们往往不知道应如何回应，而有些人则宁愿避免这样的对话。 *109*

在分析时，如果我们倾向于从宏观的“世界视野”出发，而非局限于微观的个人体验，则可能引发第二个问题。社会科学家胸有成竹，相信自己能够对世界上多数群体或普遍趋势做出概括性的、抽象的或具体的陈述。举个例子：经济衰退导致了大量的失业。当研究者让非专业人士参与讨论该话题时，后者可能会觉得还没有准备好要聊些什么，也许只是对当地的具体事件发表评论，比如“我没有失业”或“我没有看到周围的店铺关门”。话语在总体类型和总目标方面的细微差异也是问题滋生的温床：我们是在谈论社会还是自己？所做的评论是规范性的还是描述性的？我们到底在说什么？应该如何界定事物？在我对贫困的研究中——尤其是在英格兰西北部的索尔福德，那里有很多贫困的人——几乎不可能让穷人谈论他们的贫困经历。他们总是认为贫困不是个人的问题，甚至坚持只谈论别国的贫穷情形，而对所在社区的贫困状况闭口不提。总之，要想让人们谈论与他们相关的权力、贫穷或社会状况，或者让他们从更宏观的视野进行相关讨论，是一项巨大的挑战。

所以，行动研究本身就为自己制造了一些麻烦。它通常从一个问题出发，并牵涉一系列利益相关人。研究者跟这些人联系，并请他们同意参与研究。同意的伦理不仅仅是“知情同意”，更是“过程同意”（McNiff and Whitehead，2009）。也就是说，参与者不仅要同意别人“使用”他们所创建的数据，还要参与数据创建及使用的全过程。

不过，问题就来了，即报告的撰写者或下结论的人最终将不得不对整个进程予以限制。他们需要加快进程来得出结论，或者在应结束时直奔主题。这些都很有挑战性。就这些社会研究的过程而言，比较实用的是在该过程的中途可能会发生“催化事件”或“宣泄时刻”（Heron，1999）。研究的引导员需要见机行事，提前做好准备。这样，当这个宣泄时刻来临之
110 时，便能够跟研究对象面对面交流。如果引导员足够细心、友善，参与者的被伤害感将被及时呵护，任何可能出现的意外状况也将处于严密的监控之中。例如，有些人或许会发现（以前并没有意识到），自己属于“技术性”贫穷。这将导致该人群希望争取收入的最大化，随后引导员也许会提供社区中心有关服务的电话号码，引导员也可以建议他们如何申请应得的福利，或者提供求职支持。

一般来说，人类社会的小团体进程要经过可预测的发展阶段。行动研

究项目也不例外。毫无疑问，在每个文化背景下这些阶段将略有不同。通常，行动研究有一个启动阶段。在该阶段，研究者去了解其他研究人员和参与者，同时反复斟酌和讨论某些标签与代表性短语，随后展开深入的调查和互查（这发生在二手资料或新信息的价值非常高时，此时的研究者也是资料的提供者）。当人们表达不同的利益或意见相左时，便需要一个疏导性的会议来沟通各自的诉求。最终，当研究者或参与者试图收尾时，或许会经历一个寻求解决方案的过程，如撰写备忘录、提供反馈、发布代表不同呼声与立场的海报、表演短剧或制作视频，直至动笔撰写报告。

麦克尼夫和怀特黑德（McNiff and Whitehead，2009）假定，所有的行动研究在学者那里都能妙笔生花。对于以行动研究为方法撰写论文的人，他们的著作极具启发性。斯诺和克雷斯的一项研究成果“雪与水芹”（Snow and Cress，2000）就是一个成功的案例，它记录了民族志学者与美国八个城市的当地非政府机构密切合作，解决了长期以来的流浪汉问题。经过早期相对系统的研究，“雪与水芹”项目持续进行中。不过，2000 年之后的阶段研究采用的是统计性数据，故在一定程度上偏离了行动研究方法。并非所有的民族志学者都会参与行动研究，但民族志学者和行动研究者所使用的方法之间存在着密切的联系。

此外，从事行动研究时，书面材料也并非必需的。这可谓是对科学实践的彻底颠覆。对于当下的科学而言，由于书面记录能够被复制、避免了重复、便于大众传播，从而得到了广泛的使用。所以，难怪有人会说，没有书面记录的研究相当于“从未发生过”。在某种意义上，以书面形式或其他结论性的报告（如视频）作为结果呈现的研究才成其为研究。行动研究者却意识到结果并非过程，过程对参与者具有巨大的附带影响。行动研究者大多遵循弗雷尔式的学习路线。弗雷尔（Freire，1993，1996）认为，学习是在面对面的环境中进行的；学习者对学习进程的掌控力越强，就越能促进学习。学习并不体现为书面产品或考试成绩，而是体现于每位参与者的点滴变化之中。对于弗雷尔来说，非传统教育可以成功地帮助人们学习，实现自我教育。引导（facilitation）也至关重要。同样，在行动研究中，由于个体只是引导而非严格控制一系列进程按时有序地发生，故只是某种意义的“研究者”。这类研究相对宽松，没有严格的流程规范。这样，它就跟大多数学术性科学存在着很大的不同。科学报告——如果有的话——可能并不是行动研究过程中最为重要的结果。

麦克尼夫和怀特黑德（McNiff and Whitehead，2009）认为，资料的收集主要是通过研究者对研究过程和结果的描述来完成的。我想补充的是，优秀的学术研究者可以——通过使用二手资料——极大地丰富行动研究的过程。正如本书的其他部分所示，我们能够很轻松地下载相关的统计数据并将其呈现在简化的折叠表中，生成的备忘录一目了然。随后，行动研究的引导者可以向不同的观众解释相关的发现。他还可以制作讨论记录，让人们对所述内容进行评论。利用社会资料进行的行动研究形式多样、富有活力，可用于批判、证伪、向新论点转型、发展解释性理论以及描述以前尚未承认的问题冲突。然而，在其每个阶段都需要谨慎的引导和设立明确的目标。基于以上原因，我建议行动研究应用于成人情境下的行动研究而非毕业设计中。

3.4 观察方法

112 随机观察和科学观察研究的主要区别在于是否有系统的记录，以及是否遵守获得观察许可的伦理。许多情况下，如果观察时需做记录，也要征得观察对象的同意。此外，对数据予以精密的分析是科学观察研究的第三个显著特征。接下来，我将逐一对上述特征进行简单的讨论。

通常，观察性研究方法涉及的是观察日常言行的人（Frankfort-Nachmias and Nachmias，2000：203）。一般人们认为，在公共场所里对芸芸众生进行实时观察是无须征求被观察者的同意的。可是，一旦研究需要记录他们的面部形象、身材、行为、姓名或言语时，麻烦就来了。为了保留这些记录，只要有任何可识别性特征，研究者就必须得到他们的许可才能按照该国相关的数据保护法规来保存资料。简言之，如果没有得到许可，哪怕是暗中观察医院或博物馆附近的活动人群并拍摄了一些视频或照片，也不能据此展开研究。要获得被观察者的许可，必须在告知研究的目的与资料用途之后以书面的形式签订同意书。正如在 2.11 **伦理审查**一节中所阐明的，科学研究通常不使用秘密方法。而且，在上述情况中，秘密手段也是不允许的。我们必须在进行观察记录之前获得对象的同意。一些国家则附有额外的法律要求，即若资料需要保存一段时间，则应允许研究对象检查资料的有效性，并在必要时做出更正。令人惊讶的是，人们对自己的照片或磁带、电脑录音对话中出现的自己的名字都非常敏感。另外，如果你打算展示一张照片却不希望“被人认出”或署名，那么所有的人脸都必须使用特殊的图形软件进行模糊处理，否则这个人还是可能被认出。实际上，打印他人的照片却不注明其姓名，这是非常不礼貌的。因此，要谨慎处理。

摄影和视频材料之所以敏感，可能涉及以下三种情形：第一，这个人可能是宗教团体的成员，该宗教团体禁止其成员的面部图像被制作或展示；第二，虽然在公共场所里，但并不意味着人们希望别人知道自己在那里；第三，人们有时想要控制或塑造他们在印刷品中的形象，而不是由他人操刀。他们可能会觉得抓拍时自己不修边幅，或者在做鬼脸。每个社会研究者都必须高度重视这些敏感问题。否则，可能让所有的社会研究者名誉扫地。 113

如果获得许可后能够系统地收集一系列图像和人工制品，再对资料创新地、深入地分析，我们则可以从视觉研究中收获更多。班克斯（Banks，2007）和平克（Pink，2006，2007）给出了视觉研究过程的相关建议。这些发现应该将现有的知识引入到未知的领域，并贡献全新的知识。就广义的观察方法领域而言，我们不必拘泥于视觉。平克（Pink，2009）讲述了对声音、气味甚至触觉分析的新研究方法。此外，触觉与听觉的运用可以使研究糅合多种方法，以便受访者围绕指定的主题阐述其具体的含义、进行评论或操控（Prosser，1998）。这些方法都具有潜在的创造性。由此，人类思维中的认知与非认知元素也得到了开发。如今计算机可以轻松地保存研究对象的记录并予以归档，哪怕是人们讨论对象的具体含义的视频和音频材料也应对自如，故近年来涉及观察的研究方法趋于增多。

视觉与听觉记录的应用也有助于将来进行博物馆展览和历史教学。而复杂的数据库则可以将声音与人造物连接起来，丰富了口述史的材料。如今，长时间访谈已不再是口述史研究的唯一途径。为了创建多维度的数据资料，我们可以收集相册的照片、房间和物体的照片，然后收集这些物件的相关评论。

基于特定的观察方法进行研究设计时，请记住，分析方法通常是偏向于民族志类的。视觉民族志的相关文献可以为视觉设计史、艺术与艺术评价的作用以及解释创造力的可能性提供多方位的指导（Alfonso et al.，2004）。民族志中，鉴于进行解读的观众或听众受到自身背景与观察的影响，故解释的反身性一般也被视为不可避免的。观察无处不在。观察的真谛在于感知和解释（参见 2.5 **解释**）。田野工作笔记在一个项目中极具价值（参见 7.2 **现实**）。如果一个团队正在开展一项观察研究，那么成员们可能需要考虑并讨论最初的偏见和早期的研究打算。比如，早期设想的理论是否依然适合。我们应该将现有的理论视为有漏洞的、可重新解释或能够被修正的，这有助于研究的创新，令研究更严谨、更富有科学性。否则，民族志研究只会变成机械地描述事实的机器。

3.5 网络资料收集

114 互联网的快速与海量信息为基于网络方法进行的研究提供了便利。通过电缆和无线电信号，多国的计算机用户彼此连接；同时，新软件可以收集所有这些计算机用户的资料并发送到一个基点集中起来，却几乎无人察觉。互联网软件的快速便捷及微妙之处引发了新的有关保密与隐私的伦理问题。知情同意的原则仍适用于使用网络资源的社会研究。该原则与详细的分析方法相结合，使在线研究区别于互联网软件公司所进行的市场调查和用户调查（Burnham et al.，2008：ch. 8）。

这里，主要介绍在线研究的三种模式。第一种是在线调查。专业公司可以提供快速简单的调查问卷设计服务。因此，只需支付一小笔费用，就可以编制在线问卷。在其提供的专业表格的空白处填写研究内容，随后在线用户便可以轻松地完成填答。这些在线调查既可以是匿名的，以简化数据保护的流程；也可以在最初的同意阶段介入，然后在每一行数据中输入姓名和地址。一些在线调查软件供应商在定价中还包括以下条款：一旦达到抽样配额，就需提供统计数据表。我们可以用邮件来敦促相关人群或抽样群体的参与。为了减少调查的完成度不高的情况或降低有所遗漏的风险，试调查也是必需的。这样，我们可以收集到质性的评论和简化的预编码数字答案（Lobe，2008）。

第二种是网络志（Kozinets，2010），涉及网络社区的民族志研究过程。民族志不仅可以用于探索网民态度、网络事件的意义及其社会蕴意，还能够从用户在虚拟计算机社区的登录（或潜水）状态挖掘更深层次的人类交流状态。由 Facebook、在线交友群以及兴趣俱乐部所构成的虚拟世界均为新兴的社会现象，它们是部分人群消磨时光不可或缺的部分。所以，对工作实践进行研究时，我们也必须认识到计算机在工作生活与职业生涯等众多领域中所扮演的角色。甚至家庭生活也开始受到互联网的影响。特别是看护者、传呼机及传感器的推广应用对人们工作的影响尤为深 115
远。当一个病房或一栋楼里出现状况时，看护者或应急服务中心可以迅速（如果不是马上的话）得知——这通常采取的是异地监护服务的形式——而不必等待人工干预。这类服务的技术开发存在着无限可能，而社会研究的贡献在于更好地帮助人们理解技术发展过程中的人际关系和人机动力学。

第三种是可以用于创建个案的纵向数据的在线研究。（基于时间的）纵向数据面板可以有多种用途。一种用途是汇总，如某类会员（或客户）的总支出。另一种用途是统计分析，比如组别之间的比较（参见 4.2 **实验数据的处理**）。或者，也可以考察社交网络的结构及演变。除了简洁的描述性图形，社交网络分析还包括质性研究方法与解释学分析。因此，即使采集了面板数据，仍可以用混合方法进行研究。研究者如何与网络社区（或其成员）进行沟通、研究活动能够获得多大程度的许可决定了研究的界限。柯克帕特里克的著作（Kirkpatrick，2009）通过对网络游戏玩家的观察揭示了如何分析面板数据。梅（May，2009）则对家庭的追踪研究进行了重新分析。纵向调查中存在着对象流失的现象，使得研究的归纳力不强，而质性方法则为系统地资料收集提供了极好的补充，故梅倡导更多地进行混合方法研究。

网络资料分析的一个黄金法则是，为了解用户资料被移动和数据被应用于研究的全过程，我们可以多次访问用户或数据提供者。比较明智的做法是为既定的研究活动征集统一的许可书。我们不能仅凭在网络上建立的友谊来开展研究项目。相反，我们必须遵循全部的常规流程：谋划研究设计，筛选具有可行性的研究问题，开展试点研究，收集知情同意书，然后再开始收集实地资料。即使在试研究阶段，我们也必须清楚研究已经开始，并尽可能地获取那些正在接受访问的参与者的同意书。

不过，在线研究并非万能的。数字鸿沟指的是在整个网络的“场景”下，那些无法运用网络的人将一直被隔离于网络世界之外。随机抽样调查可以部分地缩减数字鸿沟，但前提是抽中的调查对象能够使用电脑和互联网技术。过去，要想使每个调查对象都能用上电脑和网络——成本太高，但近年来电脑变得像手机一样普及；而且，人们可以设置简单的小程序来沟通协调，因而降低了 Microsoft Windows 和其他复杂软件包的学习难
116 度。数字鸿沟不仅指是否具备相应的硬件，还涉及网线是否连接（这使得虚拟游戏世界成为可能），以及能否免费使用专用（常常是昂贵的）软件。一般来说，代表性被界定如下：在线研究项目所能代表的样本通常是已参与特定网络活动的用户。这样，对该人群进行抽取时，可以是随机的，也可以是非随机的，这在社会研究中很常见（参见 1.5 **抽样**）。

本章的延伸阅读

如果是社会参与度更高的实地调研，可以参见米克尔森的相关著作（Mikkelsen，2005）。麦克尼夫和怀特黑德（McNiff and Whitehead，

2009）为我们提供了有关行动研究的优质资源。此外，如果研究团队希望培训引导者，可以借鉴赫伦的相关著作（Heron，1999）。他的其他著作（Heron，2000，2001）则有助于建立受访者（或参与者）和研究团队之间的连接桥梁。这里，赫伦介绍了合作研究的具体开展方式。在这种方法中研究者较少流露自己的态度，详见里森和罗恩的合著（Reason and Rowan，1981）、里森和布拉德伯里的论述（Reason and Bradbury，2009）。麦金泰尔（MacIntyre，1985）则以一种有趣的方式讨论了实践方面的问题。他的一个观点是代理的实践并不一定会带来预期的结果。对研究者有意义的实践也可能存在内在逻辑性，但它对外部参与者而言可能从一开始就毫无意义。麦金泰尔（MacIntyre，1985）探讨了内部价值和外部价值（或估值）。二者可以从不同方面作用于某些活动引发的实际结果。这对研究伦理的影响是多方面的，因为如此一来人们就需要意识到一些问题。比如，安排双方进程时所遇到的困难、不同参与者在参与研究时使用的推理方法以及存在明显“错误”的重要知识。在实地调研阶段，要高度重视其中出现的任何意外和“失误”。就这一话题，斯蒂文森和斯托里（Scheyvens and Storey，2003）在霍兰和坎贝尔（Holland and Campbell，2005）的国际研究中提供了不少实例。

117

第 4 章

实验数据及系统化资料的收集

118 第 2 章和第 3 章囊括了质性研究所用到的资料收集方法，但对于许多研究而言，资料收集的根本目的在于创建系统的、组织化的材料以用于生成或检验假设。这些资料往往被冠以“定量”之名，尽管某些质性研究也运用到了一些相对系统的方法并从中受益。本章主要探讨了如何保存基于调查和非调查的系统记录以及如何启动记录的过程。从问卷设计（更多细节参见第 5 章）着手，我提出了一些基本的建议。然后，我将目光投向了实验研究的历程——首先考察了控制小组的创建过程，随后聚焦于志愿者招募中的伦理问题。对于参照组的个案，实验数据库提供了用于比较的测量工具。当控制小组和盲实验（blind experiment）较为复杂时，就会出现一些特殊的记录问题。在某些方面，实验数据和个案研究法（将在第 6 章讨论）有着共通之处。第 4 章的最后两节则介绍了可用于营销、商业与管理研究（及其他领域）的研究方法，以创建多种方法综合运用的数据库。市场调研是我首先讨论的对象。由于市场营销的研究方法一般会结合不同的资料收集方式来达到预期的效果，所以我从中选择了三个予以考察。随后，我对第 4 章进行了总结，介绍了如何通过调用电子表格来识别数据漏洞，以启动和改进原始资料的系统收集。尽管上述引用的是劳动社会学中的例子，但其做法可以推广到其他领域。第 6 章则对个案研究资料的收集提出了更具有普适性的建议。

4.1 问卷设计

问卷中的问题顺序应符合调查对象的逻辑认知。在一定程度上，它取 119
决于研究者是以口头还是书面的形式进行问卷调查。我首先对问卷中应包含的内容给出了建议，然后简要介绍了问卷的排版布局。至于扩充调查内容的具体建议，大家可以在第 5 章中查看。

由于我们将从问卷中获取数据，因此，问卷可以被视为一个数据生成的过程。问卷中题目顺序的设置将关系到研究者的问卷设计战略。你需要非常清楚问卷中所用到的概念。相较于开放式问题，封闭式问题能够让问卷的填答更为迅速。封闭式问题仅提供一些可能的答案，通常会预先进行编码，并且以示范卡来指示答案的具体内容。如果要在问卷中设置开放式问题，就可能得将所有相关答案的文本全部输入数据库。另一种方式则是在浏览所有受访者的答案之后开发一组事后代码，即在整个调查完成之后再进行编码。相形之下，这比全文输入高效得多，但是是以损失部分信息为代价的。而且对于受访者而言，具有双重意义的问题太长，他们也无法直接作答。所以，设计问题时尽量言简意赅。

接下来，需要考虑的是问卷中敏感问题的设置。如果问卷中需要包括一些较为敏感的问题，那么可以考虑先战略性地提出一些无关痛痒的问题，同时确保受访者明白为何要提供自己的敏感性信息。在进入态度测量或敏感问题之前，先抛出一个具体的问题有助于调查的顺利进行。许多受访者认为，完成问卷调查是相当具有挑战性的。所以，在调查的过程中对受访者予以清晰的引导并鼓励其坚持到最后尤为重要。备选项太多且不具有互斥性，或长篇累牍，这些都是糟糕的问卷。在试调查阶段就得考虑到个人的研究问题，这有助于缩小研究范围进一步聚焦问题。至于问题的措辞，本书的第 5 章提出了相关建议。

问卷的布局应该是富有吸引力、易于阅读的。由于许多受访者对于人
120 口统计的背景问题相对敏感，故问卷中所有这类问题都应置于最后而非开篇。比如，一般人们比较忌讳对家庭收入的询问，而且认为年龄是很私密的话题。所以，应该以研究的实际需要出发，少而精地设置背景性问题。

我们也可以利用电脑软件来制作问卷，这样便于直接输入数据。网络服务与离线的方法都可以帮助我们运用电脑软件包来生成问卷。比如，IBM 的“SPSS 数据采集程序设计者”（SPSS Data Collection Author software）[1]就是一个脱机使用的软件包。购买这项服务绝对是物有所值，因为它生成的问卷文本语句通顺、通俗易懂。这个问卷文本还得便于修改。在进行试调查后，需要启用由单词和图表组合而成的流管理。对于那些与特定人群无关的问题，则需预先设置一个过滤性问题或跳答指令。通常，在问卷的第一页会留有空白以标示调查日期、调查者的身份、问卷编号（或个案编号）、页码以及位置标识符。而在问卷的末尾则要有清晰的问题编号，并用大号字体写上“谢谢”这个短语。

注释：

1. 注意，IBM 的“SPSS 数据采集程序设计者”软件包可以在桌面版或基于服务器的（联机）版本中购买。详见 http://www.spss.com/software/data-collection/author/index。

4.2 实验数据的处理

121 在社会研究中，实验数据的收集可能会引发争议。因为实验对象按组被区别对待，从而构成了不同的实验数据（Payne and Payne，2004：84－89；Frankfort-Nachmias and Nachmias，2000：chs 5 and 6）。实验组的病

例选择有时是随机的，就像药物的随机对照试验（RCT）一样。但在某些情况中，非随机抽样也会被用到。一些实验能够进行的前提性假设是个案之间普遍具有同质性。譬如，在医学实验中，我们假定：随机抽取几百名志愿者并将实验组作为一个随机的子群，就足以代表相同年龄与性别的总体人群。这种普遍性可能将受到质疑。毕竟，招募志愿者并不等同于随机抽样（参见 1.5 **抽样**）。如果所有受试者在每个关键变量上都是相同的，那么非随机选择的志愿受试者可能也是这样。然而在不同的处理情境中，上述普遍性可能并不具有普适性。例如，以缓刑犯为对象的案例。总的来说，创建随机对照试验的子组是一个复杂的过程，既要对代表性进行公开的假设，也要谨慎地尝试，以免做出不恰当的假设。即使没有足够的资源来建立特定疾病的随机样本，通过从志愿者中随机选择实验组，一些随机对照试验依然可以对假设进行科学有效的验证。

另一种实验数据则源自对医疗记录的再利用。通过分析，患者的数据被匿名化，以减少伦理方面的纷争；并且，作为一种准实验方法，它将病例分为两组，一组是实验组，另一组是未经治疗且用于比较的病例。显然，就实验数据的收集而言，如何界定“案例”也尤为重要。如果对缓刑结果的分析单位心存怀疑，认为该分析单位应是已出狱的囚犯而非缓刑监察官，那么数据就可以分为两层。第一层的个案为已释放的囚犯，第二层的个案为缓刑监察官。此时需要多层次的统计处理或复杂的个案分析。而 122
且，两组中受访者均需签订知情同意书。

研究者在实验室环境下进行社会或心理学实验时，也会产生经过处理的实验数据。个人不仅同意参加实验，而且同意接受区别性对待。操作方案会分发给个人，或者按照一些秘而不宣的分组计划对参与的个人进行解释。在医学试验和实验室试验中，包括副作用在内的所有可能结果都必须向参与者解释，而每名参与者也需要选择是退出还是同意参加。同时，每位参与者还要提供书面的授权书。

一般来说，收集实验数据时要注意避免非随机性误差。我们经常需要用统计方法来建立实验组与对照组数据之间的模型。在非实验数据中，我们通常假设：每个个案在背景、最近的经历等方面具有异质性，且人们接触当前事件时的个体体验也是千差万别。此外，实验数据的典型特征在于刺激条件的介入，它是将实验组区分于对照组的核心要素。在统计测试时，其他因素也会被引入背景模型之中，这些因素被称为“控制性因素”，或被视为与研究无关的因素。

进行数据处理时，每个阶段的个案下均有一行数据，而每列数据则简短地显示了在特定时间内该对象是否接受过测试以及哪种测试。还有一列则记录了时间，它显示了每条记录保存的具体日期和时间。通常，至少需要记录前测日期和后测日期，但在许多情况下，数据也会随着时间的推移而扩展，将多次测试与访问的结果包含进来。因此，如果一名被试到实验室来过两次，则该被试将有两行记录。此外，还有一列用于表示被试的身份代号，第三列则代表了操作标识符。而下一列则表明了测试站点（或实验室代号）。每个标识代号必须是唯一的，因此对进入实验的被试进行登记时，他们需要被分配一个唯一的序列号。请注意，当数据是按照时间顺序来收集时，最初的记录可能是以每行一个时间周期来保存的，这就意味着一个个案将有两行（或更多行）记录。有时候，这些行被称为记录。一个有四项记录的个案占四行，反映了首次到访（或一个事件片段，如刑满释放）以及三次实验或实验后的访问。随后，数据就可以顺利地被转换为其他格式进行分析。比如“宽格式”，即每一行只有一个个案。为了创建这种格式，个案记录要求被并排置于一行之中，所有的标识符都在左边。

在药物试验中，记录通常以匿名的格式保存，对被试对象使用的是数
123 字标识符而非名字。这么做的原因是避免任何与名字相关的歧视、数据保护法要求对数据进行匿名化处理（包含了真实姓名的数据库，处理起来会更加复杂）；最后还有个好处是即使是数据分析人员也可以将处理状态隐藏起来。同时，通过删除那些显示被试曾接受何种测试的关键列，我们也可以生成数据子集。同样，医院扫描就是这样将诸如前期诊断等所有其他信息从个案资料中删除，然后通过邮寄或网络发给专家，以进行盲审或重新评估。诸如此类的方法降低了因分析员“走捷径”或“以偏概全”所致的测量误差。相反，他们只需查看相关的结果数据，然后创建一个汇总文

件——通常以统计数据的形式，并在数据库中新增一列来显示每个个案的“后测状态”。

每个时间点的数据需要不断地记录每一个被试的背景特征及其被测试的全部细节。很多种分析方法均适用于此类数据。而具体运用的统计方法不同，数据的收集方式可能也有所差异。为了发挥这些方法的最佳效果，一般不宜混用。接下来，我简要地介绍三种方法。

如果使用的是非随机样本，那么，通过精密地加权，倾向性评分匹配能够创建一批完全跟实验组配对的个案。每名个案的倾向得分都是基于年龄、性别、种族、职业和教育程度等背景性区分变量的数学函数（作为一个潜在变量）。用于心理测试的基于互联网的样本有可能与之相匹配。而未处理组的开发主要是为了提供一个共同的支撑，即平衡分布中不同类型的个案匹配到实验组中。

如果使用随机样本，则可以建立纵向数据的面板数据模型。这里，我推荐两个选择。一个是生存模型，它要求测量个案接受多次测试之间的时间间隔；另一个是固定效应模型，它能够测量整个实验组随着时间的推移在多大程度发生了共同的变化，以及有多大的比例是由其他也随时间变化的因素（如年龄或血压）引起的。在固定效应模型中，由于变量值发生变化是主要的衡量标准，因此某些不随时间而变化的控制变量会不知不觉地变为背景变量。比如，性别或种族。由于性别不随时间而变化，故这种模型对性别效应的观察是有所欠缺的。一位医疗科学的评论家指出，要想在关于健康的“医学模式”中处理好种族和性别变量，并非易事。一方面，这是由每个社会对性别和种族进行操作化时的多样性所致。另一方面，研究中，往往倾向于将性别与种族作为控制变量，从模型中予以剔除或忽略（Harding，1993b）。所以，一些神经学研究称之为“讨厌的”变量。

最后，还有一种特殊的差分模型，它是基于基础的面板数据模型建立 124
起来的（Olweus and Alsaker，1994）。针对增长和学习过程，我们试着去观察这种变化的过程在测试的介入下是如何被增强或受到抑制的。一般用显示结果变化（如肿瘤大小或测试得分）的斜率来比较实验组与对照组。

同时，置信区间让我们有 95%的把握来判断：实验组与对照组（随时间）的变化率差异是否显著区别于零。上述方法有赖于随机抽样与较低的拒访率，甚至拒访率为零。任何原因造成的个案缺失均被视为一种损耗，虽然事后可以进行调整，但它却可能导致最终结论出现误差。

4.3 志愿者伦理

125 在实验中，对受试个体的伦理审查（ethical clearance）需注意三个方面。对于随机实验数据而言，其伦理问题的关键在于是否允许特定的受试者知道自己在安慰剂组或是接受了真正的治疗。通常情况下，试验将对所有受试者采取相同的行动，无论受试者最终拿到的是安慰剂还是真正的药丸。由于理想的试验具有双盲性，因此试验药品的管理颇为棘手。第一个盲阶段是受试者不知道被给予了什么。因为所有注射剂都贴上相同的标签，上面写着：受试者将持续使用药物（药丸或注射剂），该药物千真万确、不会有错。在心理学中，试验可能还涉及训练阶段和测试阶段，受试者并不知道其他受试者的体验情况。第二个盲阶段（所谓的盲区）是研究者或技术人员并不需要知道受试者的名字。出于公平和避免偏见的考虑，有时候使用计算机屏幕上的化身来进行心理测试，以避免研究人员的个人干预。另一个技巧是在试验中要有三名及以上的操作人员，并随机选择操作人员与每名受试者会面。同时，在数据中对操作人员和受试者进行编码，这样确保研究人员进行后测时不会将操作人员的主观偏差带入结果中。上述记录的相关问题均会对数据的收集阶段产生影响。

我们可能需要从患者的医疗记录中获取背景性资料。这些案例文件的生成、再用或共享均受到数据保护法和伦理审查制度的约束。如果是跨国研究，则假设其同时受到两国的法律约束。这一假设的理由是，一旦发生个人资料滥用或隐私权受侵犯的案件，那么受试者所在国或相关数据的持有国均可能成为受理案件的国家。当组建多国团队进行实验数据研究时，团队必须了解所有相关国的患者保密与数据管理规定。否则，当研究人员以附件的形式发送数据的电子邮件时，可能就违反了与自己国家不同的别国法律。当制药公司资助实验性研究时，他们有时会有意从三个（或更多的）国家里挑选成员来组建一个团队。这是因为数据分析的专家可能来自一个地方，而在另一个地方更容易获得个案（即个人）。在全球化的世界中，上述实践方面的考虑在政府资助的研究中日益受到关注。 *126*

实验数据收集者应注意的伦理的第二个方面是需获得所有参与实验的受试者的知情同意。牵涉其中的个体需要大致了解自己将会遭遇的状况以及数据的用途。在征询同意的过程中，就可能发生的情况进行开放式陈述并不能达到很好的效果。毕竟，受试者确实需要明确他们被要求同意的到底是什么（参见“附录”和 2.11 **伦理审查**）。否则，他们便是一头雾水、不知所措。而且，上述语焉不详或模棱两可还会增加实验参与的被拒率。在随机抽样的情况下，每次拒绝都将降低最终样本的质量。大多数接受外部资助的研究都必须如实汇报包含所有拒访的应答率，而受试者在实验中途退出则被认为是最糟糕的。

无论愿望是多么迫切，我们也不可能在未经同意的情况下使用医疗保健病人的数据。换言之，如果活着的个体不愿意，就不可能逼迫其参加实验。研究者在使用死者大脑的扫描图片时，可能会引发争议。尽管在患者死后通过扫描脑部而重新做鉴定的做法可能不会影响逝者，但是要将这些数据链接到患者的数据库记录中，就必须再次调用复杂的伦理协议。它包括两方面的内容：第一，护理机构遵循收集数据之初所建立的原则，履行合法采集数据并尽职管理的责任。第二，研究者对受试者仍健在的亲属及照顾者负责。由伦理董事局和伦理委员会谨慎地监督医患记录的使用。

对于自愿参加者，我们可能需要支付相关费用。一般这些费用不会超过当地的小时工资率，往往包括一定额度的交通费、必要的饮食费及保姆费。

4.4 市场调研方法

127 在谋划一项实验或治疗性研究时，市场调研的方法或许对我们大有裨益。在成本效益的驱动下，公司为市场调查提供资金的同时亦在方法上推陈出新，从而使营销本身蕴含了丰富的研究技巧（Kent，2007）。某种程度上，市场调研方法是根据其受众来界定的，而受众则可能是一个公司或者一个领域内的所有公司。有些市场研究属于消费研究——关心的是谁购买哪种产品、谁使用这个产品以及如何使用、广告如何影响消费者的口味。对企业而言，精准的消费信息能够创造更多的经济收益。而一些市场研究则是为整个商业社会提供公共服务。许多关于消费模式的大型数据库均属于此类。无论是国家政府还是国际的层面均设立了公共部门来负责统计数据，为商业用户创造盈利的外部空间。此外，每个国家都拥有庞大的时间分配模式数据库供研究者无偿使用，从而使消费者行为模式的分析更为便捷（Gershuny，2000；http://www.esds.ac.uk/government/timeuse/ for UK time-use datasets）。虽然二手数据可以无偿使用，但我们仍要估算分析二手数据所需的时间及专家成本。许多企业还通过在当地收集原始数据或委托顾问公司进行市场调研的方式来建立需求图。调查员通常是计件或按小时付费，在指定的街道完成调查或访谈。焦点小组（参见 2.8 **焦点小组**）也是企业常用的一种市场调查方法。

市场调查中，各种统计方法轮番上阵（商业环境下的实例参见 Hair et al.，2005）。这里以味觉的系列测试为例。测试包括让受试者尝试、品尝或使用正在研究的产品。通过让不同的受试者体验不同版本的产品或更多产品系列的样品，来比较实验组的差异。测试结束后，同一口味的多轮测试结果或对消费者印象的简评将被记录下来。在上述市场研究的情境下，质性和定量的方法都会运用到数据的分析中。口头评论和肢体语言可
128 以从质性的方面予以解读。而数据模式则可以用统计学方法进行研究。市

场研究人员既可以研究口味的分布、大众口味，也可以研究口味的变化(随时间而改变)。市场研究员（研究整个市场，包括背景与制度性因素在内）和销售调研员之间的区别主要是二者的目标不同。前者旨在了解特定市场的方方面面，后者则意图通过营销方式的改变来增加销售额。无论是市场研究还是市场营销，技术娴熟的社会科学家均能轻松胜任。

只需研究策略的少许改变，质性方法也可以为管理研究者、对市场营销或其他商业主题感兴趣的人所用。他们可以使用访谈和焦点小组（参见2.1 **访谈**、2.8 **焦点小组**）。布莱曼和贝尔则详述了商业研究中人类学和混合方法的应用（Bryman and Bell，2007）。

在标准的方法体系之外，格林伍德和莱文（Greenwood and Levin，2004）还提出了“群力知识”(co-generating knowledge）这一概念，认为它是圈内人跟圈外人及组织产生联系的一种方式。无论是市场营销还是市场研究，知识的合力制造都颇为实用。格林伍德和莱文指出，通过不同领域对知识的合力制造，人们将认识到知识在不同领域扮演着不同的角色，从而激荡出新的知识。譬如，在雇员的效率话语体系和消费者领域，成本一词有着不一样的含义。这里，我们可以发现，每位参与者都从各自的角度来谈论同一情境，从而使研究进入纯粹的叙事模式。这样，我们似乎就无法系统地记录。但是，正如我一直强调的，一个现实拥有多个故事版本，这是再正常不过的了。有鉴于此，着力推动的一个方向是承认并高度重视利益相关者的发言权。利益相关者研究（stakeholder research）通过跳出参与者各自狭小的圈子、关注其外面的世界，从而注入新的知识、丰实现有研究。研究成果中的每种声音（或每位发言者）都可能受制于其所处的广泛社会背景中或主导或边缘的地位。他们或多或少都会受到他人想法的影响。而社会背景既可能是一个公司及其周边环境，也可能是某个大公司复杂的内部环境。近年来，管理研究已经发生转向，开始意识到公平和公正的相关问题对于面向企业研究的重要性。在数据的解释阶段，不宜将其所反映的事实与其蕴含的价值立场相剥离，但利益相关者研究法有助于理解持不同立场者对同一种情况的看法（Harrison and Freeman，1999)。目前，将利益相关者纳入考虑范畴的方法得到了广泛应用，它能够帮助识别特定研究问题背后的不同动因（Harrison and Freeman，1999）。在市场研究中，这种情况的识别可能不仅仅局限于产品或服务，还包括跟该产品息息相关的生产者和消费者。有关个案研究的方法详见第6章。

4.5 个案研究的系统化资料生成

129 本书的第6章致力于通过个案展开研究，不过，研究者还可以使用其他的方法将收集到的证据系统化，从而顺利地开展研究。在这里，访谈、利益相关者研究、行动研究以及从现有文件中收集证据的方法（如法庭案件）均属于此列。类似地，它们也如同从庞杂的其他证据中来生成数据。在生成部分数据集之后，有时候为了查漏补缺我们还得重新检查个案。

接下来，我用两个电子表形式的记录予以说明。在关于农村劳动力市场的一项实地研究中，电子表中的各行记录了每家每户的调查数据，我还为受访者个人和访谈员的某些态度观点及补充说明分别创建了单独的标签。由于受访者数量更多，占用了电子表格较多篇幅，而访谈员所对应单元格的数字长度为4个字符。通过这张电子表格，我们可以比较评论所指向的具体内容，并确定是否需要再次访问特定的受访者以补充特定的问题。表4-1展示了上例的部分电子表格。整个数据库一共包含了39个家庭，这里仅显示3个家庭的信息。

如果在数据输入电子表时，我们能够发现某些未解之谜，则有益于深化后继研究。例如，以下数据可能会让人意识到以家庭为单位的职业与个人的职业存在着很大的不同[1]。在电子表中系统化数据的过程也提醒我们：无须记录特定年龄（也许是6岁以下）的儿童的教育情况。所以，制作系统表格的过程也是对数据进行查漏补缺的过程。由于田野调查本身已包含了访谈，因而成为补救数据漏洞的重要契机。此外，出于出版发行的需要，还要准备一张单独的表格来记载研究中所用到的化名。尽管如此，由于受访者选用的某些化名可能跟其他受访者的真名雷同，故准备一页相关的小结也是必需的。同时，我们还不得不换掉某些化名，以免重名或太过相似。针对研究中的 39 户家庭，我们为个案提供了多达 200 个化名（印度南部的每户家庭平均有 5 口人）。系统的数据管理有助于降低在类似这样的大数据库中犯错的概率。

表 4-1　系统整理后的家庭数据 130

编号	村庄	职业代码	年龄	性别	家庭关系	教育状况	主要工作
1	梅恩村	务农	90	1 男性	父亲	文盲	高龄老人
			60	1 男性	户主	近似小学	农民
			35	1 男性	儿子	文盲	农民
			55	1 男性	儿子	文盲	农民
			40	1 男性	儿子	文盲	农民
			48	1 男性	儿子	文盲	农民
			45	1 男性	儿子	文盲	农民
			42	2 女性	女儿	文盲	农民
			40	2 女性	女儿	文盲	农民
2	梅恩村	务农、自营花店、拖拉机维修	60	1 男性	户主	近似小学	自有种植
			55	2 女性	母亲	文盲	鲜花生意
			30	1 男性	儿子	中级	自有种植
			23	2 女性	妻子	文盲	鲜花生意
			9	1 男性	孩子		
			7	2 女性	孩子		
3	梅恩村		43	1 男性	户主	中学	自有种植
			35	2 女性	妻子	中级	自有种植
			22	1 男性	儿子	文凭课程	学生
			18	1 男性	儿子	高中以上	学生
			15	1 男性	儿子	中学	学生

接下来看看表 4-2。该表业已完成，无法再输入数据。最后一列代表 131
的是访谈数据，而问卷调查的数据则以前面的七列来表示。这张电子表展现了运用混合方法对访谈资料进行系统化的可能。一方面，它的优点是一致性和可比性。另一方面，其缺点是访谈以个人为调查对象，描述的是个人心声；而由家庭成员所组成的这张表格似乎已假定每位成员都从整个家

庭的角度来发声。这就需要在数据的解释阶段予以澄清。

如果不是以实地调查的方式获得数据，那么这些数据可能是片面且不完整的。例如，若使用的是客户记录或某些历史资料，那么由此获得的数据可能存在漏洞，正如表4-3所示。该表摘录了七位访问员在印度南部访谈时所提供的个案史。

表4-2　运用混合方法的电子记录表

Hh代号	财产	教育	种姓	贱民阶层	房屋拥有情况	水田的租用量	是否养牛	抵制态度
1	0.87	0.17	BC	0	0	2	1	0
	0.5		M	0	0	0		
2		0.5					1	0
3	0.5	1	OC	0	1	0	1	1
29	1	0.87	OC	0	1	0	1	1
30	0.87	0.17	SC	1	0	1	1	0
31	0	0.5	SC	1	0	0	0	0

表4-3　资料摘录：个案研究的事后比较分析

教育状况	土地拥有量	居住情况
无记录	2英亩①	
无记录	5英亩旱地	
文盲	2英亩旱地	茅草屋（无法容纳所有家庭成员）
文盲（男）	1英亩旱地（在父亲名下）	坚固的房屋
无记录	3英亩旱地	茅草屋
小学三年级	11英亩	坚固的房屋
无记录	2英亩	无房（借住于外来兄弟寓所）

注："无记录"即没有相关数据。在长时间的访谈中收集个案素材并转译为文本之后，以这种编码方式对每一栏进行系统记录。它说明了个案素材的多样性。

说明：**旱地**指的是没有灌溉水源。**茅草**屋顶的搭建包括了干草的使用。**坚固的房屋**是由砖块或石头建造的，有时还配有金属或木制的屋顶。

132 由于某些个案以往的教育情况被遗漏了，所以我们无法合理地比较教育对个案的影响。总的说来，此数据库的某些缺陷在这张表中暴露无遗。

① 1英亩≈4 046.86平方米。——译者注

作为亡羊补牢的方式，我们要么重新对调查对象进行访谈，要么承认资料的确不完整。诚如在第 2 章所述，我们应该对访谈资料予以更系统化的组织，以确保最终的数据库没有疏漏。如此说来，电子表格不失为一种查漏补缺的有效途径。当然，利用质性资料处理软件也可以达到同样的效果。

注释：

1. 对于某些研究者而言，这是显而易见的。家庭消费行为的研究者却认为这样可能会更麻烦，因而主张先研究个体的职业分布，再决定是否需要特别关注个体的就业，而不是家中“占主导的”或收入最高的职业。

本章的延伸阅读

有关市场营销研究，请参见 Kent，2007。布莱曼和贝尔的著作介绍了商业研究的一般性方法（Bryman and Bell，2007）。文本的话语分析在管理研究中的运用细节可参见埃尔维森和迪兹的相关书籍（Alvesson and Deetz，2000）。利益相关者研究的部分方法请参见卡罗尔、霍兰及坎贝尔的著作（Carroll，2004；Holland and Campbell ，2005）。也可以国家名称和“人口普查”为关键词在官方免费的网站上搜索不同国家的各类问卷。有时候人口普查的问卷相当简短，以便于调查对象的填答。你也可以从以下两种途径来获取篇幅较长的调查问卷。英国的“问题银行”就是一个实用的问题库，它几乎涵盖了现实世界中的各种话题（http://surveynet. ac. uk/sqb/）。此外，从 www. esds. ac. uk 网站上也可以获得大量翔实的调查问卷。印度也有一个类似的网站，网址为 http://mospi. gov. in/nsso。

133

第5章

用于资料收集的调查方法

5.1 操作化

135 要对某个事物进行操作化，通常意味着要进行测量，更通俗地讲，能够让研究者相对容易地对它进行检测并展开讨论。在调查中，操作化被仔细地划分为事件经历测量、态度测量、活动测量（如挣钱或花费时间）及生活中的其他方面。测量的复杂性令人叹为观止。我将以贿赂为例，让大家直观地感受一下对态度的操作化与记录经历之间的不同。在本节结尾，我还对效度和因果关系的有关问题进行了回顾，毕竟测量也会影响到研究的有效性。

在更广泛的社会科学背景之下，操作化不仅仅指调查测量，更涉及将抽象性或一般性的概念应用于实际研究环境的过程。例如，在质性研究中，假设以贿赂和腐败作为研究主题，那么我们可以简短地列出城市中需考察的贿赂和腐败有哪些具体类型。譬如，警察从自己保护的犯人那里收取费用，在任命教师的过程中发生的腐败，贿赂法官，贿赂餐馆老板以便进行非法活动。随后，质性研究者将会开展相关的实地考察、观察或访谈。在社会调查的情境下，对这一组概念进行操作化可能意味着要做好几件不同的事情。比如，测量警察腐败的程度、测量行贿的普及度、测量公众对警察腐败或贿赂的态度。研究者必须仔细梳理出所有的可能性，然后明确在既定情况下有哪些测量是可行的。研究结束时，研究者可能会从更宏观的角度予以评述。此时，正确地测量研究的核心主题就极为重要，这样可以避免夸大研究成果。

在调查中，衡量某事物的经历需要一个特定的参照期。参照期可以为 1 个月、1 年或 5 年。国际社会调查计划（International Social Survey Pro- 136
gramme，ISSP，2006）中的贿赂问题一般以 5 年为参照期，如下所示：

> 变量 V62：政府官员希望被行贿
>
> 问题 Q19. 在过去的 5 年里，你或你的直系亲属有多少次遇到以下情形，即政府官员暗示希望得到或直接索取贿赂（或恩惠）作为提供服务的回报？

这个问题的表述很有趣，因为它让我们大开眼界，即贿赂不仅是通过金钱，还可以通过回报恩惠来实现。我觉得，“遇到”这个词的表述也是含糊不清的，它指的可能是个人的直接经历，也可能是间接经历。受访者可能在报纸上读到过，在工作中听说过，或者有家人经历过。根据对问题的理解，不同国家的人可能会给出迥异的回答。如果响应变量对贿赂经历不敏感，随着网络的紧密性以及人们听取和记住贿赂谣言的方式而变化，则表明该操作化可能并不理想。而且，不同国家对于贿赂频率的测量也不具有可比性。稍后，我将列出两个国家的相应结果。

请思索，运用以下回答来测量经历是否有效：

1. 从不
2. 很少
3. 偶尔
4. 经常

5. 很频繁

8. 无法选择

9. 不作答

你认为，“经常”表达的意思明确吗？它可能意味着每年，或者某几年中的某个特定节日。此外，当一个人在一个月内多次逃掉汽车超速罚单时，他也可能选择这个答案。我们不确定受访者将如何解读这些选项。在测量频率时，这个问题貌似有些模棱两可。在这种情况下，对数据的使用者而言，明智的做法是将这些类别拆分为更少的组，使含义更为清楚。比如，我们可以将第2、3、4项和第5项组合在一起，视为“5年内有过行贿经历”，剩下的第1、8和9项，则视为“5年内没有行贿经历”。这样，即使
137 调查有些瑕疵，妥善使用数据也能提高二次数据分析的可靠性和可比性。

仔细思索一下态度测量和经验测量之间的差别。态度是很难测量的。一些专家将态度的研究领域分为三个部分：态度、信念和价值观。信念是一种更实际的、被视作不言自明的背景知识，没有态度和价值观那么规范。价值观则是关于事物如何运作的准则，它根深蒂固，且往往是默认的。因此，态度是对特定情况或事物更为实际和直接的一种倾向。由于价值观具有内隐性，所以要想测量它较为困难。而且，要想让人们说出自己的价值观，亦非易事。他们所持有的价值观可能相互矛盾。价值观是普遍存在的。相比之下，态度则更为明显，并且是相对于特定的事物或情况而言。因此，“腐败政府都是坏政府”这一价值观可能会引发某种特定态度，即“反对罪犯和警察之间的贿赂行为”。

对于态度，我们通常使用李克特（Likert）的五分量表来衡量不赞成或赞成的程度。“非常赞成”被赋值为5，“赞成”被赋值为4，中立的态度被赋值为3，“不赞成”被赋值为2，“很不赞成”被赋值为1。另一种方法是使用从2到−2的编码，中立态度被赋值为0，这样，正值代表了赞成的态度。

由于人们在回答态度问题时总是容易发生误解，故李克特量表法不一定能准确测量每个人的态度。例如，某些群体更偏爱选择“中立”态度，但由于“中立”项的分值要低于支持项的分值，这样就导致对赞成性态度

的观察有误。对同一个问题若男人回答得特别爽快，而女人却欲语还休——嘴上说保持中立，实则厌恶贿赂警察的行为，这就表明我们对反对态度的期望过高，存在着误差。有时，最好设立一个缺失值（比如－9），这样不仅包含了持中立态度人群的回答，还将那些不便作答的人群的答案也包含了进来。计分选项应该打印在一张示范卡上，并在提问时向每位调查对象出示。

在我前面所列的结构性因素清单中，你可以找到引发某种态度的一些原因。一个简单的模型可能如下所示：

> S3：对警察贿赂行为的态度受到……是否为种姓群体或少数族群这些因素的影响。

在以上模型中，我并没有提及那些貌似跟贿赂态度无关的原因性因素。不过，西方国家发现，一些基本的结构性变量常常会影响人们对大多 *138*
数公共问题的态度。不同年龄段的人群持有不同的观点；性别不同，也可能造成观点有别；特定的社会态度可能跟社会阶层有关。此外，经常看报纸的习惯也可能影响一个人对贿赂的看法。经过修改后，以下模型跟上述原因性因素相匹配。

> S3：对警察贿赂行为的态度受到……年龄、性别、最近阅读的报纸、出身的社会阶层、当前所属的社会阶层以及是否为少数群体成员这些因素的影响。

如果想用统计方法来探寻态度背后的原因，所进行的调查必须涵盖上述所有因素。英国家户追踪调查就属于此类（Taylor，2001）。

经验测量和态度测量之间的基本区别在于前者涉及个体自身的生活，而后者还牵涉社会背景。当测量态度时，我们有时会以个人作为信息的反馈点对公认为正常或普遍的社会态度进行估计。通常以调查对象的态度均值作为社会普遍态度的估计。（对那些偏离社会一般规范的群体进行测量和研究也相当有趣。可以运用多重对应分析或因子分析来实现。）当我们提问，想知道在人们心中别人的标准是什么时，被问者可能一头雾水。我们究竟是希望估计某个人自己（或许是独特的）的观点、社会普遍的态度，还是人们对普遍社会态度的预估？这就需要发问时选择不同的措辞。

为了更好地感受操作化的实际运用，仔细看看国际社会调查计划对贿赂和腐败的相关问题的表述：

变量 V50：对公务员的信任

问题 Q11f：我们相信，大多数公务员能够为国家竭尽全力。

1. 很赞同
2. 赞同
3. 既不赞同也不反对
4. 不赞同
5. 非常不赞同（International Social Survey Programme，ISSP，2006）

139 需特别注意的是，对于受访者而言，上述提到的国家可能还有隐含的意义。假设你生活在像比利时这样的小国，它是由三个主要的地理-政治实体构成的联邦国。那么，受访者可能就不清楚“国家”究竟指的是哪一个。而调查通常将个人所在国家的整体作为研究的参照点。在德国，直到2007年，国内10%的雇员来自其他国家。那么，面对V50这一问题时，这些人会以哪个国家作为自己的参照点？这样就造成调查问题无法压缩，文本较长。若要应对以上所有的状况，调查问卷恐怕还要更长。

在接下来的问题中，调查者明确地界定了国家这一概念：

变量 V59：是否有熟人关系决定了政府官员的接待态度

问题 Q16：你认为，政府官员的接待态度取决于人们是否跟他们相熟？

1. 绝对是
2. 可能是
3. 可能不是
4. 肯定不是
5. 无法选择
6. 不作答

问题在于，像这样的问题根本无法测量人们的态度。相反，它似乎测量的是公众对某事的广泛体验。从问题 Q16 中，我们无法得知受访者是否赞同通过熟人来跟政府官员打交道。态度的测量比刚开始时看起来更耗时，也复杂得多。

真正测量态度的问题应该像下面这样：

> 变量 V4：一丝不苟地遵守法律
>
> 问题 Q1：总的来说，你认为人们应该一丝不苟地遵守法律吗？或者，在某些特殊情况下人们应该遵从自己的良知，即使这可能触犯法律？（International Social Survey Programme，ISSP，2006）

我发现，有趣的是，以上态度性问题并没有具体锁定哪个国家。之所以不这么做，是因为这个问题假定受访者以一般人应有的态度来作答，这就意味着以全国或全世界作为参照系。不过，有些人可能会说， *140*
可以在一个国家一丝不苟地遵守法律，而在另一个国家有时可以钻钻法律的空子。发问时的措辞不容许有一丝差池。差之毫厘，谬以千里。我们只需根据自己的情况在测量标尺上找到对应的位置，就像在下面的选项中四选一：

1. 一丝不苟地守法
2. 有时候遵从良心行事
8. 无法选择
9. 不作答

以上量表并不是李克特量表。相反，受访者将明确支持或反对有关态度的陈述；如果受访者觉得没有合适的备选项来体现事实的复杂性，那就退而求其次选择“无法选择”项。

现在，我们来考察一下对“公职人员受贿”经验的测量是否有效。就南非和澳大利亚这两个国家而言，答案的范围可归结为一个简单的表格，如表 5－1 所示。下载数据后，运用一个极简单的程序便可创建综合测量性变量，如表 5－1 的每列所示。“偶尔”“经常”和“频繁”这几个备选项的合力呈现，使我们基本了解到公职人员是否有实质性的贿赂行为。不过，国家层面的估计值则显然不同。比如，在澳大利亚，估计有4%的人有过实质性的贿赂行为。在95%的置信区间内，其上限值和下限值分别为4.5%和3.1%。专栏5－1显示了用Stata软件获取上述结果的编程内容。

表5－1　2006年澳大利亚和南非的贿赂发生频率

国家	贿赂发生频率		总百分比与总样本规模	
	低频率	高频率	总计	N
澳大利亚	96%	4%	100%	2 781
南非	80%	20%	100%	2 939

资料来源：International Social Survey Programme，2006. 原始样本量为N，这里显示的是加权平均值。如果在过去5年里，受访者或其直系亲属“偶尔”“经常”或“频繁”地遇到政府官员暗示希望得到或直接索取贿赂（或恩惠）作为提供服务的回报，则编码为“高频率”。而其他选项“很少”和“从不”，则被编码为“低频率”。

141

专栏5－1　程序：分组加权平均

```
drop if V62==.                      * Drops a case if this variable is missing.
drop if V62>10                      * Drops some incomplete cases.
svyset [pweight=WEIGHT]             * Sets up weights for South Africa.
gen propoqv=0                       * Generates a new variable for
                                    * the proportion having occasionally,
                                    * quite often, or very often been exposed
                                    * to corruption.
replace propoqv=1 if V62==
3 | V62==4 | V62==5                 * Sets value 1 for yes.
tab propoqv V3                      * Checks results by tabulating
                                    * within countries.
svy: mean propoqv if V3==710        * Produces averages for South Africa
svy: mean propoqv if V3==36         * and for Australia.
svy: mean propoqv                   * Produces an average across all the cases.
Key: Note that | is a symbol that means 'or' in STATA.
```

以上结果是否有效，取决于内在效度和外在效度这两重因素。内在效度关心的是提出的问题与其所指内容是否对应。如果该问题在每个国家都具有意义——尤其是在南非，在一些地区被翻译为当地语言之后——而且它所测量的经验正如其所述，那么它可以被认为是有效的。此外，我们从南非社会背景切换到澳大利亚社会背景时，还存在着一种风险，即被视为贿赂或恩惠的事物可能相当不同。接下来，考察一下外在效度。一般而言，测量和操作化的外在效度抛出了这样一个问题：资料是否体现了资料使用者所界定的内容。现在需要了解的是，在东京或在曼彻斯特，贿赂和恩惠的含义是否相同？在南非或澳大利亚，二者的含义也是一样的吗？大规模调查中，外在效度的确有待商榷。毕竟，某些概念所指的事件不仅在澳大利亚（较之于南非）可能就存在着一些差异，而且读者的预期也可能不同。由此，我们理解了外在效度的方方面面。不言自明的核心概念是否能移植到所有这些不同的语境中？研究者是否将这些问题界定得足够清楚，使之对应于特定的事件？理论上这是可能的，但现实中却并不容易。经过多年的试调查、测试和反复修订，国际社会调查计划尽可能提升其效度。该项目的研究人员遍布全国，但研究团队内部会不时地相互交流。其中就包括统一发问的措辞以提高效度。同时，还应用了高级的专业知识。

借此得出的结论是，2006 年南非的行贿受贿情况比澳大利亚更为普 142
遍。该结论具有有效性。不过，鉴于腐败的概念较为宽泛，我不会盲目地下定义。如果变量 V62 没有涵盖腐败的所有方面，那么我就不能根据这些数据对腐败做出有效的陈述。我需要在腐败的操作化方面再下一些功夫。而且，由于社会是随着时间而变迁的，对于诸如“南非是一个腐败的国家”这样的盖棺定论，我会谨慎为之。

由上例不难发现，概念所指的范围可宽可窄，并且在不同的语境中含义也不尽相同。因此，难以操作化也是在所难免。而且，他人也可以质疑测量的有效性。如今，受访者样本的统一测量工具得到了发展，并应用于记录受访者的体验（或态度生成）模式；同时，地域性变量和其他分组变量（使受访者具有某种共同特征）也能够测量，这样便于我们更具体地界定调查方法。由此，调查方法与广泛时空内的统一测量保持一致，尽管要在如此宽广的范围内进行统一的操作化可能颇具挑战性。

5.2 测量

143 一提到测量，人们会不禁地想到调查工具或调查方法的使用。测量将调查研究的理论框架与其资料的收集工具联系起来。实际中，社会研究者有时希望测量的是事物的物理特征（如营养不良患病率的研究中儿童的年龄、身高和体重），但大多数时候测量的是无形的社会和个人特征，这常常引发一些问题。在这一节中，我将着力关注如何在起草调查问卷时为测量做准备，以下将通过2001年英格兰人口普查的例子予以说明（Office for National Statistics，2005）。在英国，英格兰、威尔士、苏格兰和北爱尔兰分别使用各自的调查问卷。这里，通篇使用到的是英格兰的调查问卷。

通常可以区分为四个层次的测量。它们分别被称为定类测量、定序测量、定距测量以及定比测量。“定类”一词指的是为某物命名，或者实际上以一个符号代表另外的东西。定类测量只是为某些事物提供了一些替代性的选择。通常，定类测量的事物在类型上具有互斥性。

英格兰的人口普查运用了一些定类变量来询问家庭设施情况。其中的一个问题是：“你家是否有浴缸/淋浴间和独立卫生间？”备选项为“是”和“否”（Office for National Statistics，2005）。这个问题非常简单，这里的测量也称为二分法（是或否）。如果受访者只有三项（浴缸、淋浴间、独立卫生间）中的一项，那么他应该回答“不”。如果有其中的两项（含独立卫生间），那么应该回答“是”。

另一个属于定类变量的问题是：“你家的房子是租的，还是有产权的？”此时，有五种可能的回答：自有产权；有产权，但存在抵押或贷款；支付部分租金及部分按揭（产权共享）；租赁；无产权但免费居住。通过2001年之前对问卷细致的试调查，英国各组成部分的测量在准确性和可

比性方面均得到了改善。“定类”变量中的某些分类可能并不适用于英国
境内某个特定的地区。例如，社会住房部门用以安置部分租赁的方法因地 144
区而异。尽管如此，作为仔细测试的最终结果，最终的问卷还是较为恰当地涵盖了四个地区有关社会住房部分租赁的内容。

现在，我们来看看定序层次的测量。定序测量为封闭式问题提供了有次序的备选项。以下是 2001 年人口普查的一个定序变量：

> H5 你家所住过的最低楼层是多少层？
>
> 备选项有：
>
> 地下室或半地下室
>
> 一楼（街面）
>
> 一楼（街面以上的楼层）
>
> 二楼
>
> 三楼或四楼
>
> 五楼或以上（Office for National Statistics，ONS，2005）

在设置定序变量时，备选项由低到高排列。关键是，不同类别之间并非完全等距。例如，有些组之间相距一层楼，而第四组和第五组之间则可能相距一到两层楼。在后一种情况下，并不是严格按照相等距离来设定的。

最后一个备选项则包含了其他所有可能的情况。这种开放式的、排在定序备选项最后的类别，被称为“缩减项”（truncated category）。在以上的备选项中，它是第六个，但涵盖了更多可能的情况。比如，受访者可能住在摩天大楼的第 15 层、28 层或 30 层楼。

截尾数据（censored data）是一个技术术语，但其意思有别于“截断”（truncation）（Breen，1996）。当个案无法为既定的变量提供任何数据时，就会出现删除数据的现象，因此所在列的数据存在着缺失值。而截断则是指顶部的数据被压缩到特定单元格或值中。

即使正在进行的测量非常精确，定序变量也很常见。接下来，我们来区分“基数测量”（cardinal measurement）与定序测量这二者的准确性。

在基数测量中，可在整个标尺上设定可比较的间隔，而定序测量仅涉及顺序排名。如果标尺的任何部分都是序数，那么整个变量被认为是有序的。如果存在例外，则需要重新编码、调整或分析，以使定序变量成为有效的基数变量。

2001 年人口普查的第二个定序变量是有关照顾方面，具体如下：

> 12 你是否出于以下原因照顾或支援家人、朋友、邻居或他人：
>
> 145 • 长期的身心健康问题或残疾，抑或
>
> • 因年老带来的问题？
>
> 没有
>
> 是的，每周 1～19 个小时
>
> 是的，每周 20～49 个小时
>
> 是的，每周多于 50 个小时（Office for National Statistics，ONS，2005）

在某种意义上，这个变量并不能准确地测量家庭护理人员的工作时间。不过，从另一种意义上说，定序变量很好地抓住了“是”或“否”的关键特征，区分了“较少、有一些、较多”等选项。通过对一些类别进行合并，可以报告一些转变后的新变量。例如，将含有“是的”的几个选项合并为一项，这样就可以考察男性是否比女性更经常地“不关心”老年人或残疾人。

测量的第三个层次为定距测量。此时，在变量的取值范围内，每个单位的增加都具有相同的含义。许多定距变量均以 0 为起始点来逐步增加。这里是用整数来衡量的。所以，当我们看到某个数字除以一些其他因素（如“每人占有房间数”）时，所得数值精确到小数位，但并不代表现实中就会如此（如平均每人占有 1.7 个房间）：

> H3 你家有多少个房间，仅供家人使用的那种？
>
> 房间数量：________

请注意，高层次的测量包含了低层次的测量；因此，定距变量“房间数量”同时也是定类变量和定序变量。不过，反之则不一定行得通。定类

变量永远不可能作为定序变量或定距变量。定序变量也不可能是等距离的：即使它们具备等距的属性，也只称为区间变量。

最后，这里看到的是 2001 年人口普查中的定比变量：

> 35 你通常一周工作几个小时？
>
> 以本周内完整工作 1 小时的次数来推算
>
> 给出过去四周的平均工作小时数。
>
> 每周工作小时数：________（Office for National Statistics, 2005）

测量的定比层次具有其他层次通常没有的属性。“0”在度量中具有实际的意义（比如，当测量一所宅子的房间数时，按定比层次来测量并不适合。因为，当房间数为 0 时，则意味着这所宅子根本就不存在）。工作小时数为 0（意味着未就业）、温度为零度以及收入为 0（对没有收入的人而 *146*
言），它们不仅是定距变量，更可以在定比的层次予以测量。

这里，有关变量“值域”的两个术语可以帮助研究者多方位地了解测量：变量的“定义域”（domain）和“潜在域”（potential scope）。定义域是变量值所指向的一部分区间。正整数的定义域从 0 到无穷大。它的值域则是从观测到的最大值到最小值之间的距离。假设最大的宅子可能有 25 个房间，那么该变量的值域就是 0～25，而有些人可能没有自己单独的房间（记为 0）。同时，房间的数量也不能为负数。

实际上，我们对变量“每周工作小时数”的定义域也进行了限制，即工作小时数不能为负数。不过，变量的潜在域也受到限制。由于一周共有 168 个小时，所以变量可能的取值范围从 0 小时到 168 小时不等。在进行大样本的问卷调查之前，经验之谈是仔细设定每个变量的值域、定义域和潜在域。这样，我们就可以提前知道变量的合理取值，并通过简单的例行筛查轻松地找到异常值。

为了便于测量，科学家借助潜在域来设定列宽。对“每周工作小时数”（如上）进行四舍五入是比较实用的做法，它将测量限制在简单的两位数之内。一般认为，测量时与其精确到分钟，还不如对工作时长进行四舍五入。

到目前为止，我们已经分析说明了四个层次的测量。在调查中生成的诸多变量均可以在不同测量水平之间进行转换。通常遵循以下两个规则。第一条规则是，可以对变量进行较低层次的测量：

- 定距变量和定比变量均可以作为定序变量进行测量。
- 定距变量、定比变量及定序变量均可以作为定类变量进行测量。
- 定序变量可以变为定类变量。

我们将这些转换称为“数据转换”。通过计算机，利用原始数据来完成上述转换。所以，永远不要删除更为翔实的原始变量！例如，从变量“Hours”可以创建一个名义变量“兼职”。其中，将非兼职工作的情况赋值为 0，而每周工作在 30 个小时以下的情况赋值为 1。

第二条规则是，如果某事物的实际属性为定比或定距层次，那么，调查中按照低于其原有属性的层次进行测量，将会损失部分信息。不过，实际调查中，相较于完全按照变量的实际属性来发问，以降低测量层次来采集信息相对容易，可能也更划算（或许更快）。这些问题均可以因地制宜地进行操作。

147 表面上看，一提到“不精确”“模糊”和“不太详细”等词，人们似乎马上就联想到“低”层次的测量。而“具体的”“准确的”和“精确的”这样的词汇似乎总是与“高”层次的测量相联系。然而，统计数据有时可能会误导准确性。“虚假精度”（spurious accuracy）概念就属于这种情况。例如，假设你询问受访者对种族主义的态度，但措辞不当，且将备选项按照 0 到 10 的定距层次进行测量，那么极有可能得到的是虚假的准确性。这里涉及如何测量的问题。当然，在测量对种族主义的态度时，还可能存在更深层次的理论和概念问题，比如“何谓态度?”以及“你所说的种族主义指的是什么?”。千万不要将测量与概念问题相混淆。先要界定出希望使用的概念，然后从试调查阶段开始就不断地补充完善此概念，逐步完成每一次测量。

有人认为，高层次的测量优于低层次的测量。这种说法也是站不住脚的（即错误的观点）。在本书的其他部分，我就观点（viewpoints）、立场

(standpoints) 和推算 (imputation) 的相关问题展开了讨论。观点是指个人在感知或描述事物时的偏好。立场指的是人们对同一事件或情况进行有趣解读时的视角差异。推算是指从间接证据中估计变量值的过程。这三个方面都存在着测量是否明确的问题。所以，测量的层次并非测量的唯一问题。

5.3 因果关系

如果你已有了一个因果假设或解释性理论，那么，实施问卷调查是最为容易的。本节中，我阐述了因果关系的本质，毕竟它涉及问卷调查中变量的测量。它也有利于我们从宏观上把握问卷调查的内容（参见 5.2 **测量**和 5.1 **操作化**）。 148

问卷调查中的因果关系，是指找到因变量和自变量之间的关系并予以证明。因变量是这一关系中的结果。例如，在贫困研究中，可能用简单的 0 或 1 来标示是否贫穷。自变量则是研究者希望带来结果变化（更高、更低），或者导致结果“出现”的某些因素（Olsen，2010b）。

为了说明因果关系，这里提供了两个简单的因果性论述，二者可能源于同一个收入调查。调查地点在印度，在那里，贫困在某些少数族群和种姓人群中非常普遍。

（1）收入受到家庭成员的教育状况、每周的工作时间、种姓群体以及是否属于少数族群部落的影响。

（2）贫困受到家庭成员的教育状况、每周的工作时间、种姓群体以及是否属于少数族群部落的影响。

以上两条陈述非常相似，二者的自变量相同，都是四个。其中，教育状况可能指的是所有成年人所接受的正规教育的年数。当统计每周的工作时间时，必须将市场就业者与自我雇佣者这两类人群都考虑进来。由于个人只可能归属于四大种姓群体中的一个，故种姓群体是一个具有四个选项的指标（请参阅下一节，以了解如何设置这些指标），它被称为多项指标。多项指标潜在地假定，个体不能同时属于两个群体——也就是说，种姓群体之间具有互斥性。当然，个体可能和另一种姓群体的人通婚，因此如何判定“家庭种姓”则是一个棘手的问题。不过，有关收入的数据通常会以个人为单位进行分析。最后，第四个指标显示个体是属于占主导地位的“印度教”群体，还是属于人数更多、相对弱势的“表列部落”。

149 不过，这两条因果性陈述的结果指标却有所不同。第一条为连续性变量的测量。这里的结果变量指的是收入，一般以人均每月支出的卢比来衡量。支出与收入相近，但又不完全一样。通常收入的测量覆盖大大小小共计 40 项支出，需投入大量的人力物力才能全部完成。它可能在调查表中要占据好几页的位置。记录整个家庭的支出最为容易，而按家庭规模进行平均后，我们可以得到每个家庭成员的“人均支出”。目前已有一些关于收入的解释性理论，我们可以将它们谨慎地应用到支出的测量之中，尽管收入与支出还是存在细微的差别的。储蓄和借贷就是造成二者差别的一个重要原因。不过，即使我们无法直接测量收入，也可以检验这些理论，或许还能发现新的理论。实践证明，收入是很难被精确测量的。要想测量收入，需考虑许多因素，如税收、非法收入、小企业利润和营业额之间的差距以及奖金收入。我们对支出的测量方法和收入理论非常契合。而对支出的测量只不过是衡量收入的替代性指标而已。

在第二条因果陈述中，结果变量是贫穷而非收入。如果受访者是贫穷的则贫穷变量记为 1，否则记为 0。一般，金钱会在家庭内共享。如果不是这样，所有受抚养的儿童就是穷人，而且有工作的家庭成员看起来就不会是穷人。换一种思路，将家庭内所有的收入相加，再除以家庭成员总数，借此反映出工薪阶层是如何分配资金来供养家庭、实现吃穿用度的。所以，在这里大家可以越来越明显地感受到本研究是“以个人为分析单位”（person unit of analysis）来展开的——如果家中没有一名家庭成员的收入足以让整个家庭越过贫困线，那么这个家庭中的个体就被视作穷人。我们可以通过计算机设定一条贫困线，在完成问卷调查之后简单地创建一个贫困变量，如下：

```
poverty=0
replace poverty=1 if expendpc< 360
mean poverty
```

框中的第二行指的是人均支出低于每人每月 360 卢比。框中的三条命令组成了一个简单的转换程序，创建了一个新变量——贫困。在电子表中，该变量可以看作一个 0 和 1 的完整列。其均值是穷人所占的比例或百分比。150
例如，如果受访者中有 80 名是穷人，120 名不是穷人，那么变量的均值是 0.40，也就是 40%。只要创建了收入变量，就很容易完成这种转换。或许你所关心的并非受访者是否处于贫困状态，而是另有所指。有可能你询问的是受访者主观上是否认为自己是穷人。而因果陈述却与这些无关，其关注点在于客观的、可以测量到的贫困状态。通过类似这样的操作，在保证高准确性的前提下，谨慎地验证理论或假设，测量每个变量，进而形成问卷调查所需的每一个指标。更多的例子参见 Blaikie，2000。

由于上述问题不是三言两语就能讲明白的，故我们可以稍后再去探究。现在，来看看经济学家在现实中是如何研究收入的。经济学家发现，若收入按照人均支出来算，则存在严重的偏态分布。尽管它真实地反映了收入分配的不平等，但不利于我们的研究。这种偏态分布表明，大部分人位于低收入水平（按人均支出估算），但也有少数人（可能是 2%或 5%）的收入远远高于穷人。为了方便统计研究和绘制图表，可以通过取人均支出的对数来消除这种偏态。如此一来，所有调查对象的收入排名相同，但使用了不同的尺度来测量。10 000 的对数是 9，1 000 的对数是 7，100 的对数是 4.6 ，10 的对数是 2.3。对数将非常大的数字降低到一个合理的比较维度。这样，上面第一条因果陈述则变为下面这样：

1. 人均支出的对数……受到家庭成员的教育状况、每周的工作时间、种姓群体以及是否属于少数族群部落的影响。

这非常适合有关贫穷的问卷调查。

陈述（1）和陈述（2）的结果应该是一致的。请注意，随着工作时间的增加，收入也将增长，所以我们期望二者是正相关的关系。不过，贫穷的作用则是相反的。随着工作时间的增加，发生贫困的可能性将降低。因此，在陈述（2）中，我们期望二者是负相关的关系，正好跟陈述（1）中的正相关相反。通常，在实施问卷调查之前，研究者便已详细列出所有这些研究假设了。

请确保问卷调查涵盖了研究中所有的因果陈述、理论与假设所提炼出的主题。它为调查确定覆盖范围、值域和深入程度提供了指导性的框架。当进行试调查时，如果问卷试图包罗万象，它也有利于对问卷（和假设）
151 及时做出删减。此外，还需要缜密地计划。要详细计算成本和时间。众所周知，调查问卷法能够节约成本、提高效率，但必须以仔细拟定调查工具（问卷）和抽样为前提。在本书的其余部分，我将详细解释调查与抽样的细节。一本好的研究设计图书（如 Hakim，2000；De Vaus，2001）也会有所助益。

如果手上的数据是由他人创建的，那么，在开始处理这些数据之前，你仍需要详细地列出因果陈述，如上所示或以类似的方式进行。然后，就可以从主数据集的成百上千的变量中抽取研究需要的变量，来创建一个合理的数据子集（参见 5.7 **创建子数据集**）。

5.4 数据清理

152 一提到“数据清理”，就有种“脏数据是不好的数据”的感觉。不过，这种说法在调查的情境下是适合的，移植到质性研究中则未必行得通。一些调查数据被清理之后，整体上其数据集比清理前的用途更广。但是质性研究人员认为，在清理过程中一些重要的东西可能会丢失，而试调查阶段基本上以质性研究方法为主，后期才会逐渐运用更多的量化方法。若想了解调查测量方法中的隐性价值，请参阅 Williams，2000。这与研究者在数据清理阶段所做的决定有关。威廉姆斯（Williams）特别指出，区间数据对一个量表的高排名和和低排名值进行了赋值。如果研究者对数据集中的一个测量标准抱有疑问，而且其似乎属于定距的测量层次，那么有几种方法可以弱化假设，以免设定错误的研究前提。一种方法是不按原有的定序水平测量，而是将变量编码为多项（即多类别）变量。另一种方法是由基数标尺改为定序标尺。无论哪种情况，清理数据都是必需的。

要清理数据，需要一个完备的编码簿。编码簿中包含了每个问题的编号和表述，以及由此产生的变量名、变量标签，可能还附有一些基本表格。对于为何有选择地舍弃某些数据，也应有所说明。每个调查问题的备选项都可能涵盖了编码簿中的三种信息（问题的编号与表述及变量名）。以下节选自英国家户追踪调查（BHPS）（Taylor，2001），主要涉及个人储蓄的问题：

3.16. 储蓄目的

储蓄的目的（wSAVEY1）

01. 度假

02. 尤其涉及年老/退休（包括养老金计划）

03. 购车

04. 子女（包括子女的教育，以及购买股票投资子女教育） 153

05. 购买房屋/不动产、公司或土地

06. 改善家居条件

07. 支付家庭账单（如电视执照等，还包括汽车/自行车保险、税务、维修保养）

08. 特殊活动（如婚礼、葬礼、圣诞节）

09. 没有特殊原因（如未雨绸缪，安全起见，紧急情况，以防万一）

10. 持股计划

11. 个人自身的教育

12. 孙子女

96. 其他（包括其他未指明的股份）

98. 不知道

99. 拒绝回答/联系不上

这些值都有编号和标签。开发编码簿是一个循序渐进的过程。在设计问卷时这项工作就开启了，而且在用草拟问卷进行试调查的过程中就应该完成大部分编码簿的录入工作。如果对问卷的问题有所调整，编码簿也应做相应的修改。直至最后，才添加基本表格。毕竟只有在输入了所有数据之后，它们才是准确的。编码簿要先于大多数数据的录入。

在试调查和数据录入期间，我们还可以按日记的形式记录研究的决策过程。

定期记录调整了哪些变量、调整的原因，以及发生了哪些异常情况导致编码簿的修改。该工作虽然单调乏味，但日后却会证明是有用之功。因为这样我们就不必记住这些步骤，倘若日后需要，可以随时恢复原编码。如果是独自研究，可将注释直接输入编码簿。如果是团队研究，则要多次沟通，最终形成一个可以在成员间通用的主码本。所以，如果每个团队成员都记录了各自编码修改的过程，那么可以通过定期召开会议将达成一致的某些修改输入主代码库的文档中。

在试调查的过程中，数据清理分为两个部分。先要检查问题的表述。有时候需要清理的是问题本身，而非结果。尤其要避免语义双关或复杂的
154 态度问题。请比较以下两个问题，它们分别来自BHPS自填式问卷和青年问卷：

Q2. 这里有一些关于家庭生活的问题。

你个人同意还是不同意（以下说法）……

a）如果学龄前儿童的母亲工作，该儿童很可能不幸福。

非常同意	1
同意	2
不同意也不反对	3
不同意	4
非常不同意	5

（变量名 QOPFAMA）

Q3. 你对政治有多大兴趣？

非常感兴趣	1

感兴趣　　2

不感兴趣　　3

（变量名 QYPVTE6）（Taylor，2001）

第一个问题相当复杂。它预设了一种家庭生活的模式，可能是一对夫妇，他们有（或将要有）孩子。若正在用该问卷进行试调查，可以通过以下的修改来简化问题：

您个人是否同意，如果学龄前儿童的母亲外出工作，孩子将不幸福？

问题被修改后，省去了前置的子句。由于调查对象会被问及一系列的态度问题，其中通常包括 10 个甚至更多的问题，故 BHPS 对前置子句设置了较为复杂的框架。其中的风险是经过计算的。过于复杂的问卷会引起受访者反感，但是如果受访者领会了问卷的设计理念，他们就能按照李克 155
特量表来轻松地填答所有问题。该量表将对每个问题重复一次，而调查对象只需勾选一个选项即可。BHPS 认定，调查对象能够轻松地阅读问卷并完成勾选。因此，这里看不到缺失数据所对应的选项。我们将所有缺失的数据归为一类，即“－1”（没回答）。不过，由于 BHPS 相当复杂且允许插补数据（the imputation of data）——可以通过询问其他家庭成员来获得相应的信息，或由 BHPS 工作人员在数据清理阶段进行插补，故在 BHPS 数据中有大量的缺失值代码。以下为大家展示了一部分。

如表 5－2 所示，这是在 BHPS 编码簿中找到的经过清理的最终表格。其中，赞同以上观点的人群所占的原始有效百分比为 33%［即（849＋3 542)/13 447］。

数据清理包括设置缺失值及其他的所有代码，同时确保每个输入的数据与其代码值正确匹配，并检查输入的编码是否正确，筛查在变量有效值域范围之外的奇异值。总之，以下梳理了一份数据清理清单：

• 个别变量的缺失值编码是否一致？例如，“－1”代表“没回答”，“－9”代表其他的缺失值或奇异值。而“拒绝回答”则以不同的值来代表，如“－7”。

- 编码簿中，变量值标签的列表是否足够？
- 是否复核了每张表中手填的数字代码？

表 5－2　制表：关于英国学龄前儿童是否因母亲工作而受影响的态度

值标签	代码	频次	原始百分比
缺失值或奇异值	－9	490	3.3%
他人代答	－7	954	6.4%
没回答	－1	19	0.1%
非常赞同	1	849	5.7%
赞同	2	3 542	23.8%
中立	3	4 643	31.1%
不同意	4	3 578	24.0%
非常不同意	5	835	5.6%
合计		14 910	100%

资料来源：（BHPS 2008，Wave Q. 共计 13 447 个原始有效个案。
经社会经济研究所许可转载。

156

- 将手填的数字录入计算机时，是否正确？

最后一项在数据清理里中最为常见。一般来说，许多团队指定两人分别独立完成数据的录入工作。每个录入员手里有一张简单的数字表格，如果数据被录入两遍，两人的表还不一样，这就提示输入中存在着错误。如果只是录入一遍，则很难识别其中的错误。

表 5－3 是数据输入表的一个示例。第一个变量是个人的识别码；第二个变量是关于儿童是否不幸福的态度（OPFAMA 代表的是家庭态度，A 部分）。第三个变量是跟调查对象现职相关的社会阶层指标，最后一个变量则是由当前主要职业来详细测量社会阶层的指标。这样的表格输入起来效率是极高的。相较之下，若同一张表中增加值标签（如表 5－4 所示），则统计学意义更明显。显然，输入数字代码要快得多。尽管有犯错的风险，但可以通过事后的数据清理来解决。实际的值标签比这里看到的要长得多。正如在前面看到的，它们长度不一，包含了诸多细节。计算机将所有这些细节应用于数据表中的数字之中。因此，这里的“数据”就是代码数字。编码簿则展示了将数字和标签匹配的主代码。

表 5-3 输入到表中的数据

PID	QOPFAMA	QJBGOLD	QMRJSEC
130001104	−7	3	72
10017933	4	2	91
10017992	4	2	41
10023526	4	3	60
10048219	−7	4	72
10048308	−7	3	71
10049304	−7	4	91
10055266	3	3	41
10055339	4	−8	−3
10067213	−7	1	33
10067248	4	1	31
20045018	4	−8	−3
10076166	3	−8	−9
10078401	3	−8	−9
10079556	3	1	81

表 5-4 显示值标签的数据表 157

PID	QOPFAMA	QJBGOLD	QMRJSECD
130001104	他人代答	日常工作	intermd
10017933	不同意	服务	owen acct
10017992	不同意	服务	lower pr
10023526	不同意	日常工作	hgher su
10048219	他人代答	私事	intermd
10048308	他人代答	日常工作	intrmd c
10049304	他人代答	私事	own acct
10055266	中立	日常工作	lower pr
10055339	不同意	不适用	never ha
10067213	他人代答	服务	high pro
10067248	不同意	服务	higher p
20045018	不同意	不适用	never ha
10076166	中立	不适用	缺失

5.5 数据提取

158 从在线资源中提取调查数据集，既经济又便捷。作为一种“收集”数据的方式，这种方法依赖于大大小小的机构提供数据。很多政府和国际组织均提供数据供公众免费使用。比如，以下这些数据源：

- 世界观调查（http://www.worldvaluessurvey.org/）；
- 人口普查表（许多国家都有）；
- 多重剥夺指数（英国；www.communities.gov.uk/communi ties/neighbourhoodrenewal/deprivation）；
- 劳动力调查（http://www.statistics.gov.uk/Statbase/Source.asp?vlnk=358&More=Y；最新版本的劳动力调查被列为年度人口调查，参见 http://www.statistics.gov.uk/StatBase/Product.asp? vlnk=10855&More=Y）。

许多较大的数据源给访问者提供了 NESSTAR 窗口。我们需要多一些耐心，才能熟练掌握 NESSTAR。本节首先介绍了何为数据提取（Data Extraction）——主要是指从已有的大型数据集中提取一个小的子集，然后介绍了运用 NESSTAR 软件进行数据提取的方法。未来，随着软件的开发，或许能出现跟 NESSTAR 相媲美或互补的工具。只要研究者知道如何探索元数据并导出所需的一系列变量（通过使用“if”语句，可以只选择所需的案例类型），其他软件就很容易上手。

提取数据需要确定某个研究问题或任务（Dale et al.，2000）。或许，可能的任务是在质性研究中创建以行百分比为背景的表格，或者绘制条形图来比较不同子样本的均值（如不同年龄的离婚人群所维持的平均婚姻时长）。任务的复杂性将影响所需数据的提取难度。我们可以根据任务要求来创建一系列需要的变量。或许，它们将包括人口统计、独立变量（substantive variables）和结果指标。

159 提取数据意味着将抽取一个子数据集。譬如，可以从英国多重剥夺指数的数据集中选择东北地区的所有个案，再在该数据集中只选择住房和失业的子指数以及主要的汇总指数。提取结果如图 5－1 所示。

图 5－1 中，最暗的灰色区域为提取的数据。这个简洁的微型数据库可以通过电子表格或统计软件包导入计算机。大家较为熟悉的格式包括 IBM SPSS. sav 格式和. por 格式。而表格中的空白则显示为空格、句点或特殊符号（如－99）。生成的矩阵表仅包括本特定项目所需的部分行和列。我们可以将“东北区”的地域归属标注于一列之中，该列以后便可以作为小数据集的行标识符。

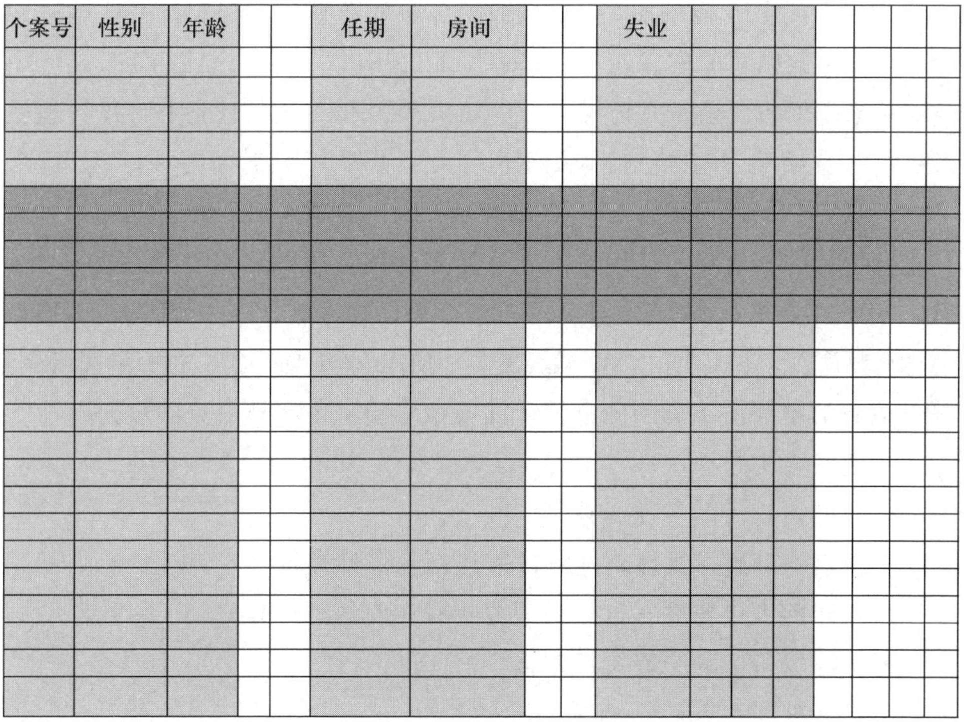

图 5－1　运用选定的行与列进行数据抽取

注：这里的每一行代表一组个案，其编号可能到数十或数百。浅灰色表示的是选择的变量，深灰色表示的是选择的个案。经合并后，一个小子集便生成了。

如果要收集多个层次的数据，数据的抽取则更为复杂（Dale et al.， 160
2000）。在许多家庭调查中，我们都可以看到多层次数据。这里，针对家庭的数据作为一个层次，而针对个体的数据作为另一个层次。显然，个体的数量将远远多于家庭的数量。如果需要的是个体层面的数据集，那么就要复制每个个体对应的家庭数据。倘若需要的是家庭层面的数据集，同时还想了解家庭规模、家庭收入以及房屋使用类型等情况，那么就有必要略去个人的数据，或者将个人的数据“合并”为家庭层面的汇总性变量。这些都是较为复杂的数据分析操作。在数据提取阶段，建议大家最好先简单地提取两张表，每个层次的数据各一张表。可以把家庭标识符变量和个人标识符变量纳入文件中，这将对后继操作有所帮助。此外，花点时间去规划一下研究中陆续出现的不同任务，这也有利于数据提取。

为了保护受访者的隐私并对大数据源中的数据进行保密，一些国家使用了虚拟微数据实验室（virtual microdata laboratory，VML）。VML 是应用于二手数据库的现场研究访问工具。如果从大量人群或企业中收集管理类数据，并直接将其原始信息在网上向大众公布，则存在着一定的风险。VML 提供了一个安全的、面对面的环境，它允许临时性访问。其中，计算机由数据持有者提供，且用户不允许使用任何形式的外带存储设备（如 u 盘）。用户主要是发送其数据提取程序，并可以在 VML 中编辑程序以做出最后的调整。在大城市中，VML 较为常见。使用 VML 时，需支付少量费用。

以下清单列出了英国国家统计局虚拟实验室中的部分英国数据库：

- 业务结构数据库；
- 工时与收入的年度调查；
- 劳动力调查（具体到地方政府层面的详细数据）；
- 每年的人口普查（具体到地方政府层面的详细数据）；
- 工作场所中的劳资关系调查；
- 社区创新调查；
- 全国雇主技能调查。

目前，VML 系统的工作原理是这样的：研究者可以提取所需的数据子集，但 VML 不允许从站点中删除这些数据。相反，研究者必须分析数
161 据，并在原地生成所需的条形图、表格、饼图和数值结果。然后，将这些结果页交给 VML 管理人员，后者将花几天时间对这些结果页进行审查。由于对外公布这些结果可能会导致个人隐私的暴露，或曝光某个受访者，

或泄露某个涉密企业的机密，VML 管理人员正在设法降低这种风险。一般，较多地牵涉到小团体或特殊情况。

有时候，可以在表格的结果中一眼识别敏感的群体或个体，也可以通过从单独的公共数据库中查找信息来锁定他们。接下来，运用“拥有 17 个房间的豪宅”这个例子来说明“泄密的风险”。如果公众能够轻易地识别豪宅主人的身份，那么显示该豪宅坐落信息的表格将可能泄露豪宅主人的隐私。一定程度上，表格是否泄密，取决于我们认为用户能够从其他数据源（如公开可用的邮政编码文件和选举登记册）中获得怎样的信息。通常，在每行和每列中，聚合计数不少于 5 个单位的表比聚合计数低的表更为安全——泄密或被识别的风险更小。只要 VML 管理人员确信没有风险或泄密（或被识别）的风险很低，研究者便可以拿到结果表格。

因此，可以看出，对于 VML 方法来说，原始数据只能作为中间产品使用，最终还是留在了 VML 站点。相反，若使用 NESSTAR 数据提取方法，原始数据可以直接下载到用户的计算机上。

NESSTAR 是数据提供商使用的一个软件包，它能够让使用者更轻松地探索数据[1]。元数据是作为描述数据、抽样、变量、案例和案例标识符的标签生成的。通常，管理良好的 NESSTAR 数据库均提供了调查中有关权重和缺失值的详细信息。即使数据库较为复杂，NESSTAR 的元数据也会将用户可能需要的全部背景信息予以描述。NESSTAR 虽然是一种服务于网络访问的格式，但也可以单机使用。

在使用 NESSTAR 软件之初，我们将会看到一个数据库列表。在选定数据库之后，还可以选择日期。点击查看该数据集的相关元数据，就能了解以下信息：研究概述、标准文献的引文、研究范围、研究方法与数据处理方法以及数据访问明细。数据的热链接列表位于元数据的后面。在一个链接中，我们可以找到人口数据、独立变量列表、调查中经过加权的数据和其他数据。每个链接都是一个变量列表。通过单击变量名，我们可以访问每个变量的汇总统计信息。统计分析和交互分析可以通过该表顶部的选项卡来实现。更有经验的用户可以通过图标进入子集和数据下载区域。

先要创建子集。这里对“行”进行选择实际上是设定某些条件，即对

162 于囊括在内的行必须是真实的。它们一般用家庭或个人的变量值来表示，接下来就可以选择变量了。如果是大型数据子集，可能需要进行大量的单击操作。倘若运用 NESSTAR 不是那么顺畅，最好检查一下元数据以确认数据集是否可以作为整体从数据存档中获得。例如，英国犯罪调查通常在 NESSTAR 和英国数据档案馆（www.data-archive.ac.uk）中进行。对于从大数据集中提取的小子集，NESSTAR 最为有效。

由于 NESSTAR 是以网络数据为服务对象，故我们可以设置 NESSTAR 网页的书签。在重复访问期间，用户无须下载任何数据就能根据熟悉的调查制作图形图像和表格。这些图表可以在 NESSTAR 中生成，再下载到电脑桌面。

在 NESSTAR 中进行加权操作，异常复杂。请注意，不要用需加权的数据生成未加权的图表或表格。这些表格可能会误导视听，或本身就是错误的。在使用数据集的过程中，如何提炼专门的技术？这可能就需要对使用到这些数据的其他出版物进行比对核查。重要的是，应选用知名出版商的同行评议出版物而非网络材料，因为后者可能正在犯着跟你一样的错误。同行评议的出版物可以帮助我们比较百分比以及研究的一些基本结果，从而确立一个黄金标准，使得在运用 NESSTAR 对既定的数据集进行操作时能够“按图索骥”，避免走弯路。

注释

1. NESSTAR 是“网络社会科学工具和资源”的缩写（http://www.nesstar.org/）。自 1998 年以来，NESSTAR 作为欧盟的内部项目获得资助，得益于英国数据档案馆和挪威的社会科学数据服务部的紧密合作。现在，它既是一种产品的名称，也是公司的名称。

5.6 奇异值

163 对于调查数据集中的连续变量，一般会人工设置一些数据点。这些数据点［称为奇异值（outliers)］低于或高于变量的一般取值。钟形曲线或“正态分布”的大部分都集中在其值域的中部，在其正态曲线之内通常允许少量的异常值存在。其他类型的分布曲线要么仅在一侧存在奇异值（如收入分布这样的偏态分布)；要么曲线相对扁平，奇异值较少（如年龄分布，几乎从不会超过 110 岁，也不可能低于零岁)。对于调查数据的清理而言，清楚哪些是奇异值是很有必要的。正如年龄的变量值中出现“－9”这种情况显然是需要修正的一样，由于存在着多种分布曲线——有些分布曲线的正常值域内确实包含了异常值——所以，务必小心处理。本节回顾了如何通过删除异常值进行数据清理，随后引入了更为新颖的处理方法。

要想清理数据集，可能就得删除所有关键数据缺失的行或拒绝作答的所有个案。人们认为这将增加不应答率，且删除后的这种小容量的“干净”数据集亦存在着降低随机性的风险，因而不具有代表性。所以，倘若项目一开始就非常看重随机性和代表性，那么数据清理工作就必须同时关注清理后的有效不应答率。

一种治标的办法是通过设置缺失数据的具体数值来清理变量（即列)。比如，将缺失值定义为－99 或－1，则代表这些超出正常范围的数值都是无法解释的。用户可以选择性地将类似的数值设置为缺失值，也可以用原始数据表中的空格或句点来代替。将缺失值定义为－1 或－99 是约定俗成的，操作方便，诸如 SPSS 这样的软件程序也能够迅速识别，这些软件通常都将这两个数值默认为已有个案不可能存在的特殊值。SPSS 将其称为自定义缺失值。而有些软件包则称其为选择性缺失值。此外，如果数据的单元格是空白的，则可能被视为系统缺失值：“系统”（即软件）不知道此处应该是何数据。大多数软件包将把－1、－99 以及空的单元格按照缺失值处理。因此，常用的方法是检查每个变量，然后绘制直方图，并将任何
超出正常取值范围之外的变量值重新编码为－1。为了挽救一部分数据， 164
我们也可以查阅手填的调查问卷或数据源。之后，便可以将－1 作为所有变量（或者，至少是那些不可能取值为－1 的变量，操作时需谨慎）的缺失值，并重新绘制直方图。这样，在最终的直方图中出现的高值或低值将不那么极端。

经济学家和心理学家有时用这种方式来删除缺失值或对其重新编码，不过他们都非常谨慎。经济学中的“随机变异”这一概念解释了未能被观察到的潜在过程可以生成一系列的数值，其中包括部分极端值。

如果一组数据在大多数情况下服从正态分布（即钟形曲线），那么，在出现高值的部分，经济学家可能并不希望看到有任何个案的缺失、原始数据被重新编码或人为设定缺失值的情况。

以房价为例。假设按当地货币计算，房屋的均价为 75 000 美元，而当地大多数房屋的价格为 55 000 美元。那么，高值可能是 65.5 万美元、72.5 万美元、150 万美元甚至 1 020 万美元。究竟哪个是奇异值呢？超过 1 000 万美元，还是超过 100 万美元？由于房价的分布曲线无论怎样都是偏态的，我们倾向于认可该趋势，而不是对其重新编码或删除特别高的数值。

在诸如英国这样的国家中，地域不同，房价可能有天壤之别。这也告诉我们，类似于天价房产这样的情况可能超出个人对某些事物极端值的认知。同理，奖金在英国整体的收入分布曲线中占据了较为陡峭的部分。如果我们认真对房价（或奖金）进行大规模调查，则有可能发现 1 020 万美元这样的极端值。倘若由于这些数值不符合研究假设，研究者便将其删除，那么一个重要的新发现将从研究者的眼皮子底下溜走！所以，我们对极端值进行缺失值处理时要格外小心。需要对每个变量逐一考量。

对于删除和自定义缺失值，还有一些替代方法。包括使用序数回归转换偏态分布的变量；从图表中删除异常值，但将在数据和统计表中予以保留；对遗漏异常值可能导致的偏差进行统计检验。接下来，我将详细地讨论每种方法。

对偏态分布的变量进行转换，能够将极高值降至合理水平。对数就是大家较为熟悉的一种变量转换。平均小时工资的对数为 2.5，它对应的平均小时工资为 5.10 英镑至 12 英镑。对数是 e 被求幂后对应于原始工资率（如 12）的数字。这里，与 π（圆周率）相似，e 是一个特殊的数字，其值为 2.718 28。12 的对数是 2.48，而 5.1 的对数为 1.62。对于非常高的工资率，比如一些顾问、房地产经纪人或银行家（包括奖金）的小时工资为 75 英镑，转换为对数仅为 4.3。由此，可以看到，对数只会将极高值变小，而对极低值几乎没有影响。

使用对数时，应注意两个问题。首先，0 是没有对数的，故该转换仅适用于正数。就小时工资率而言对数转换是可行的，但对于周收入或租金收入则未必行得通。因为，有些人的周收入或租金收入可能确实为 0。当 165
然，我们可以寻求其他的方法进行转换来达到跟对数相似的效果，但同时也得适用于个案值为 0 的情况。例如，通过求幂值，可以将大于 0 的数值进行转换：只要计算所有值的平方根，就可以缩减高值的偏斜度；或者取这些值的平方，以消除极低值的偏斜度。

对于非正态分布的连续变量，还有一个解决办法是运用 Box-Cox 转换（Box-Cox transformation）。跟对数相似，这种转换从一开始就严格地限定取值为正数。对于经验丰富的用户而言，运用转换是可以接受的。由于转换后的变量是原始变量的单调函数，因此这些用户可以根据自己的需求来操作转换后的变量。如果结果显示为递增，则说明转换后的变量值随着原始变量值的增加而增加。所得到的相关或回归统计结果可以跟原始结果相比较，但无法反映出原始变量分布曲线的缺损情况。不过，这种形式的数据清理不会从数据集中删除任何数据值。

统计学中则会用到序数回归（ordinal regression），它是一种完全不同的方法。这里，对原来是偏态分布的变量按照定序及以上层次的变量进行操作，而不是视之为连续变量。例如，每周的工作时间最高可能达到 168 小时。考虑到看守、管家和其他需要住在雇主家的工种，将奇异值设置在 100 小时到 168 小时之间。我们可以在数据集中保留每周的工作时间数，然后将数据按 5 个小时为间隔进行分组，并进行有序回归。每周小时数按 5 个小时为间隔进行分组，从而转换为定序变量，它将随抚养子女数的增加而下降，随着教育水平的提高而增加，还可能随着行业工会规定的工作时间标准提升而增加。被冠以“序数回归”的回归形式必须满足一个前提，即每个变量对因变量的所有值具有相同的影响。

如果以下假设成立，那么序数回归和普通回归同样有效：

（1）考虑到其他因素，抚养子女一般会减少家长每周工作的时间。

（2）对于每周工作时间较多和较少的组别，抚养子女对二者的影响相同。

第一个假设，可以通过回归结果是否具有统计学意义予以检验。第二个假设看起来很充分，但无法通过序数回归进行检验。

要想删除奇异值，第三种方法是设置临界点，将超过临界点的特殊值
166 从图中删除。如此操作的弊端在于图表会有所偏差。不过，如果能在数据和统计表中保留这些奇异值，并在每张图中对删除的奇异值予以说明，那么该方法还是可以接受的。

比如，假设按小时工资率来计算，则可以在条形图下方加注：“此处省略了每小时大于 75 英镑的工资率，但本文中其他所有统计数据均包含在内。”如果图表中没有这样的注释，一般认为，将异常值从样本数据中删除可能导致较大的误差。

最后一种方法是对因删除某些奇异值而带来的偏差进行统计检验。相应的检验有两种。这两种检验均要求在创建调查数据集或子集之初就对奇异值进行仔细编码。首先，我们可以将这些异常值视为无效值，并重新编码为自定义的缺失值。重新编码时添加一个新的变量，其编码为 0 和 1，表明正由于这样的编码导致了该特定值的缺失（如变量名为“V5 不合理”，0＝否，1＝是）。然后，将这个新增的二元变量和 V5 一起代入回归方程或方差分析中。我们假设，它不具备统计显著性。若结果具有统计显著性，那么就需考虑由包含了这些非合理值的数据所导致的偏差。倘若出现这种现象的调查对象少于 1%，则在统计学上不太可能具有显著性。否则，就需要进行检验。

第二种检验跟缺失值的检验密切相关。无论数据是随机缺失，还是因某些特定测量的因变量而缺失，均有对应的检验方式。对因变量的测量，只能用到数据集中可用的变量。换言之，我们只看到了数据集中已有的变量对因变量的影响。打个比方：出于研究需要，是否将所有在国外出生的受访者所对应的主变量值按照缺失值处理？

所以，有必要检验数据集中如上述差异的显著性。请注意，不要以为这是“因为”生在国外这个因素引起的，它实际上是由于这个被测量的变量跟某种神秘因素有关，而后者导致了不合理（也是被用户定义为缺失）

的数据值。此方法也适用于数据集中有空白值的其他情况。要想检验缺失值是否为随机缺省的，这相当耗时耗力，比较明智的做法是在对变量进行如此详细的检查时设定一个相对狭小的范围。

根据经验，如果缺失的数值小于 1%，问题可能不大。倘若缺失的数值在 1%至 15%，则表明需要深入调查。如果将问卷空白处及自定义的缺失值包括在内，缺失的数值超过 15%，则需要重新考虑样本选择，甚至要怀疑在该变量上使用如此复杂的统计方法是否合适。如果该变量存在太多的缺失值，那么就要考虑删除该变量了。

总之，通过介绍奇异值，我们又了解到一些有关数据清理、重新编码和转换的方法。如果在分析时运用了回归之类的统计方法（假定某些变量正态分布），一定要谨慎处理奇异值和缺失值。一个黄金法则是确认整个 167
数据集可用之后，核查变量的分布情况。然后，再对分布曲线中的异常值进行清理或转换。如果存在丢失数据或异常值过多的情况，就要分析这些异常值是否为随机缺省的。实践中，对随机缺失值的检验仅适用于因变量的缺失值。不过，在建立某些结构方程的过程中，可能要进行更多的检验。我们甚至可以建立专门的“缺失”模型。这都是一些先进的统计方法，不过有一点我们需谨记——软件包中，一般有两种类型的缺失值：一是空缺值，即系统默认的缺失值；二是用户自定义的缺失值，它反映了给定的数据列中不合理的异常值。在创建调查数据集时，可以灵活地使用它们。

5.7 创建子数据集

创建子数据集的前提是母数据集业已存在。现在的研究人员越来越聪 168
明，知道如何访问大型数据库。他们能够从中收集到适合的调查数据集，并在恰当的时间内进行分析。

本节中，我将介绍五类大型数据库及其来源。此外，还提供从免费的网络资源访问数据集的方法：通过访问密歇根大学的“政治和社会研究校际联盟”（1990 年），可以获取“美国公民参与数据集”（the American Citizen Participation dataset）。这里，1990 年这个日期是数据集创建的日期。数据集本身就是研究的产物。虽然数据集有别于专著或论文，但在做引用时，还是要像引用书籍一样进行注释。

（1）企业将员工记录或客户评价数据保存在一个不断扩充的数据库之中。每条记录的标识符包括部门、日期、客户类型（或员工级别）及位置标识符。在大型组织中，研究通常由总部人员指导，他们从数据库中创建电子表格文件。全程可能需要进行匿名化处理。海尔等的著作（Hair et al.，2005）专门介绍了如何以商业风格的数据集来呈现某些统计建模。

（2）许多国家每隔 10 年会进行一次人口普查，并在网上公布普查结果。通过这些普查表，我们可以在全国范围内比较各地的详细信息，故一些用户（如地方政府或议会）会发现它有助于比较不同地区的地方政府。

有些国家还提供具体到个人及家庭层面的原始调查数据。对于商业用户，可能需加收一部分费用。在人口普查的原始数据被公布之前，必须要经过匿名化的处理。英国提供了包含少量人口普查记录的子数据集供公众使用，即众所周知的匿名记录样本（the Sample of Anonymised Records，SARS；参见 http://www.ccsr.ac.uk/sars/2001/）。不同的 SARS 数据涵盖了不同层次的地域信息，并且还有具体到个人和家庭层面的不同版本。此外，英国还有 CELSIUS 项目，它使研究者能够在随机样本中链接到每
169 个调查对象的前几次人口普查记录（参见 http://celsius.census.ac.uk/）。使用者可以抽取 CELSIUS 的全部子集（容量庞大），也可以从中抽取一部分来创建子数据集；并通过链接 http://census.ac.uk/来管理英国的这些表格与访问原始数据。其他国家则以不同的方式对调查数据进行处理。比如在印度，国家抽样调查计划比全国人口普查计划更快地发布数据（参见 http://mospi.gov.in/nsso_4aug2008/web/nsso.htm?status=1&menu_id=28）。

（3）还有一些调查数据集来源于跨国大型项目，它们均按照统一标准采集数据。比如以下这些：

- 欧洲社会调查；
- 国际社会调查计划；
- 世界观调查；
- 自由之家项目。

上述所有的项目都有自己开放的网站。我们可以将数据集全部下载，但最好是明确具体的国家和日期，以便在选定的世界范围根据主题进行合理比较。

(4) 有关房屋出售、法庭案件、医疗结果或住院的数据受到相关部门监管。在通过伦理、法律和数据保护等一系列屏障之后，用户才可能获取这些数据。用户不同，上述网络屏障亦有所差异。一般将用户划分为学术、商业和“政府或其他”三类。

一旦研究者通过交涉能够访问其中的一个数据库，数据的复杂性或技术难度可能会超乎他们的想象。某种程度上，这些问题看起来微不足道，抑或无比繁重。但是，在另一个层面上，上述均是个人为了开启研究的大门而必须克服的障碍。就此而言，创建合适的子数据集实际上是数据收集的一种形式。

(5) 最后，在研究调查中还有相当多的是未按统一标准进行采集的、独家的或仅使用过一次的数据。其中的一些可以在保存后从数据存档中访问。此时面临的一个问题是，用户在获取这些数据前，它们就已经过时了。譬如，赞助机构只有在发布新闻通稿之后才会公布投票数据。而学术数据通常在项目结束至少一年之后才允许对外公布。对于正在进行社会和政策研究的人员而言，这些数据随着时间的推移而效用递减。不过，被保存下来的数据有利于我们进行历史比较。人们仔细研究这些数据集，能够 170
从中发现自己的调查措辞是否有问题。数据文档包括了众多课题及数种调查。甚至还有一些作者按照混合方法和质性项目对质性数据进行了归档。

为了更好地掌握子数据集的创建方法，接下来看看专栏5-2。我们可以将专栏5-2中的内容视为一种学习任务，用以检验二手数据收集的相关知识。当下的任务是根据这些特定数据所构建的子集来提出假设。尽量严格地设定该假设，加强其针对性。请记住，一个好的假设是一种陈述，不会一眼便识破其真伪。但是，如果该假设不成立，那么就应参照一些不同的观点，另辟蹊径地做出解释。在专栏 5－2 中，我努力解决上述问题。在参看我的答案之前，你可以尝试为该子数据集提出假设并列出所需的变量。

专栏 5－2 样本变量列表：美国公民参与研究

这项研究旨在研究美国公民的政治与非政治参与。受访者被问及的内容包括：政治诉求、政党认同、社区参与、竞选活动以及竞选期间的金钱捐助。此外，他们还要对美国的社会、政治和经济问题发表评论，并谈谈人们没有积极参与政治的原因。该研究的人口统计变量包括：教育、职业、宗教背景、种族、民族、年龄、性别以及是否加入工会。

- 1988 年总统竞选活动的志愿者（CW88）
- 对 1988 年总统竞选的资金捐助（CM88）
- 近两年来参与的抗议活动（PT2YRS）
- 受访者出生的年份（YEARBORN）
- 受访者的性别（GENDER）
- 家庭收入（FAMINC）

本研究采用的是经过聚类和分层处理的概率样本。

资料来源：摘自 1990 年美国公民参与研究，参见 http://www.icpsr.umich.edu/cocoon/OLC/demcivpart.xml? token−a02。

171 我首先想到的便是按年龄分组，特别想考察一下年轻人的政治参与情况。如果将 25 岁及以下的人群划为年轻人，那么我将抽取 1965 年以后出生的人群。无疑，这是一个小样本。此外，在该样本中最好设立一个加权变量。否则，为了保证样本的代表性，我就得使用一些复杂的分层聚类抽样方法。

基于现有的数据，我假设：相较于男性，年轻女性更倾向于投票给民主党并认同其政治主张以及其他左翼政党的想法。当然，还可以有其他的假设。比如，也可以考察公民参与的种族差异或其他研究主题。相较于逻辑清晰的假设，模棱两可的假设要糟糕得多！完善假设中的措辞有助于我们区分民主党的角色与左派思想的作用。

之所以做出上述假设，主要是考虑到女性特有的价值观，如关爱、善良和珍视被低估的人或物。这些情感因素可能将年轻女性与代表自由价值观的政党相连接。反之，男性则可能与男性价值观联系在一起。后者通常认为，个人应凭一己之力（而非依赖他人）在这个世界上打拼。从政治意义予以解读，即个体应避免由政府提供帮助或福利。这跟右翼政党的“最弱政府、低失业救济”主张不谋而合，故年轻男性更倾向于支持右翼政党。

除此之外，在探究党派偏好的作用机制时，我们还应考虑两个背景性因素。一个潜在的推理逻辑是加入工会的个人更偏向于民主党，而笃定的基督教徒更偏向于共和党。鉴于职业或学生身份对政治倾向的影响尚不明确，故大家可以忽略这些变量对我特定假设的影响。

要想检验我的假设，就必须用到包含四个变量的交互分类表。在该表中，第一个变量是支持性态度，即支持美国政治体系中的左翼还是右翼政党。第二个变量是受访者的性别。此外，还有两个二元变量，它们被重新编码为“是/否”并用以创建子表格：

- 控制变量：是否加入工会（为了避免学生受访者弃答问卷，可将其归为“没加入工会”）；
- 控制变量：是否为笃定的基督教徒（将无神论者和不可知论者归为“不笃定的基督徒”）。

这样，我们就可以查看行（列）百分比并逐一进行统计检验，以考察哪些青年女性群体更倾向于支持民主党： 172

- 已加入工会且对基督教坚信不疑的女性；
- 已加入工会但并非坚定的基督教徒的女性；
- 未加入工会但对基督教坚信不疑的女性；
- 既没有加入工会也并非坚定的基督教徒的女性。

这种方法的好处是一目了然、言简意赅。也许，有的读者意犹未尽，他们可以通过翻阅已发表的投票偏好类文献来获取更多的理论，构建更为完善的模型。通过运用二手数据分析和网络数据，我现在所提供的简化方法能够在短短数小时之内便生成一个大致的结果，梳理出百分比分布情况。

在创建这个子数据集时，有几点需注意。鉴于前期已进行了合理的规划，我在该数据集中设置八个变量就足够了，即个案号，年龄，体重，是否加入民主党，左（右）翼倾向程度，是否为工会会员，是否为忠诚的基督徒，以及性别。

请注意，在我的主假设中并没有将老年人群与青年人群做比较。若真要比较二者，那得提取整个数据集。实际上，我分析的对象锁定在“青年人群”，并假定性别差异导致对政党的不同偏好。

磨刀不误砍柴工，仔细考虑一下需检验的假设也是很有必要的。在这个方面还想深入学习的读者可以查阅亨特的相关著作（Hunt，1994）。我在检验之前，一般会认真思索：倘若研究假设被拒绝，则说明了什么。如果研究假设不成立，我可能会对老年人群进行同样的检验。毕竟，老年人群在传统价值观方面的性别差异可能更为明显。这样就得用到另一个数据子集。我将排除中年人群，抽取所有 50 岁以上的受访者构成“老年人群”的子数据集。

同样，研究假设不成立也可能意味着我对男（女）性价值观的解读存在问题。受此启发，我可能将从其他角度开展我的研究。

有趣的是还有一种可能，即青年男女都坚信平等，且性别差异不足以动摇这种平等的价值观。或许对平等的支持态度不符合共和党的政治主张，却跟民主党的政治倡议不谋而合。所以我的第二个假设是，那些坚信社会经济平等的人群倾向于支持美国的民主党或其他左翼党派。为了验证这一点，我就必须从数据集中下载一个关于是否相信（或支持）平等的变
173 量。如果我能够找到，那么就可以来验证此假设。进行到这里，可能就得用上多元回归分析，而非交互分类。同时，还要控制性别变量，并且在独立于平等观念变量之外，检验性别对党派偏好所可能产生的任何细微的影响。因此，一旦某个假设被拒绝，我将在下一阶段重新对其进行检验。之所以再次检验，主要是为了确定该假设在已出现的数据模型中是否依然不成立。

5.8 调查数据的加权

对调查数据进行加权能够帮助研究者节省实地采集数据的费用，所以相当重要。只要谨慎使用各类加权，实地研究者就可以避免在艰苦的地区长途跋涉、无功而返，并能极大地提高代表性，即以样本量为 n 的样本数据能够反映规模大得多的总体 N 的特征。 174

对调查数据的加权可以分为五类：区域加权（regional weights）、分层加权（stratum weights）、对不应答的加权（non-response weights）、频数加权（frequency weights）以及综合加权（combined weights）。为了加深理解，本节将逐一介绍这五种加权。不过，实践中，一个项目中可能仅用到一至两种加权。

对于从区域群中抽取的样本或者每区按照不同比例进行随机抽样的情况，区域加权能够提供更准确的全国性均值。为了加深大家对区域加权的理解，接下来我们将比较英国四个区的简单平均数和加权平均数。

在 2007 年的英国家户追踪调查（BHPS）中，共有 12 053 名在职的成年受访者［背景信息参见泰勒的著作（Taylor，2001）；该项网络调查的网址为 www.esds.ac.uk；更新信息见 http://www.esds.ac.uk/dinal/access/bhps/l33196.asp］。该项调查对威尔士、苏格兰和北爱尔兰这三个地区进行了超量抽样（over-sampling）。超量抽样的目的在于在全国范围内准确评估英国这些主要地区的经济与社会生活特征。

未加权的数据显示，16～65 岁的成年就业者中，有 50%来自英格兰，17%来自威尔士，17%来自苏格兰，16%来自北爱尔兰。然而，实际的分布比例却大相径庭：威尔士的占比仅为 4%，苏格兰的占比为 9%，北爱尔兰的占比为 3%，剩下 84%的就业者则来自英格兰。

运用以上数据，我们来具体考察一下什么是加权平均数与未加权平均数。先假设有一个变量为“每周工作小时数”。2007 年，英国平均每周的工作时间约为 34 小时。如果英国四个地区的工时水平存在显著差异，那么有可能是以下情形：

175 原始平均数：英格兰为 35，威尔士为 29，苏格兰为 30，北爱尔兰为 30（这些都是假设的数据）

人口分布权重：0.84、0.04、0.09 和 0.03

未加权平均数：(35＋29＋30＋30)÷4＝31 小时/周

加权平均数：0.84×35＋0.04×29＋0.09×30＋0.03×30 ＝ 34.2 小时/周。

在这个假设的例子中，人口最多的地区每周工作的时间也最长。因此，加权平均数要高于原始平均数。通过这种方式，倘若你拿到了一个经过加权的数据集，在实践中却忽略了这些权重，那么，运用统计软件或电子表格进行分析时，有可能得到的是错误的平均数。

真实数据则更为复杂。每个地区可能对其个案有所加权，而各区为了平衡也会被赋予不同的权数，以便对三个地区的超量抽样进行排序。观察表 5－5 可以发现，这几个区域的加权平均数和非加权平均数并没有太大的不同；整体上加权的作用不是很明确，而且几乎无法预测。在这个既真实又复杂的示例中，英格兰所占的平均权重非常高（每个原始个案所占的权重为 1.47），而其他地区所占的平均权重又很低（如威尔士为 0.22）。这些数字表明相较于英国的平均水平，对英格兰的抽样数不足，而对威尔士则抽样过多（多出了约 5 倍）。换言之，如果没有对威尔士进行超量抽样，那么威尔士的样本量就应为 500 而非 2 053，仅为初始样本量的五分之一。

表 5－5　2007 年英国成人一般情况下每周平均工作时间

区域	每周小时数，加权平均数（正确值）	每周小时数，未加权平均数（错误值）	差值	原始个案数
英格兰	32.9	33.4	－0.5	6 037
威尔士	32.4	32.6	－0.2	2 053
苏格兰	33.0	33.0	0	2 074
北爱尔兰	32.6	32.9	－0.3	1 889
全英国	32.9	33.1	－0.2	12 053

资料来源：英国家户追踪调查（BHPS），Wave Q.
经社会经济研究所的许可转载。

由于研究者运用聚类抽样时会选择（或锁定）某些特定的地域作为抽样点，因此区域加权还有一个更为正式的名称——聚类加权（cluster weights)。这里所提到的地域范围要小得多——可能是大大小小的病房或村庄。为了在总体样本量相同的情况下达到代表性最高，并尽可能地节约经费，每个地域的抽样率将有所差别。

在估计总体均值时，聚类加权将会设置更为宽泛的置信区间。原因在 176
于凭借聚类分析，研究者就不必奔波到主区域的每个下设地点。实际上，他们只用从 200 个地点中抽取 50 或 100 个集群就可以了。这些集群可以是随机选择的，也可以根据研究需要而设定，抽样的方式还有很多。许多现实因素也影响着集群的选择。此外，还可以将集群内的某种同质性作为分类标准，这样能够大大节约调查的经济成本。

分层加权主要用于分层随机抽样中。抽样中的一个层次指的是某一特定类型的基本单位或群体，如“低收入家庭中 50 岁以上的妇女”。研究中，一般按地理空间来描述集群，而用研究者已知的因素来描述某个层次。这些因素可能是街道、邮政编码或住宅类型（可以分为公寓、住宅、半独立式住宅及“其他”四个层次)。只要对样本内的各层次设置不同的抽样率并在同一层内随机挑选个案，研究者就能以最低的调查成本获取最有用的信息。尤其是对于相对重要但个案数较少的层别应设置较高的抽样率，如此一来它在样本中所占的权重较低。实际上，权重与抽样率成反比，以使特定群体对总体的影响与实际情况刚好相符。假设对居住在公寓的 50 岁以上女性是按照常规抽样率的两倍进行抽样的——比如按照该类女性群体的 3%（而非 1.5%）进行抽样，那么其权重应为 0.5。

通过精确计算目标样本量，我们可以得到不同层别的多种权重。分层抽样往往会整体上缩小样本均值的置信区间。不过，要想对样本进行分层，可能并非易事。首先，搜寻分层信息就相当耗时耗力。就刚才的例子而言，必须识别有哪些受访者能够同时满足年龄大于 50 岁且为女性这两个条件。其次，从抽样框或抽样名单中随机选择个案进行访问，可能也并不轻松。由于使用了分层抽样，在选定的研究区域内个案的地理分布将是随机的，那么研究人员得奔波多处才能完成全部资料的收集。无疑，这不仅需要投入大量的人力、物力，时间成本也不菲。

对不应答的加权，主要用于处理因调查对象拒答或无法联络而导致问卷空白，也未按缺失值处理的情况。在前面 BHPS 中所看到的权数实际上融合了多种加权处理，包括对不应答的加权、分层加权与集群加权。要想对样本中的不应答情况进行加权，就必须具备调查中每个小群体（如居住在公寓的 50 岁以上女性）的准确数据，并将其跟随机抽样的净结果相比较。对不应答情况进行加权调整时，主要是要考虑一些基本要素（如性别、年龄和地区）的影响，而诸如收入、住房类型以及是否为出租房、产权房或其他归属则不在考虑之列。

由于调查中能够相对容易地访问到英国东南区 50 岁以上的女性，故
177 该群体的不应答权数设为 0.95。而该地区 50 岁以上的男性群体所占的权重则可设为 1.03，这是因为他们的全职就业率高于当地同龄女性群体，从而也更难在调查中被访问到。而且，该男性群体不太愿意接受调查，这样导致被访问到的个案数相对较少、拒答率较高。那么，对不应答情况进行加权时，我们就可以考虑在此基础上乘以其他的因素，如聚类权数或分层权数（1.2 或 0.85）。

在计算机软件中，频数加权这个术语应用于新数据的处理。运用原始数据，我们可以生成非常精确的比例权数（STATA 称之为 p-weights）。不过，在创建柱状图或进行其他简单统计分析时，软件有时不允许比例权数以小数的形式出现，这时就可以用频数权数来代替。

频数权数是一个整数（诸如 1、2、3 这样的整数），它反映了一组数据中由单个原始个案所代表的发生次数。通过四舍五入或截断的形式，我们可以在比例权数的基础上创建频数权数。

不过，将小于 0.5 的权数四舍五入为 0 时要特别小心。如果个案的权数被四舍五入为 0，则大多数计算将忽略该个案，即不代入计算过程。这样，我们在调整权数时，可参照以下规则：将所有小于 1.5 的权数调整为 1，而所有大于 1.5 的权数调整为 2。

实践中，频数加权是一大利器。某些调查的样本量较大，将其原始的个体层面个案相乘就能获得全国性样本。假设全国人口为 5 000 万，样本

量为 5 000，那么平均的频数权数约为 10 000。考虑到不应答等方面的变化，加权后的个案数总计 5 000 万，并对各子组别的比例进行适当调整。印度全国抽样调查就是使用这样的加权方法来估计其全国人口的。基于这些数据所创建的饼图和条形图则同时给出了绝对值和百分比，勾勒了总体的基本情况。除了频数权数之外，如果还希望得到其他的权数，则可以用频数权数的整数除以总体个案数，由此便得到比例权数。记得将它们作为一个新变量进行保存。

在原始的调查数据中，权数通常作为一个变量（即列）。在创建数据集时，我们需审慎考虑这两个问题：事前，即在抽样前是否设置需加权的因素；事后，即在抽样后是否计算出不应答因素。而总权数则是此二者的乘积。在大多数调查中，如果总权数超过 4，那么它会被截为 4 或 5。这是因为权数大于 4（或 5）的个案可能存在奇异值，将极大地影响调查数据的平均值。通过原始权数的直方图，我们可以观察其分布情况，再来看看是否需要对其中的权数进行截断处理。进行截断处理之后，以下这些数值：4.1、4.25、4.5、7.1、8.0、10.3 都变成了 4。我们必须谨慎地对待截断处理：不仅要确保数值正确，原始数据的含义也应完整再现。

这里有一个小窍门可以帮助我们应对上述难题。先写下一段文字，至 *178*
少包括以下三个部分：

- 将加权变量保存为一个新的变量，可以命名为 tweight。
- 将该变量所有大于 4.0 的数值重新编码为 4.0。
- 绘制新变量的直方图，检查其数值，并看看出现截断的情况有多普遍。

图 5-2 中，大家可以看到英国家户追踪调查中一个经过截断处理的加权变量。

以下是超量抽样的相关讨论，其中有些观点可以帮助我们权衡如何在不同的区域分配样本量。在 BHPS 样本中，如果威尔士的个案数只有
500，就会出现样本量过小的问题。样本量过小的问题也被称为空单元格 *179*
（zero-cells）的问题：即使像制作性别与职业这样简单的二维表格，由于 500 个个案将被分配至 20 个单元格内，那么某些单元格内很可能没有一

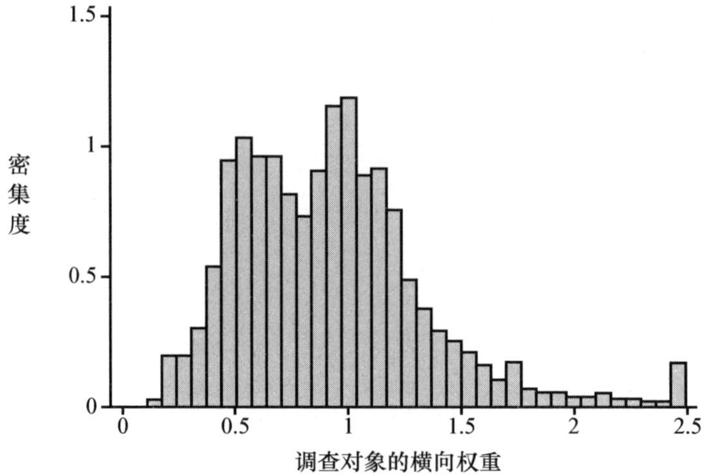

图 5－2　BHPS 中权重的直方图

要点：这里的密集度指的是分布的高度。整个有色图形的面积为 1。调查对象的权重根据无回答、分层以及聚类进行调整。之所以称之为“横向的”，是因为它允许加权在一个特别的年份进行，而不是对每年人员的流失进行调整。这里没有显示纵向权重。

注：变量 XRWGHT 根据 2007 年 BHPS 的数据绘制而成，纵轴表示每个权重的频率。

资料来源：作者的测算；BHPS，2007。

经社会经济研究所许可转载。

个个案被分配于其中。假设有十种职业和两种性别，那么在一张二维表中就有 20 个单元格。即使该表中平均每个单元格可以分配到 25 个个案，实际上还是会有重叠。某些单元格占据四五十个个案不是不可以，但因此导致其他单元格只有三五个个案甚至一个个案都没有，麻烦就来了。这也是为何空单元格问题特指那些个案数为 0 或极少（少于 5 个）的单元格。在计算百分比时，尤其是得出行（或列）百分比之前，每个单元格的个案数不低于 30 才较为理想。这样可以用多数的正常个案来消减少数异常个案对样本的影响。

本章的延伸阅读

通常认为，研究方法有赖于早期的概念界定、理论梳理及必要的预调研工作（Bryman，1988）。本书中，我致力于调查数据的收集方法，但并不意味着它可以完全脱离质性研究技能和理论研究而单独存在。不过，统计数据的编制和分析毕竟属于技术领域，需要长期的训练以及更多的篇幅来介绍。因此，质性研究和定量研究存在明显的分歧，尽管在现实中这些分歧可能并不存在。

布莱曼和克拉默等（Bryman and Cramer，2001，2011；Mukherjee et al.，1998；Field，2009）通过一些实用的调查介绍了如何准备数据。哈基姆则总结了如何在科学研究（特别是定量研究）中进行研究设计（Hakim，2000）。德沃斯（De Vaus，2001）从比较性的、更宏观的视角回顾了一个研究项目的完整设计过程。如果想更多地了解假设检验，可参看亨特的短文（Hunt，1994）。布尔默和沃里克则总结了相关跨国研究并进行了比较（Bulmer and Warwick，1993）。

如果不知如何启动你的研究，可以参看刘易斯一贝克的相关著作（Lewis-Beck，1995）。关于数据准备和数据描述的方法，可参看菲尔德的相关归纳（Field，2009）。在统计建模方面，布林等的书中有详细记载（Breen，1996；Hair et al.，2005；Tabachnik and Fidell，1996）。其中包括验证性统计和假设检验情况下的解释模型。在某种程度上，这些方法也适用于探索性检验。不过，如果想要尝试将质性分析与统计相联系的混合方法研究，那么麦金农（MacKinnon，2008）或卡普兰（Kaplan，2008）所用到的探索性统计研究将有助于研究的深入。

若想继续探究本章中的实例，请参见拜尔莱因等的著作（Beyerlein and Hipp，2006；Schlozman，et al.，1995，1999）。

丹勒马克等（Danermark et al.，2002）则是上述技巧的集大成者。在进行复杂的混合方法研究之前，最好对每个广泛领域（包括统计学）的基本技能勤加练习，以提升自己的经验。下一章将会涉及一些运用混合方法收集数据的技巧。

181

第6章

资料收集中的个案研究法

6.1 个案研究

183 个案研究主要有三种方法：基于事实的混合方法（Yin，1989，1993），完型分析（configurational analysis）（Ragin，1987），以及女性主义者倡导的纯粹的质性研究方法甚至是对话的方式——如哈丁（Harding，1999）的战略现实主义、基于质性资料的纵向研究法（George and Bennett，2005）。本节首先介绍了个案研究中较为传统也更为实用的方法。在此基础上，继而引入更为复杂的其他方法。

学者殷（Yin，1989，2003）认为，人们应从多方获取资料，以全面地分析个案。只有尽可能从多种渠道收集事实，才能保证不被错误的言论蒙蔽视听。个案之间可能会千差万别，资料的收集因此而富有挑战性。这样，我们就需要一种灵活的方法。譬如，假设国有企业与私有企业的管理结构并不相同，那么，就要根据这种内部结构差异来调整对管理者的抽样。殷在早期的研究中主张运用资料的三角验证，使混合方法帮助确认结果的真实性。不过，和其他作者一样，殷教授最近也开始意识到研究是在不断探索中推进的，并具有可追溯性。在目的抽样（purposive sampling）方面，他的关注点由众所周知的个案转移到不同寻常或截然对立的案例之上，恰好契合了两种宏观方法论的发展趋势。现代的研究者不再拘泥于个案的“事实”。现在，人们认识到社会变迁是如何被归纳并提炼为理论以及文本解读的形成过程，才是得出研究结论的关键因素。如前所述（参见 2.5 **解释**），并非所有的社会研究结果都一定是事实。换言之，研究结果集事实性、解释性、科学性于一身，是三者合力作用的产物。至于人们如何提炼理论、发掘资料暗含的寓意以及解释事件，相关著述颇丰。就此而言，殷早期研究中所提及的方法在当下已不适用。

不过，殷（如 Yin，1993，1994）为我们贡献了许多有关个案研究的实例，这些实例是进行科学探索的指南针。此外，社会学家拓宽了个案研究的应用范围，将人们如何按照第一反应描述事件也纳入研究领域（参见 *184*
Gomm et al.，2000；Ragin and Becker，1992）。伯恩（Byrne，2005）则在理论层面讨论了形形色色的个案是如何嵌入真正的复杂世界之中的。因此，我们认为，对因果关系的分析，与其说是简单数学公式的还原计算，还不如说是对不同情况下因果关系作用机制的具体解释（Byrne et al.，2009）。瑞欧克斯和格里姆以海量实例展示了个案研究方法的具体运用（Rihoux and Grimm，2006）。

通过凸显集合论的作用，学者拉杰（Ragin，2000）扩展了对个案研究的资料分析。集合论较为抽象，它能够借鉴与归纳个案的部分基本特征。每个集合的名字代表了个案的实际特征。拉杰指出，无论是因果分析还是简单的比较分析（用于比较相似或不同的个案组），运用集合都将对研究大有裨益。他认为，只要个案本质上与某集合的特征相符，就可以归到此“集合”中。按照对个案分门别类的方法，个案可以在特定的集合中“自由出入”，而这些集合则用以描述所有可能构成整体信息的类别特征。如果按照模糊分类的思路，则允许个案“部分地”留在特定的集合中，并且用此个案数来表示每个集合中每个个案所占的比例（定序层面）（Ragin，2000）。该数字并不是测量的发生概率，而是代表了集合中某种同质性的高低。图中一条纵轴表示一个集合，根据个案在这样的集合轴中所占的比例高低来对其进行测量。质性比较分析（QCA）是一种考察联合作用中某种因素归属程度的方法，适用于质性数据中所有界定为构型的向量空间。关于 QCA 的教材可参看瑞欧克斯和拉杰等人的专著（Rihoux and Ragin，2009；Ragin，2008）。学界对于 QCA 方法是有争议的，运用该方法不仅需要研究者扎根于具体案例、挖掘其背景知识，还要规范其抽样程序，更需在进行社会研究之时考察深层次的方法论假设：理论的作用以及其生成机制。上述问题在伯恩和拉杰的相关著作中均可以找到答案（Byrne and Ragin，2009）。

个案可能散布于多个相互嵌套的集合之中，就像学校教室中的学童。不过，有时候层次不同的个案并不会出现集合嵌套这种情况。比如，我们来看看中学老师（作为个案）是如何在多对多的关系中跟不同的孩子打交道的，毕竟孩子们有可能在不同的教室里跑来跑去。由于孩子们并不是固定在某一个老师的教室中的，因此运用 QCA 对多层次的数据进行分析可能就很复杂。在探讨印度的类似问题时，我注意到社会阶层也会通过个人的工作渗透到家庭之中，所以，对阶层进行 QCA 分析可能将遗漏个人阶层经验的重要特征。个体当前的社会阶层不仅由其就业情况及雇佣关系决定，还受到其家庭所处的社会阶层的影响，而且二者明显存在着不同。一
185 个就业者可能来自私营业主（小资产阶级）家庭，也可能自己是个体户而大部分家庭成员为工薪阶层。要想研究同一层次的同类个案就必须分别考虑低层次和高层次个案的情况，即使它们看起来错综复杂，也并不存在嵌套的情况。尽管多层次的统计分析已经非常精确，但目前还没有应用于多层次 QCA 的软件面世（Hair et al.，2005）。

在更为复杂的质性研究中，女性主义者和行动研究者往往通过个案研究的项目跟个案接触、融入当地并建立良好的关系。卡罗尔（Carroll，2004）具体介绍了如何进行隐蔽、参与观察以及展开行动研究，这些方法对个案研究可能也同样适用。二者的区别不仅在于解释和伦理方面的复杂程度，如果运用 QCA 方法，在系统化和因果推导方面也会呈现不同的复

杂情况。虽然我们可以综合运用这些方法，但要清楚女性主义和行动研究运用个案研究的真正意图。他们试图投入实践——积极介入的过程本身就是一种健康的、合乎伦理的对话。而且，这两个学派的研究旨趣也不限于个人的“研究发现”（参见 1.2 **研究发现**、7.1 **事实**、3.1 **参与式研究**和 3.2 **从实践出发**）。承如哈丁（Harding，1999）所言，战略现实主义（strategic realism）是为研究对象命名的一种活动，旨在与社会情境中发生真实互动的研究对象建立良好关系。哈丁（Harding，1999）认为，我们不应仅仅只是现实主义者，心中还要有道德坚守、社会责任。由于大多数女性主义者均以追求更多的性别平等为己任，所以他们在这方面做得很不错。综上所述，个案研究的手段多样、适用面广，是通往各类研究活动的桥梁。

6.2　比较研究

对于纵向的比较研究，定量学派和质性学派素来争论不休。如今，鉴于定量数据和历史性资料均被广泛地应用于比较分析之中，上述二者之间的“鸿沟”已逐渐消散。本节中，我将引入“第三种道路”。通过这种途径，人们可以使用各种不同的方法来系统地比较不同的“单元”。那么，这里涉及的问题首先是如何确定比较研究的目标；其次，找到这些单元并锁定具体的研究对象；最后，收集证明性材料并予以分析。 186

确定比较研究的主题，即意味着从时空上将研究的边界明确下来。选题时“快准狠”，就能快速启动研究。刚开始时可以感兴趣的主题为切入点，进行广泛的阅读。或许，还有启动研究的其他方式。不管怎样，从事比较研究的人们必须明确一个主题并挑选一组个案，以便在研究中进行检验。这些个案必须在某些方面具有可比性。可比性意味着它们在某些方面相似，却又并非完全相同。不过，可比性并不要求这些个案有诸多共同点。譬如，我们在进行一项有关学校的研究时发现，公立学校不收取学费。这并不是说抽样时不考虑这些学校，而只是提醒我们公立学校在收费水平方面是不相称的。我们不能因为某些条件下的非对称性而将一系列公立学校从研究中剔除。比较研究因其对研究地域的限制而广为人知。假设研究的对象是国家，是否忽略低收入国家？是否忽略中国？假设研究的对象是公司，是否忽略小型独资公司？是否设置一个研究门槛，员工数超过10人的公司才能入选？在局外人看来，给研究设置门槛是较为专断的做法。从事比较研究的人们在度身打造研究设计、锁定研究目标及明确资料收集方法时，一定要更果断些。

接下来，将要讨论的是如何将研究中的不同个案分配至“单元”。拉杰（Ragin，2009）将这种过程称为“装箱”（casing），即研究者需决定哪些可以被视为个案。我用三个例子说明这个问题。第一个例子，有学者将
187 美国的一般社会调查与波兰的一项相似的全国代表性调查进行了比较（McCutcheon and Nawojczyk，1995），想看看这两个国家的天主教徒和非天主教徒对堕胎的态度有何不同。该项比较研究以“美国和波兰的成年人”作为个案，仅包括从中随机抽取的样本。这里，比较研究的一个基本要素是每个国家都有信仰天主教和非天主教的成年人。这样就便于对两国的天主教徒进行公平的比较。

第二个例子的视野更为开阔，虽然并非跨国研究。它是由斯诺和克雷斯（Snow and Cress，2000）对美国八个城市中流浪者代表及相关组织的研究，而这八个城市中有17个致力于帮助流浪者的组织。在此研究项目中，这些社会运动组织成为“研究个案”。不过，由于研究者仅抽取了八个城市，原先的研究被进一步聚焦，以便更深入地比较并发掘出共性。通过以上两个实例不难发现，有些比较研究是跨国比较，而有一些则不是。而且，“个案”并非局限于单一的层面，可能适用于多个层面（国家、城市、组织和某类人群）。如果想进一步探究比较性个案研究项目的创建，可参见瑞欧克斯和拉杰的有关书籍（Rihoux and Ragin，2009）。在伯格-施洛瑟与德姆（Berg-Schlosser and De Meur，2009）的书中，专门有一章介绍如何选择多个层面的个案。

第三个例子是贝克等的比较研究（Baker et al.，2009）。该项研究同

时运用调查和访谈，考察路易斯安那州两种不同的婚姻形式。研究对象是从结婚登记簿中挑选出来的夫妇，并按照以下方式进行配对。首先，选择按“契约婚”登记的夫妇；然后，下一段婚姻的登记状态为非契约婚，即被标记为标准婚姻。当前，路易斯安那州有 2%为契约婚姻。该州于 1997 年通过了一项法律，准许这种婚姻的存在。以下对契约婚姻的背景进行了简单介绍。

> 一些（美国的）亚群体认为，两性对婚姻的随意性……代表了一种社会倒退。正是对此现象的高度关注，使得该人群越发坚守传统的性别意识。福音派基督徒就是这样一个群体。福音派通常宣扬男性权威，强调女性的从属地位，并认为有必要以此基础来建立婚姻等级制度……而当今主流社会则认为，婚姻中的性别角色日趋平等，福音派上述僵化的话语体系显然格格不入。从符号互动论的视角出发，本研究审视了福音派的新婚夫妇是否以及如何将契约婚姻的合法变革作为一种象征性工具，以表明自己对传统婚姻中男尊女卑的立场，并强调婚姻作为社会单元的属性。(Baker et al.，2009：148)

以上节选中，研究的本意在于比较福音派夫妻与其他类夫妻。但是受可行性影响，实际上只有那些按契约婚姻法完婚的福音派基督徒才可能入选为研究对象。其比较对象则为路易斯安那州所有其他类型的婚姻。 188

诚如贝克等所言，契约婚姻旨在强调婚姻中的性别角色并明确性别分工。

> 福音派教义通常号召丈夫成为家庭的领袖，而妻子要服从丈夫。作为一家之主，丈夫在家庭事务上具有更大的决策权，他对家庭的身心健康负有不可推卸的责任。这些研究表明，福音派信徒不仅坚信上帝在引领家庭方面发挥着重要作用，还认为丈夫有必要聆听上帝的教诲。(Baker et al.，2009：151)

研究者与选定的已婚夫妇取得联系，并在定量和质性的研究阶段完成追踪活动。在婚姻研究中，如何选择具有可比性的个案是灵活而生动的。研究者必须在各种可能性之间探索出一条道路。这并不是说要尽可能地扩大调查范围，而是要决定如何锁定研究范围（某个州截至 2007 年的契约婚姻，跟所有其他类型的婚姻相比较）。这将有利于后继研究的顺利开展。尤其是在以符号化互动论来分析访谈、调查和统计分析业已完成的情况下。研究发现，两大群体在基督教信仰、性别角色及家庭观念等方面均存在着较大差异。

如果比较研究中有定量分析的环节（如第三个例子所示），那么研究者还需统一数据（参见 1.3 **资料**、3.1 **参与式研究**和 2.10 **准确性**）。

开展比较研究时常常会超出原先的研究设想，此时我们可以采取多种形式的研究设计。譬如，在鲍德温（Powdthavee，2009）的研究中就使用了定量的方法，以高度结构化的统计分析形式来比较已婚男性及其配偶。"比较"研究的传统形式通常为一国之内的区域比较，或横向比较一些国家。当然，对两个（或少数）国家或经济部门进行历史分析时，也可以用比较的方式来替代。此外，还可以进行质性的比较研究。作为研究方法的一部分，质性的比较研究需创建一个高度结构化的数据表（参见 6.3 **配置**和 6.4 **偶然性**）。

6.3 配置

189 配置指的是一组条件。由于整体情况往往很难描述，因此从事配置的专家——其中许多人正在进行个案研究——将重点放在几个关键条件上并从理论上对这些条件命名，寻找以重要形式相连接的证据来支持这些条件。对于某些配置的专家而言，这种连接可能存在于文本单元之间。凭借科学的方法，我们可以发现和解释这些文本单元产生意义的机制（Rantala and Hellström，2001）。而对其他研究者而言，观察配置的意义在于发现这些条件设定所带来的不同影响（Ragin，2008）。因此，我们通过观察条件的配置来进行因果研究。根据上述两种观点，倘若配置的一个方面跟研究不相关，那么就可以忽略它。通过这种方式，我们就能实现从事无巨细的描述到简明分析的转化（Rihoux and Ragin，2009）。

鉴于现实情境对结果的影响至关重要，部分学者积极推动了配置的分析研究（Byrne and Ragin，2009；Byrne，2005，2009）。尽管许多社会科学家希望能够在不同情境中找到“放之四海皆准”的普遍规律，伯恩与拉杰还是提醒要密切关注情境之间的每一丝差别。配置的方法也会影响到研究者如何进行比较研究及抽样。接下来，我用“充分因果分析”予以说明。以学校的教育成果为例，大家可以看到，通过创新原始资料的收集方法，研究者能够在标准解释之外发现一些关键的促进性因素。

某种结果产生的情境实际上就是一种配置，包括语言、当地习俗、文化传统、教育制度以及传承的历史，而神话传说中的话语体系、实体、日常着装及民族的独特风格皆源于此。大多数国家中，公立学校和私立学校并存，且学校文化各异；此外，还有教会支持的学校以及不同监管体系下的政府学校。在对学校的研究中，许多统计研究一直将学生成绩、班级成绩、学校成绩、区成绩及不同学校类型的成绩作为研究主题。而配置法则避开统计的分析方法，将落脚点放在质性资料或混合方法数据的收集上。

要想将情境因素从更为直接的原因中分离出来，并非易事。关键是我 190
们要意识到各种原因呈连锁反应式地相互作用，或者称之为因果过程，并且通常间接原因（即远因）和直接原因（即近因）并存。譬如，加入新组织，然后遵循其规范规则及指导方针，这就是一个长期因果互动的过程。此外，对原因进行识别也尤为重要。所以，若将“加入”视为转变的关键点，那么，人们可能想知道学校加入某个特定组织的动机是什么。

接下来，我用人口统计中的一个例子来说明近因和远因。假设研究主题是初育年龄——是否生育以及何时生育第一个孩子（或唯一的孩子）。相关作用机制包括：保证顺利诞下婴儿的产前护理和助产士；性交；为了受孕而停用避孕药具；拥有一个性伴侣，但并非为了生育；结婚；具有一定的经济基础，以迎接孩子的到来。上述这些机制并非在所有的情况中都适用，毕竟个体的怀孕模式有所差异。尤其是当我们讨论第一次怀孕时，就可能面临三种较为普遍的模式——意外怀孕、婚外计划怀孕和婚内计划怀孕。怀孕模式的多样性主要源于婚姻制度日渐式微。贝克等（Baker et al.，2009）认为，这种制度在美国等西方国家正经历着“去制度化”。因此，作为一种机制，婚姻跟生育没有必然的联系。但对一些夫妇来说，结婚却是一个重要的近因。配置就是将所有导致怀孕与分娩的相似情境及不同背景进行组合。为了便于跨国或跨人群比较，研究者需要从中抽离出特定的因素，但这并不容易。原因在于研究者的操作模式不尽相同，即使从标签上看可以归为同一类。天主教对于婚姻的诠释跟新教有所不同。相较于成年夫妻使用避孕用品，学生在派对上使用避孕用品这一情境蕴含了不同的意味。在两种截然不同的情境中，不仅仅是避孕用品的意味发生了微妙的变化，而且在诸如“意志力”“推迟生育的想法”及“角色与行为相符”等相关因素的推波助澜之下，二者的因果关联程度亦有所不同。

用比较法来研究因果关系的学者主张，可以通过比较相似和不同的个案来了解真正有作用的原因。个案是一系列条件配置下的“事”或物，并可以按照此方式来命名。比如，学校可以设定为私立的、有入学资格限制的、位于贫困区的、无宗教组织支持的或男女同校的。拉杰（Ragin，1994）认为，在仔细研究质性资料之后，我们可以用表格来简洁地描述条件。这样，表中的行就代表设定的条件。如果个案的同质性较高，我们就
191 可以计算每行中同一条件（N 名个案）下相似个案的数量。“真值表”列出了所有已设定的条件，或者基于所有的已知个案对可能情况进行排列组合。除此之外，我们还可以对“未出现的条件”进行编号。由于它们是尚未被观察到的潜在条件组合，故其 N 为 0。

史料收集与系统的数据收集方法皆可应用于比较研究。如果需要详细的史料或质性资料，则比较研究的抽样就得设定时间限制。如果个案仅为 4 到 10 个，那么个案的选择对整个研究结果就变得至关重要。对于小样本的比较研究，研究者要明确研究问题并有所侧重，这样才便于精确筛选个案和设置因果条件。

如果对资料收集的要求不高（如只需要简单的词语描述或用数字填写表格），就可以适当增加个案数量，挑选个案的方法也更为系统。这里，配额抽样、滚雪球抽样或目的抽样均可以使用。我们还可以借鉴扎根理论

的传统抽样方式。在扎根理论中，“理论抽样”一词指的是先选择一类个案，再找到与之形成鲜明对比的个案，然后选择在关键要素上截然不同的个案，照此循环操作。请注意，这并不是滚雪球抽样，因为它不是由个案中的研究对象来决定的，而是由研究者主导的，旨在对关键要素进行对比。理论抽样的灵活度高，同时也要求全程推理。研究设计甚至可以在研究结束后才最终定稿。艾尔达-安伟达等运用理论抽样开展了一项质性比较研究（Eldar-Avidan et al.，2009）。该项研究中的所有个案都来自以色列，其中被访者的父母均离异且遭遇各有不同。

如果抽样做得好，则不仅有利于对比，还可以帮助研究者从相似的情境中发现特别之处。一般来说，现实中的多样性是有限的（Ragin，2000），因此，研究者是能够做到让相当常见的类别达到饱和的。然后，如果某类较为罕见的个案具有研究意义，也可以将它们包含进来。

为了说明这一点，我们来看看伯恩（Byrne，2009）在研究英格兰东北部中学时所用的方法。伯恩将该区域所有的中学作为调查对象，这样就避免了抽样的问题。鉴于地理边界的考虑，该研究无法对东北部以外的地区进行推论。在系统地分析这些学校的政府检查报告之后，伯恩运用混合方法创建了 NVivo 数据库。该数据库包含学校的考试成绩和某些条件指标（宗教、生源地限定、选择性招生、是否为男女合校等等）。在这些被记录下来的因素中，伯恩认为有几个关键因素是“双刃剑”——既可能带来好成绩，也可能成为学生获得好成绩的障碍。例如，“学校处于贫困地区”就是学生在 16 岁（GCSE）和 18 岁（A-level）阶段取得好成绩的一个障碍[1]。

为了找到学校表现优秀的原因，伯恩研究了学校数据中的因果关系模 192
式。有趣的是，有众多特殊教育需求（SEN）的学生是学校获得高分的一个重要因素。学生可以就这些需求向学校提出“申请”，之后学校再基于预申请学生的情况获得额外资源。显然，拥有特殊教育需求学生较多的学校，其考试成绩也较高。这里的因果关系很微妙，不能简单地将考试成绩好归功于 SEN 基金项目，毕竟教学资源是更多地向成绩不理想的学生倾斜的。可能的原因是：在 SEN 的资助下，学校设置了助教，因而学生的成绩好；或者能够满足 SEN 学生需求的学校善于组织管理，也利于学生取得好成绩。换言之，我们即使清楚具体的条件配置跟结果有着必然的联系，仍需要从质性的层面来探究因果关系。

调查发现，有些学校（12 所）的表现不佳，但考试成绩却还不错。按照上述模型预测，这 12 所学校的平均成绩应该较低，但实际上它们得分都较高。伯恩对此现象进行了探讨。在质性的比较分析中，这种配置称为*矛盾的构型*（contradictory configuration），其结果存在多种可能性。通过仔细阅读政府的检查报告，伯恩发现其中的一所学校普遍推广了同伴监督计划，效果良好。当然，其他学校表现良好可能还有其他原因，但是伯恩认为，哪怕只发现一个具有新的促进因素的个案，也算一个创新性发现。回溯法的应用是生成这类发现的关键。伯恩和其他研究者均发现，中学生之间同伴监督有利于高考成绩的提高。所以，英国各地目前都在推广这种同伴监督的做法。伯恩所做的回溯（探究数据为何看起来是这样的）如下：

- 从政府报告中收集资料——归纳时刻。
- 分析资料中相对系统的部分——梳理分析模型的时刻。
- 筛查有矛盾的、不符合标准的个案——探索时刻。
- 重新回到报告文本，探寻出现特殊个案的原因——回溯时刻。
- 基于具体的个案研究，得到有关教育的结论——归纳时刻。

193 我们可以反复核查这些结果的有效性，不过鉴于其现实根基较为牢固，这些结果的效度还是不错的。至于如何扎根于以个案为中心的研究，伯恩和拉杰曾有过探讨（Byrne and Ragin，2009）。在伯恩看来，回溯时刻尤为重要。要在摸清调查情况的基础上解读数据。我们提出的问题限定了研究范围，并指引调查。布莱基对回溯进行了详细介绍（Blaikie，2000）。

在伯恩看来，某种意义上学生之间的同伴监督是学生取得高分的充分条件。于是他提出，如果这种情况是一种充分条件，那么它必定在当地具有社会专属性，否则按此设定的因果条件就无法推导出想要的结果，故其可能是学校改善教学的一个重要介入手段。“同伴监督”营造了一种特殊氛围，以解决成绩不佳的难题。总体上，伯恩的研究属于构型推理。它涉及原因的探索，运用了回溯法，凭借混合方法进行资料收集与分析，并且在实践中扎根于一个国家（英国）的具体指定区域。

上述皆为典型的构型推理研究方法。

注释：

1. 虽然可以得出平均成绩，但仅限于那些参加考试的学生。由于有些学生没有参加 A-level 的考试，因此要想对高年级组进行比较就不是那么容易。而且，比较只能在成绩具有可比性的学校中进行，均分也只能按照参加了考试的学生来计算。

6.4 偶然性

偶发事件要么纯属偶然，要么通过一系列事件或过程以某种更为复杂的方式生成。所以，“偶然性”（contingency）一词也用来指代多种可能的结果。社会研究中，偶然性是发展因果解释的重要组件。如果结果（假定为 Y）总是随着 X 的出现而出现且在任何情况下皆如此，那么，我们就不能将 X 视为偶发性原因，否则就无法有效地考察因果关系。实际上，X 是一个“必要的原因”，很久以前巴斯卡尔（Bhaskar，1975）曾引入此术语并开展了相关调查。相形之下，巴斯卡尔更鼓励在解释研究时意识到偶发性原因是一个经常用到的术语。（必然性因果关系和偶然性因果关系的基本区别可以追溯到亚里士多德［Aristotle，1988，2007］以及其他一些先哲。不过，人们在从事新研究时，常常忽视了这些。）如果 X 总是随着 Y 的出现而出现，并且也是 Y 出现的充分条件，那么 X 实际上只是 Y 的一个具体表现。亚里士多德举了一个例子，比如出汗是发烧的症状之一，可以将其视为发烧的原因，但实际上这混淆了因果关系，只是因为出汗总是与发烧同时出现。为了发现偶然性因果关系，就得找到流汗但不发烧的情况（例如在剧烈运动中）。经过深入探索，我们或许还能找到发热但不出汗的情况（如某种程度的脱水）。亚里士多德和巴斯卡尔都热衷于将偶然 194

性因果关系的经验应用于研究和发展令人信服的真实论点之中。有鉴于此，是否出汗可能不是研究的关注点，而导致发热的某些间接原因，比如是否感染艾滋病病毒或接触丙肝病毒及其之间的作用机制重被看重。

在研究因果关系的这些专家看来，对原因的探索不能局限于直接原因。这也启示我们在进行研究设计时要留有余地。除了要比较个案或调查对象之外，可能还要解释从某一级单位（或个案）中获得的结果在多大程度上是特定历史的产物，尤其是将其置于世界的范围内或宏观层面上。雷德（Layder，1993）认为，大多数研究通常从心理的、个人的、组织的及宏观的层面予以分析。他指出，研究者主要锁定一个研究层面，但也不要忽略其他层面。统计学中，随着多级建模技术的分支应用的崛起，研究者
195 可以同时研究个人、夫妻、家庭、社交网络及其他“层次”的影响。多层建模擅长的是先考察各层内部的影响，而后对跨层效果进行估计。质性研究也可以模仿定量研究的这一特殊经验，来对照开展自身的研究。因此，对偶然性的研究可以开启创新性思维。

在多层次的质性研究中，中观原因的偶然效应是怎样的呢？假设一位老师打算推行一项新的家庭作业制度，因为其所在的学校素来重视创新。那么，他就得向学生和上级主管解释此项作业制度的用途。然后，静待结果。一年后，他们觉得学生的成绩有所提高。不过，必须得仔细审查数据，以确定学生成绩的提高究竟是由于该教师推行的新作业制度，还是因为整体纪律的加强或其他一些改进学习的鼓励措施。偶然性因素不仅适用于直接的因果关系，也适用于间接的因果关系。在最为密切的 X-Y 关系中，通常是必然性因素居多、偶然性因素较少。譬如，在结婚和离婚的关系中，结婚是离婚的必要条件，反之则不成立。不过，关键是“哪种婚姻最不可能离婚”。请注意，这个问题跟“离异者经历了怎样的婚姻”是有所区别的。第一个问题较为宽泛，强调造成离婚的一种可能性，涉及不同的情况组合，答案较为复杂（参见 6.3 **配置**和 6.1 **个案研究**）。第二个问题则更加明确，并且试图屏蔽离异者以往婚姻经历中的某些关键元素。二者貌似相同，但其细微差异却带来截然不同的抽样策略。仔细看看表 6-1 中的四种抽样策略。其中两种策略不是那么理想，表中以斜体字标示。拉

杰曾对此展开专门的论述（Ragin，2009）。

表 6-1　偶然性因果关系中抽样与研究问题之间的关联

研究问题	哪种婚姻最不可能离婚？	离异者经历了怎样的婚姻？
按结果抽样	离异前的婚姻和再婚	基于婚姻存续期间的状况，列出离婚的各种类型
按原因抽样	*按照是否离异来区分婚姻类型（该抽样方法回避了究竟是什么导致离婚这一问题）*	*最终导致离异的各类婚姻（该抽样方法没有探寻离婚的缘由）*

抽样是达成科研的必经之路。无论采取定量的、质性的还是混合的方法，一项研究均要尽可能多地抽取样本并控制样本质量。同时，从调查的 *196*
可行性及优化调查对象（或个案；参见 6.1 **个案研究**和 1.5 **抽样**）的角度出发，样本量也应随时调整。利维-福莱贡献了具有启发性的逐步抽样法（Levi-Faur，2006）。

明确抽样之后就得寻找证据，以证明某些（或某个）因素与关心的主要结果之间存在着因果关系。常用的两种方法是统计上的中介效应分析（MacKinnon，2008）以及统计数据的跨国比较（Jowell et al.，2007）。麦金农认为，统计分析是将偶发性影响从随机效应和必然效应中剥离出来的最佳办法，适用对象为因果关系清晰的截面数据，或者可以分别调用因果要素的一组面板数据。如果能同时拥有上述两种数据就最为理想，这便于操作化。研究者需要思路清晰，才能提出以下观点：

> A 和 B 的共同作用导致结果 Y 的出现，但仅有 A（或 B）都不足以产生结果 Y。此外，D 是 Y 的一个必要性原因。
> 不同于以往的文献，E 并不一定导致结果 Y 的出现，但在大多数情况下 E 协同 A、B 对 Y 发生作用。

乔韦尔等以不同国家背景下某些社会态度形成的原因及其影响为例，对以上观点进行了验证（Jowell et al.，2007）。

综上所述，偶然性研究强调要区分那些不一定总是随着结果 Y 的出现而出现的原因性因素，因为它们可能是与其他因素协同发生作用的（参见 5.3 **因果关系**、6.5 **因果机制**和 6.3 **配置**）。

6.5 因果机制

197 前文中，我们曾经讨论过查询时的标准指令体系（the standard repertoires of inquiry），而“因果机制”这一概念则是对上述内容的有力补充。为了便于某些机制的操作化，本节将澄清因果机制为何物。在波森和蒂利（Pawson and Tilley，1997）眼中，“因果机制”是指促使某些结果更有可能发生或倾向于发生的特定条件。波森和蒂利提供了以下模型：

情境＋因果机制→研究结果

该概念模型假设：研究者能够清楚地将情境、因果机制和研究结果加以区分，而不是相互混淆。以下两个小例子可以帮助我们识别它们之间的差别，并为评价“机制”概念奠定重要的基础：

性别刻板印象＋歧视→女性的“同工不同酬”。

同时，

家庭分工＋全职工作→女性的双重负担。

当然，每一种情况均可能带来不同的结果。但是，上述两种情况的关注点均为女性，其语境主要以男性作为比较对象（某些工作是跟男性共享
198 的）。而且，这两种情况中均有一个相对具体的现象来充当因果机制，该现象通常为某个事件或某种特定类型的行为。比如歧视。由于人们总是试图掩盖自己的歧视行为甚至予以否认，因而很难界定何为歧视，且难以对它进行操作化和测量。因此，对“歧视”进行操作化的时候，需要明确甚至（更谨慎地）限定究竟有哪些行为、过程或结果是属于界定范围之内

的。鉴于歧视性态度在社会中普遍存在，我们不应将这种歧视性态度纳入因果机制的考量。在第二个例子中，如果女性是主要的研究焦点，那么全职工作确实只会给女性带来双重负担（这意味着她们需同时肩负家务和有偿工作）。（否则，我们可以把第二个例子理解为男女平等。）不过，前文在讨论配置的关键概念时曾指出，无论是在着力对比的抽样设计中，还是在为了深入考察关系及相互作用的质性研究框架中，都需要将男性考虑进来。所以，第二条因果陈述的重点是女性，可能引导研究者在充分认识"女性的双重负担"之前进行性别研究。这些具有背景性研究设计的属性非常重要。我们可以提前列出情景—机制—结果的各种集合，并建立抽样或调查模式，以便于大规模比较及相关群体的对比。至于如何建立情境—机制—结果之间的集合，并没有特定的规律可循。

波森和蒂利认为情境是机制在现实中得以运转的一个重要因素，并指出企图从整体中长期分离出某种独立的机制是极不明智的。他们建议在理解每个机制时应将上述两点牢记在心，并要意识到情境中也存在一些机制。现实是如此复杂，各种因素此消彼长。在某种意义上，我们对研究结果的挖掘还不够。毕竟在多种机制共存的情况下，我们并不确定某一特定机制将会（或确实）导致结果的发生。从另一个角度而言，倘若可以断定某种机制容易造成某个事物出现某种结果，且同时存在几种作用机制，该结果也可能受到多重因素的影响——不过，前提是这些机制被视为发挥着决定性作用。此外，波森和蒂利并不赞同决定论式的直线思维。原因在于结果可能只是原因条件在小范围内、相对封闭的环境下、特定时空相组合的产物，但现实中这样的"真空"环境极为罕见。诚如二者所言，大多数社会是一个开放的有机系统。上述观点极大地影响了因果关系的判定，比如：

- 某些条件下，一种机制足以导致结果的发生。
- 一系列条件的共同作用可能导致结果的发生，但其中任一条件均不能单独产生这种结果。
- 直接原因和间接原因可能混杂于事后收集的数据之中。因此，运用数据中的常数结合进行推论时不要夸大其正确性。 199

应用于因果“倾向”法中的推理主要基于“促进”和“抑制”这两个基本概念。促进因子往往导致事件的发生，而一种机制或构成部分情境的某些属性能够推动未来事件的发生。这并不是说事件一定会发生，不过相较于没有该机制的环境，事件更可能发生。并且，一种机制或构成部分情境的某些属性还可能导致事件向特定的方向发展（采取或不采取行动）。“抑制”这一概念则考虑到结果的阻碍性因素、某些本能和冲动（如私人放贷者倾向于收取较高的利率），以及令人忧心的趋势（无政府主义者或恐怖分子在街头发动暴乱时，统治阶级倾向于实施专政来恢复社会秩序）。

让我们从结果的促进性和阻碍性因素的角度重新解读以上两个例子。在性别刻板印象较为浓厚的情境中，社会强调女性的家庭角色；同时由于女性会在孕期和生产时休假，故社会对她们职场的表现不抱太大期望。如此一来，雇主在招聘时或许就会歧视女性，具体表现为：要么不雇用女性，要么在工作经验相当的情况下给予女性的薪酬要低于男性。而且，某些女性在劳动力市场中四处碰壁，几乎找不到任何工作，或者因为担心被挤出劳动力市场而接受低薪的工作。上述存在于劳动力市场中的两种机制均将加剧女性的“同工不同酬”现象。

对第一个例子的重新阐述将激发一系列有趣的研究设计。或许，我们可以进行一项调查或访谈来具体考察：雇主的歧视倾向是如何影响其行为的？需要检验这种歧视真的存在吗？歧视到了哪种程度？抑或，是否可以通过相同或不同的项目在事后考察女性的求职行为与职业获得？波森和蒂利建议，对因果关系的清晰思考有助于规划如何收集数据。在强调家庭传统性别分工的社会情境中，女性比男性承担更多的家务。即使女性可以通过市场化劳动酬劳来换取托儿中心等市场化服务，仍感到肩头有不可推卸的责任：一方面，要努力挣钱才能负担日托费用；另一方面，还得应付家务活和照顾子女。对于家有未成年子女的职业女性而言，这无疑是双重负担，尽管它不为其子女所察觉。

现在，我们可以更明确地对第二个例子进行界定，强调是在有未成年
200 子女的条件下。我们可以将“家有未成年子女”理解为造成女性双重负担的又一机制。这样便于按照家庭劳动分工中性别意识的高低来进行比较研

究。因此，在一个研究项目中不仅可以探究其机制，更可以探究其背景。

如果希望在诸如此类的解释性项目中进行研究设计与因果分析，可以从以下书籍中获取帮助：有关配置方法的内容参见 Rihoux and Grimm，2006 和 Rihoux and Ragin，2009；有关统计方法的内容参见 De Vaus，2001，还可参阅 Mahoney and Rueschemeyer，2003。

综上所述，因果关系存在于现实之中；我们在试图解释因果关系时，既要关注因果机制，也要挖掘情境的特征。如前所述，对于上述研究方法而言，回溯从数据中归纳因果机制的过程是大有裨益的。人们围绕宽泛的假设收集相关资料，然后审视这些资料，根据呈现的数据模式与条件配置来探寻世界的基本规律。对资料的解读并非一成不变，而是遵循一种确定的模式（以具体的地点和时间为参照，即描述性分析）或推论的模式（以大范围的总体为参照，重点考察具有代表性的某个样本）。这里，我建议运用混合方法，它极佳地与因果关系的统计研究互为补充。对原因的探索并不是研究的唯一目的，但在研究中是能够进行因果分析的，在实践中也有较高的可行性。（之所以强调这一点，是因为有些后结构主义者和后现代主义者持有不同的观点。他们认为，因果关系只不过是一种故事性叙述与表象的呈现，并非真实存在。参见 Sayer，2000）。

本章的延伸阅读

拉杰认为，个案研究法能够克服统计方法的不足，从而实现社会科学的整合，并澄清某些误区。伯恩将此观点发扬光大，并贡献了实用宝典（Byrne，2002）。最近，伯恩和拉杰合力打造了一本个案研究的图书（Byrne and Ragin，2009）。因果关系对个案研究法至关重要，但以上书籍对其讨论得并不透彻。埃克斯特罗姆（Ekström，1992）的背景性论文以及塞耶（Sayer，1992）关于现实主义方法论的长篇著作则填补了这一空白。在塞耶的书中，第 1、2、8 章有助于理解统计方法本身并不是获取因果关系的必由之路。因果关系取决于人们的理解。而统计结果也是研究者对外输出个人解读的过程。那么，我们在将这些法则应用于基于个案的方法时，就需适当地调整。例如，倘若不对总体进行推论，反对塞耶的声音应该会少很多。不过，一旦对群体内的某些个案进行归类，就要仔细看看
201 隐含的因果关系有哪些，以及该“类”现象的实质是什么。为了加深对特定社会现象的理解，人们需要重新审视并发展出新的理论。只追求实证方法、机械地进行统计操作，均会漏洞百出，而这里列出的专著能够帮助我们避开上述雷区。对于那些有质性研究功底的研究者而言，以上问题倒是构不成很大的困扰。

就调查数据的收集而言，肯特（Kent，2007）的专著是研究前行路上的灯塔。而芬克（Fink，1995）就如何进行调查提供了宝贵经验。布莱曼和克拉默（Bryman and Cramer，2001）的贡献主要在于数据分析方面。如果你希望通过在线调查来收集资料，则可以参阅贝斯特和克鲁格（Best and Krueger，2004）的书籍。

无论采用的是个案研究法还是比较研究法，每个质性研究者在早期都需要实战性的帮助。迈尔斯和休伯曼（Miles and Huberman，1994）介绍了如何用计算机软件进行相关研究。吉布斯（Gibbs，2002，2007）、贝兹利和理查兹（Bazeley and Richards，2000）则对最新软件进行了详细介绍。而以下学者则提供了提高解释技巧的建议：休伯曼（Huberman，1994）强调对质性研究进行解释时要注重创造性和创新性，而韦斯顿（Weston，2002）就如何避免提炼论点时的常见错误予以了一般性建议。

203

第7章

资料收集相关概念的总结与建议

7.1 事实

在前面的章节中，我已经介绍了在质性、定量研究以及混合方法下进 205
行资料收集的过程中所用到的一些概念。其间，我曾数次提到“事实”这一概念，将其视为资料收集的标准流程中可能带来的产物。对于此，我们需要放慢脚步、仔细思索，看看研究发现是否属于事实。我们对事实掌握得越多，就越有信心构建科学的论证或符合伦理的观点。清楚地了解“事实”有几个好处。例如，倘若你掌握了“事实”，那么，对于记者或政府政策专家等特定受众来说，你的结论将特别令人信服。还有一个好处是，研究者将对自己的论述胸有成竹，哪怕是在不太有把握的情况下，研究者也可以运用事实来佐证更为复杂的结论。本节我将探索事实是否存在，讨论我们应该相信哪种事实，最后强调要以一种批判性态度来对待——即使研究是以事实为参照，大多数“好的”科学也并非百分之百可靠。

对于那些声称拥有了“事实”或事实科学的人而言，如今的挑战主要来自某些人的质疑：担心以这种“事实”为基础开展的研究是否有效。这就需要进一步地解释以确认某些事实为真，同时正确地陈述论据（后者并非事实）。论点则是含有较长论据的句子，它断言事物属于某种情况；论点可以将真实世界的认知与对某事物普遍规律的看法相结合。前者相对容易被检验，而后者往往包括一些规范性或伦理的断言，且更具有普遍性（Weston，2002）。研究论点应该建立在推理的基础之上。我们在确定要进行复杂的论证时应运用各种方法进行推理，而非口头上宣称某事物是“事实”。我用以下两个例子来说明如何进行简单的事实性陈述。这不仅需要言之有物，还要小心措辞。

（1）胎儿在子宫内发育的第1～6周尚未形成人的意识。

（2）统计参数显示，教育给女性所带来的收入增幅低于男性。

206 为便于讨论，假设现在找到一本权威的心理学词典，其中有对“人的意识”一词的权威界定；同时，运用一些数据进行普通的回归分析，也确实能够证明表述（2）的内容。不过，类似于（1）和（2）的表述往往并非事实。主要原因如下：

原因一，陈述的覆盖面过大，无法“放之四海而皆准”。作为一个论断，表述（1）貌似适用于所有人类社会，但词典中对人的意识的界定（或对人的意识的规范定义）很可能为当地的社会规范所左右。由于编纂词典时所用的母语带有当地社会规范的烙印，故后者对词典中概念的界定产生潜移默化的影响。如果表述（1）具体指向的是某个拥有特定语言和文化、占据一定地理区域的人群，那么它可以作为事实性陈述。不过，它仍需要做些修改，如下所示。

> （1）a. 20世纪美国的无神论者认为，胎儿在子宫内发育的第1～6周尚未形成人的意识。

在20世纪，美国的有神论者对“人的意识”的界定与无神论者的界定有所不同，因此假若没有“无神论者”这一具体限定，该说法就不成立。之所以提出以上修改，只不过是为了简要说明如何表述得更为具体、更符合当地的社会文化规范，从而将“错误而宽泛的”论断转变为“真实而具体的”论断。实际上，表述（1）a 关乎我们生活的世界。它可以被检验。而表述（1）则过于抽象。如果希望深入研究，就需要寻找相关证据。譬如，可以从证明以下论断入手：

(1)b. 在子宫内发育的第 1～6 周，胎儿没有呈现出如 20 世纪美国科学家所说的人的意识的迹象。

现在应该清楚了，无神论者和有神论者均认为，诸如（1）a 或（1）b 这样具体的表述在本质上是否为“事实”是有待商榷的，但我们可以通过参考资料来解决这个问题。如果一个表述不具体，还妄图具有普遍性或永恒性，那么它从根本上可能就是有争议的。

原因二，表述背后的数据可能会受到多方质疑。接下来以表述（2）为例进行说明。我们可以从工资记录的角度来质疑工资的相关数据。研究者可以检查男性和女性在工资记录或工资设定方面是否有差异，这种差异的存在或许是为了弥补女性应得而未得的加班费。假设没有得到加班费的男性比女性多，且工资也相应地上调，那么男性的工资似乎更高——但实际 *207*
上男性的小时工资可能没那么高。此外，还要考虑这种差异是否由其他外部因素造成；控制其外部因素（如努力、才能、晋升动机或规划能力）之后，是否就可以认为女性在工资方面得到了公平的待遇。而且，该陈述可能夸大了从总体中进行抽样得出的结论。相较于一般性陈述所暗示的，事实的参考点要具体得多。同样，通过修改该陈述可以使之更符合事实。

（2）a. 2004 年至 2007 年英国的统计数据显示，教育对两性收入（小时工资）增长的影响程度不尽相同；除了教育之外，皆对女性收入带来不利影响。

以上表述再次指向现实中的真实情况。它是具体的，而且可以被检验。短语 ceteris paribus 有两种解读方式。从拉丁语翻译过来，含义为“在其他因素不变的情况下”。即在控制了统计模型中的其他因素之后，男性的工资高于女性。然而，ceteris paribus 还可以理解为“在其他因素随着实际情况而变化的条件下”。由于实际情况千差万别，其他因素就不可能保持相同的变化。所以，众多女性成为无偿的家务劳动者，从而被排斥到有偿的劳动力市场之外；男性有多次的晋升机会，而女性则没有，等等。

对现实世界的指向应该限定于资料收集所涉及的具体情境中。经过锁定具体的参照系、注明国家和日期等修改后，表述（2）a 更为清晰、客观性更强——而且，也确实有数据予以支持。

原因三，当你对某事物冠以“事实”之名时，或许会因表述的细微差异而冒犯他人（Olsen，2007b）。表述（1）和表述（2）对公平和正义皆有自己的潜台词——表述（1）似乎牵涉孕妇的堕胎手术，表述（2）则好像跟工资差别所致的性别不平等有关。批判“事实性话语”的研究者担心，论证中事实的使用将使当事人陷入以“东拉西扯式”的陈述而构建、描绘出来的虚妄之境。就此而言，几乎所有的陈述都潜在地具有争议。可能的应对方法是提出一个竞争性的表述，倘若它符合事实，那么就接受并忽视相关的伦理问题；或者，为不同类型的论断提供新的研究思路。为什么事实的构建如此重要？福柯（Foucault，1980）和哈丁（Harding，1999）提供了极佳的解释。此外，费尔克拉夫（Fairclough，2001）也做出了贡献，他解释了话语分析的具体操作。

208 如果只是发发“任何表述都并非事实”之类的牢骚，而不潜心研究知识获取的其他渠道并以文字表达出来，这无异于坐井观天，徒劳无益。倘若如此，世间万物便无一为真，那么，我们永远也无法甄别论点的真假！到目前为止，我已经阐述了三个质疑的理由，它们均怀疑事实是否真的存在。第三个尤为瞩目，而前两个则有助于资料的收集。如果你希望收集一些事实或做事实性的推导，那么尽可能在具体的情境中引用这些事实，保证其在特定时空内是真实有效的，并有数据支持；同时要小心措辞，以提高这些事实指代对象的精准性。对事实展开研究、预估可能面临的质疑、检查证明性材料并发现其中的作用机制，是推动研究项目的不错选择。

但是，对于良好的科学论证而言，仅有事实是不够的。也许这会令人惊讶：论点并不都是由事实组成的。一个好的论证具有某种结构或形态，尽管呈现出的结构各异（Fisher，1988，2001）。有一类是说服性论证，它使读者持有某种特定的立场。这类论证通常将关注点由前提转移到事实和证据，最终以价值判断和劝诫告终。在有说服力的论证中，一些前提所设定的立场通常跟社会规范相吻合。另一类论证是探讨相互竞争的几种理论性解释，最终判定孰优孰劣。此论题还有其他几种变体：能够兼容所有其他理论的才是最好的理论；最糟糕理论的关键事实必是虚假的；理论的质量不高，则其适用的范围也有限；应修改理论，使之适用于更多的个案；等等。

还有一种更为常见的论证是科学检验。其可能的结构如下：

> 我们收集了符合理论 A 及其子元素 B 的数据。
> 我们运用数据来检验 B。
> 检验未通过，B 不成立。
> 由于 A 包含了 B，而 B 是虚假的，则 A 可能也是虚假的。
> 所以，一旦更换了 B，就得仔细研究，并需要一种新的理论。

上述论证的问题相当明显。仔细观察，看看是否能发现其中的破绽。如何进行可靠的科学论证？大家可以阅读菲舍尔（Fisher，1988）或韦斯顿（Weston，2002）的相关文献来获取帮助。他们建议谨慎地限定前提，若有 209
可能应返回检验或筛查任何薄弱的前提，以便形成清晰的推理思路。

该论证的症结在于 A 理论整体上并未经过检验。即使在其衍生的 B 理论已经被证伪的情况下，A 理论仍未得到证实。比如，可以通过测试发育 1～6 周的胎儿是否能够对外界的声音刺激做出反应来检验表述（1）a。[相较于表述（1）a，该检验更适合表述（1）b]。理论 A 是有关人的意识的一种概念性理论，而从一开始词典就已明确地界定了“人的意识”。理论 B 则更为含蓄：婴儿应该像所有的人类那样对外界的声音刺激做出反应，即使只有 1～6 周大。如果婴儿没有反应，理论 B 就不成立。不过，A 尚未被驳倒。由于 A 对 B 不是那么地依赖，我们可以修改 A 后仍声称 A 为真而 B 为假。奎因（Quine）和迪昂（Duhem）指出，由于科学的证伪过程通常都有诸如上述的结构，所以它们皆经不起推敲（Quine，1953）。除了让科学家们忙于实验，虚假论证对科学真理的探索没有一点帮助。史密斯对此进行了总结（Smith，1998：ch. 3）；若想深入了解，请参见塞耶的相关文献（Sayer，1992：chs 1，2 and especially 8）。

一般来说，好的“论证”包含前后吻合的一系列陈述，其中有一些是前提，有一些是结论。菲舍尔认为，论证既有阶段性结论，也有最终结论。在借鉴了诸如符号伦理学以及亚里士多德的一些哲学著作的基础上，尤其是在基督诞生前 300 年左右写的修辞学（Aristotle，2007），菲舍尔给出了具体建议，并详细分析了其中的一些观点。在用来演示论证过程的例子中，他对一般作为前提的表述进行了概括。当读者遇到某种内含观点的“事实”或事实性论点时，要么他们对其中的前提全盘接受，要么就得由研究者进行回溯，以证明个人研究前提的正确性。

在许多科学论证中，要想证明某些前提并非完全不可能，但也非易事。譬如，经济学的基石“人们进行决策时，理所应当地会做出理性选择”，弗洛伊德心理学中的“个人的本我和自我共同对心理健康产生潜移默化的影响”，以及政治学中的一个常见说法“国家政府只为保护自身利益而采取行动”。现实中，只有部分人接受这些基本的前提。许多作者均是针对特定的对象来汇编事实，这些对象可能来自特定的学科（或子学科）领域，也可能是某家公司的职员。年度报告就是由公司的会计师执笔，记载了有关该公司的一系列事实。就此而言，它们是客观的。不过，
210 在审计和从事金融社会学的人看来，这仍是一种社会建构！在很大程度上，陈述或论证的事实性涉及人们以何种立场接纳或解读主要论点。

只要精心整理事实，研究者就能完成高挑战性的论证。不过，要想完美地论证，就得以强有力的论据作为支撑。事实性的证明资料虽然对论点能够发挥支撑的作用，但还远远不够。一个合理的论点需要前提严谨，以真实世界为参照，并提供一些证据，而这些证据已经被收集完毕，并可以按照论证逻辑进行核查（Olsen and Morgan，2005）。

7.2 现实

211 之所以收集资料，不仅仅是为了提炼概念、验证假设，更旨在勾勒真

实的世界。这一点很重要，我们需牢记在心。研究事物时，如果只是建立一个强有力的假设，再进行操作化，然后证明世界就如同个人想象的那般运转，这是徒劳无益的。

然而，要理解资料收集的意义，就必须尽早细化研究问题，才不至于检验所有假定为真的概念框架。还要确保众多假设的合理性。对于大多数的质性研究者而言，这就意味着得从头开始，随时准备迎接新的发现。原因在于每一种社会情境都是独一无二的，由此得出的结论跟已有的结论就会有所不同。每项质性研究都可能有独特的发现。

此外，当涉及更多系统的项目时，通常需要从研究伊始就接受一系列主流观点，如“自杀是社会、制度及心理因素多重作用下的产物”。

在质性研究者看来，“自杀”行为未经拆解分析不能马上进行探究，而且其最初的研究概况也不是不言自明的。不过，对于定量研究或处于研究项目的统计阶段而言，可以假定最初的研究结论成立，然后以此为研究的参考框架来建立新颖的假设。此外，研究者必须对诸如“自杀”这样的基本概念给予合理的界定。随着上述研究步骤的明晰，研究也随之优化。

有趣的假设类似于一种定律性的预测，它不会自然而然地由最初的陈述推导而来。相反，这类假设的灵感往往来自以往文献中某些较为奇怪特殊的事物、经验性差异或者虽约定俗成但仍存在伦理风险之处。假如我们继续探究自杀的原因，可能会得到这样一个具有争议的假设：“人们往往将女性自杀归因于心理层面。其实，我们应该更多元化地来看待此现象，它实际上受到了制度与结构性因素的多重影响，而不仅仅是个人的悲剧。”

为了继续探索这个话题，我们也许还要对男性提出一个详细的假设，或者将关注点锁定于女性或其他亚群体。仔细思考以下假设，它由上述假设派生而来：“自杀的男性分为两类：一类是生活在崇尚消费主义的社会中，为地位和尊严问题所困扰的年轻人；另一类是深陷家庭纠纷的老年人。”如果手头有可以验证这些假设的数据，那么，我们就可以重新拟定 212
总的研究问题对整个项目进行梳理归纳。

以上练习可以成为我们的一个研究问题："鉴于自杀的原因通常来自方方面面，也较为复杂，其中包含了社会整体、地方机构和个人心理等因素，那么，性别和年龄分组在自杀行为中发挥着怎样的作用?"这样，一个有趣的研究项目便应运而生。实际上，我更愿意将此阶段视为一种项目搭建的过程，其目的在于反映现实。以下三种资料收集技术，有助于以定量（或质性）研究为导向的研究者在研究项目中发展自身对具体现实世界的认知。它们分别是写田野笔记、发展专家线人、研究历史与组织趋势。

在人类学中，写田野笔记较为常见。不过，在分析二手资料较为流行的学科中，鲜少涉及田野笔记的具体操作步骤。

田野笔记以手写的形式记录了研究者在资料收集现场迸发出的所思所想。对于实地调研者而言，田野笔记包括谈话记录、受访者地址以及老理论是如何随着新事实的补充而被推翻的有关评论。

田野笔记主要记载了有关后继研究的集思广益式火花与个人灵感。它可以在精装或线装的手写笔记本上进行，但掌上电脑上可不行。记录的内容包括：调研期间出现的错误、问题、翻译、误解、外行谈话和俚语及其跟学术概念的对比，以及相关政策或从业者对本研究的回应。我们可以在田野笔记的开篇用一页纸介绍项目的概况，也可以在篇尾附上一份标准格式的知情同意书副本。约谈新的受访者时，可以拿出以上这些文档，以打消他们的疑虑。借此，便能够在正式开始访谈之前获得被访者的口头同意。同时，也可以将知情同意书的副本交给被访者，或者让其签署一份副本。口头上跟受访者沟通好并获得他们的同意，也意味着研究获得了伦理许可，那么，在大多数情况下，研究就可以继续下去。

对于研究二手资料的人而言，可能根本就没有研究的"田野"。或者，无须"实地调查"。而且，在二手资料的研究场景下，也不用理会伦理核查的问题。这些错误的判断往往会给人一种错觉：研究者是置身于地球之外的某个星球，来研究被称为地球的奇特事物。其实，我们不妨这样来思考：在报纸、杂志、政府出版物及本地其他来源的资料背后，皆能听到其弦外之音。那么，田野笔记就是收集并记录这些不同的"声音"或信息来源。一旦研究的核心观点跟这些"声音"有所差异，人们便高度怀疑该研究是否实用、能否被读者理解、是否有效——或许它表明，某些外行错得太离谱。运用二手资料进行分析的研究者也可以运用混合方法从事研究。当然，在不违背伦理的情况下，他们可能将访问特定的调查现场，以便跟二手资料中的代表人物沟通具体的研究项目。在这一调查现场，他们可能 213
会展开焦点小组和补充其他形式的研究。对于运用二手资料进行混合研究的人而言，田野笔记也是必需的。它还有助于记录一些常见的误解与问题，后者往往以手写的形式记录下来。

启用专家线人，也是田野人类学家和发展研究的典型特征（Thomas et al.，1998）。

任何人都可以成为专家线人，但研究并不需要太多的线人。重要的是这些人将在多次访谈期间跟研究者面对面，澄清各种不同的解读。所有的研究人员都需要专家线人，而质性研究及混合方法的研究者尤为需要。

当使用专家线人时，要及时做笔记，且调查结果要得到双方的认同。鉴于伦理方面的考虑，任何人都不应偷偷摸摸地收集资料。研究者与其他专家接触的方式也需在伦理审查之列。专家线人出于自身的考虑，往往不愿在研究中被提及。相反，他们倒是在没有正式参与项目时提供自己的真知灼见。有时是给予研究者一些指导，有时是合作开展研究。

不过，要对专家线人进行甄别。当地人可能在专业方面有所欠缺，而来自某些组织的人可能时间有限。这些均需要我们仔细对待、严格把控伦理的度。此外，学术专家也可以成为我们的线人——在我们各自的研究领域都会有这么一些学术泰斗。大众视学者为公共的知识分子，后者为人类贡献了卓越的思想宝藏（Fuller，2005）。出于礼貌，在引用他们的文献时，有必要进行核对。不过，他们还是有别于那些缺少公共权力或话语权的受访者。总之，跟当地人或其他专业人士交流研究项目或研究成果，不仅能够加深对事物的认识，也为提升研究结果的有效性夯实了基础。除此之外，它还有助于发现之前被忽视的某些细微差别。

不少社会学家倡导，研究者可以通过报刊发文、公开讲演、参与民主对话、向官方举证、以专家身份在公共机构任职等方式来履行作为公共知识分子的义务。而田野笔记恰恰也是培养研究者成为公共知识分子的一种训练手段——跟与自己意见相左的人或其他人进行模拟辩论；以常人可以理解的方式来解释观点；用更为简单明了的语言重新解读报纸刊发的内容，以便校验。

对学术专家进行访谈时，并不要求一般意义上的知情同意书。如果是以书面的形式访谈专家学者，可能更像是新闻采访而不是做研究。无论如何，在访谈开始时，我们都可以通过以下礼貌的措辞来征求对方的同意："我正在做一个关于……的项目。我是否可以引用您在这次访谈中的一些
214 观点？如果可以，我保证不论是直接引用您的观点还是转述，我都将在刊发之前发一份副本给您。抑或您希望我引用您已发表的文章？"只要专家学者愿意，我们均可以以这种礼貌的请求来委婉地获取相关信息。

同样重要的是，要仔细琢磨调研地点背后的历史和组织文化。特别是统计研究，有时会忽视对历史背景的探究。大多数"事情发生的原因"都源于当今结构与制度背后的历史事件。对于每个成功的研究而言，读懂弄通一个地区或国家的政治经济史是至关重要的。此外，博览社会、文化和民族等方面的书籍，亦大有裨益。我们在泛读时，不要只看事实，要关注不同作者的观点、立场及概念框架，尽量多方涉猎各类知识。而且，要尽可能跟记者或历史学家多接触。或者，跟决策者聊聊最近发生的事情——有时候，这种聊天能达到"听君一席话，胜读十年书"的效果！

组织文化对于长期结果的影响，虽微妙却也重要。经验的差异（如不同种族群体之间的差异）往往是巨大的，可往往被宣扬平等的"官方"话语所掩盖。我们可以仔细读读不同社会群体之间的差异。哪些差异是一眼就能分辨出来的？哪些是弱势群体？哪些是占统治地位的群体？哪些群体（如果有的话）被孤立了——或许是故意为之？这一切背后的原因及作用机制是怎样的？

当研究者对自己的研究发现进行解释时，这些记录背景的笔记便会派上用场。

所以，总结一下：无论研究项目计划得多么完美，辅助的调查技术往往都能锦上添花。这些技术将研究者带入瞬息万变的现实世界，而不是躲在象牙塔里闭门造车。研究者在象牙塔里待久了，不仅人变得迂腐固执，

其研究也不能与时俱进。这也是为何在面对纯粹的思辨和扎根于现实且经得起实地检验的思想之间的争锋时，我选择了后者。前者是学者在象牙塔内闭门造车的产物，后者则跟特定而具体的社会现实相符。

请记住以上三种用于现实检验的技术：

- 保持做田野笔记的习惯，这样，有错误时可以追根溯源，而经常翻阅也能激发新的灵感。
- 虚心向专家线人请教，他们将向你打开一扇通往新世界的窗。
- 通读研究课题的相关历史，了解你研究之前整个事情的来龙去脉。

尽管这些建议很实用，但它们却根源于“现实主义”。现实主义者认为，现实——及其令人费解的世俗话语——本身应该受到重视；而且，学术思想还得要经受得住现实的考验，因为它们本身就是现实的缩影。

7.3 回溯

在研究的资料收集阶段，需考虑到回溯资料的问题。简单地讲，回溯 215
就是“追问为什么”，这在本书中已多次提及（参见 2.5 **解释**，6.1 **个案研究**）。由于回溯时要设定具体的语境并与研究的归纳及演绎过程相比较，故此时的资料收集最好能将这三种混合方法融会贯通地使用。在本节我将介绍一种连贯的方法，它打通了归纳法和演绎法，令语境一目了然。

首先，纯粹归纳式的研究并不存在，也没有哪项研究只用到归纳这一种方法。我在其他文献中对此做过深入的探讨（Olsen and Morgan，2005；Morgan and Olsen，2008），跟前人的观点一致。理论上，纯粹的归纳研究先收集诸多细节性信息，以此为基础再发展出一般性理论或一些概括性的结论。扎根理论和内容分析经常被描述为纯粹的归纳方法。而我认为，回溯是上述方法的有益补充，能提升二者的概括性。所以，我们可以在项目的中途暂停一下，回顾目前已学到的知识，然后再次回到资料收集阶段。通过不断地收集资料，研究者希望解决以下问题：

（1）为何原始资料呈现出某种模式？这个问题包括：为什么要从我一开始设定的主题开始呢？有理论支撑吗？如果有，这些理论是否正确？抑或这个理论是否有问题？或者出于伦理方面的考虑？如果是这样的话，为了从伦理上支持研究主题，我还需获取哪些知识？

（2）究竟是什么导致了那些独特的、不寻常的、异常的或无法解释的个案出现？要想找到答案，研究刚开始时可能得靠猜测。不过，科学思辨是一种更为正式的逻辑形式，近似于一种洞察力。这样，我们就得思考：（a）一般的理论是否能解释那些不寻常的现象？如果可以，我们为何刚开
216 始时没发现呢？（b）如果一般的理论无法解释那些不寻常的现象，那么究竟怎样的理论才可以？需要哪种新的理论？词典中新增的哪些新词汇有助于辨别这些现象背后的意义、解释性观点，或有利于从总体上解读这些不寻常现象？

（3）如果在同一项研究中出现了相互矛盾的结果，在其背后有哪些复杂的观点？换句话说，这种冲突的根源是什么？我们从中收获了哪些新知识？对于同一数据（或事件），别人是如何解读的？为什么他们的解释跟已有的研究结果不同？

要想解决上述诸多问题，首先应从核查资料开始。其次，要寻找原因，避免概括过度。再次，要考虑到相矛盾的观点。其实，以上三点正是回溯的三种具体应用形式。

传统上，当讨论解释性模型时才会涉及回溯（Sayer，1992，2000；Bhaskar，1975）。回溯意味着许多形式的研究并不适合用简单的归纳法来完成。典型的归纳法请参阅布莱基（Blaikie，2000）的相关论述，他将其列为研究的四种“策略”之一。这里，他将研究者比喻为外星人，并假定归纳组的研究者不使用回溯法，而回溯组的研究者也不使用演绎法，等等。然而，倘若只是简单地将“回溯”和“归纳”重新定义为短期的分析模式，而非整个研究的“策略”或方法，就可以避免很多研究中遇到的麻烦。总之，问题（1）—（3）只不过是短期的分析模式，可以引导我们进行推演、假设检验、收集更多的资料，甚至重新回到归纳上来。因此，比较明智的做法是混合运用归纳法和回溯法，而不是将二者对立起来。

迅速概括出以上三个问题，有助于厘清回溯的思路。研究者的提问包括为什么这些数据或现象会以这种方式发生，以及人们自己如何对事情做出解释——这也隐含着另一个问题，即人们为何按自己的方式来看待事物。此时，回溯的主体不仅仅是科学家，也是普通大众的一员。他们关注人们的想法，但不会被其言论所蒙蔽。他们关注数据，但不限于某类数据或单个数据集。他们在不断探索的路上。

相较于这三种方法，回溯法只不过是用于研究的“十八般武艺”中的一种。回溯法令研究者时刻保持着好奇；它虽不能让研究者“按图索骥”，却是通往复杂而真实世界的灯塔。显然，它跟演绎法也存在着很大的不同。

作为一种研究“策略”，演绎法通常表现为：研究者从理论出发并据此做出预测，然后收集相关资料（符合该理论的），并将它与预测结果相比较。如果二者不符，那么已有的推论不成立。相较于归纳法，此法略逊一筹。由于演绎法并没有为理论的诞生做出贡献，故其作用有限。大多数作者建议将归纳法用于理论生成，而将演绎法用于理论检验。本书中，我已经介绍了运用回溯法协同归纳法、演绎法共同研究的个案。这三种分析模式可以按任意顺序重复使用，在任何阶段都可以返回到原有的资料（或新资料）中。我比较赞同丹勒马克等（Danermark et al.，2002）的建议，我们应该将研究步骤视为研究活动的指南，而不是时间顺序表。所以，资料的收集可以一直进行到报告撰写的最后一刻。对于运用原始资料的研究而言，最后的几周可能需要在熟悉相关法律上多费些功夫；而基于二手资料的研究则可能需要研究者先到实地考察一番，再敲定研究结果。通过一组给定的研究结果，演绎法有助于辨别哪些假设或主张被证实、哪些被证伪，从而在报告的撰写中发挥着一定的作用。它是展示结果的一种有用的模式，但对于整个研究方法而言还不够。 217

布莱基（Blaikie，1993，2000）详细地补充了有关“诱导”（abduction）的讨论（“从内部捕捉现象”，类似于人类学的方法），这里我不再复述。有趣的是，波特（Potter，1999）认为这四种模式是相互排斥的。原因在于有的学科及其子学科是建立在上述四种分析模式中的某一种的基础上的。人类学主要建立在诱导的基础上，而动物心理学或经济学则公认以推理为基础。实际上，以这种方式建立“社会科学学科”并不明智，本书也多次解释过原因，简单总结如下：

其一，学科之间要相互衔接，而不能相互矛盾。其二，各个学科的研究主题在交叉的部分应该是可以相互融合的，所以对研究者的培养就不能仅限于一两种分析模式。其三，回溯法有助于研究设计、项目执行及报告写作，如此好的技术不应被忽视。其四，基于归纳法的学科终将是自相矛盾的，因为这类学科更偏重于方法而非归纳的训练。其五，纯粹建立在演绎基础上的学科既不能产生理论，也无法处理现实中的异常现象。其六，完全基于诱导的学科（如果指的是沉浸于社会环境之中）容易一叶障目而不见泰山，这也就可以解释为何当局者迷。原因在于人们有时候被自己的观点蒙蔽了。

资料收集是社会研究的重要组成部分，它使得我们有机会通过收集经验证据来解决社会问题。仔细思考收集到的资料、回溯资料以确认证据来
218 源，均是研究不可或缺的阶段，所以，收集资料所耗费的时间可能比我们预想得还要长。它可以跟思考、分析、解释、理解、学习、行动、提出观点、交流等环节同步进行。总之，资料收集是诸多研究项目得以开展的基石。

本章的延伸阅读

这一章对何谓科学、如何发展解释性论证的相关论说进行了总结。这里，我对自己提出的一些方法寄予厚望，希望继续激发一些讨论与思考，而不是在此重要的科学领域内进行革新。毕竟，前人已经在澄清这些问题上做了大量的工作。史密斯（Smith，1998）阐述了科学思想的主要流派更迭史。他解释了为何实证主义不断被诟病，并揭示了后结构主义和现实主义在当代科学中备受推崇的原因。实践中，它们已经取代了实证主义。至于一些后现代社会科学是如何变得模棱两可或自相矛盾的，史密斯

（Smith，1998）的概括堪称经典。

从方法论的角度来说，归纳法和演绎法互不相容。为了避免将二者割裂，我们必须采取一些措施。更糟糕的是，若不在研究设计与分析模式的融合方面多下功夫，这两种方法就无法达到相辅相成。布莱基（Blaikie，2000）形象地做了个比喻：来自火星的研究者空降到地球，分成四个小组研究同一个项目。这个故事告诉我们，如果研究时仅用到归纳法，这是远远不够的。

要想了解如何进行研究设计，有必要花点时间来阅读一些高质量的方法论书籍。布莱曼在 1988 年出版的著作（Bryman，1988）是入门的基础款。像这里提及的其他书籍一样，这本书自第一版以来就备受欢迎，因而多次再版。它也是混合方法研究的奠基之作。波森和蒂利（Pawson and Tilley，1997）则概括了如何对研究者进行评估，这也同样适用于市场研究。至于个案研究，拉杰的相关著作（Ragin，1994）则是必选款。

附　录

附录由两部分组成。第一部分，针对在农村工作的研究团队成员，提供了基本的健康、安全及风险告知书。第二部分，为项目参与者提供了知情同意书的基本格式，供其签署。大家可以参照上述内容，因地制宜地撰写相应的文书，以顺利通过对实地调查中资料收集的伦理审查。

文件 A1　健康、安全及风险告知书

项目信息：机构标识、日期等（此处填写）

每个研究者都应按本协议书的指导，就参与项目时的人身安全事宜进行培训。

1. 培训

在开始实地工作之前，项目的研究助理及任何提供研究帮助的人员都应阅读“伦理与知情同意”的相关内容。例如，可以阅读英国社会学学会的伦理指南，如果他们愿意，也可以阅读社会研究协会的伦理指南。

在聘的研究助理离开 X 市到项目所在地进行实地调研时，应按照 Y 大学的常规流程填写风险评估表。

此外，在外出前，研究小组应讨论以下安全指导。

2. 安全指导

当计划下村调研时，一定要在出发前安排好交通，确保水粮充足、时间充裕，能在天黑前返回。若打算在村里过夜，务必在天黑前妥善安排好住处。 220

在乡村工作期间，要随时关注冲突情况。如果听闻某处发生暴力冲突，要注意它是否会威胁到自身的安全。此外，如果遇到警察、保安或携带武器的人，为了安全起见，必要时随时准备撤离。当然，若警方要求提供一些信息，也请配合。

若为跨境调研，有时可能会被当地警局传唤。去警局时，请携带个人护照，并提前备好复印件。准备好研究的证明材料，以证明你的研究活动与护照内容相符。你的护照可能是旅游签证或研究签证。

在访谈的过程中，留意被访者的敏感之处。如果有人看起来受到了冒犯或伤害，就得想办法避免冲突、解决问题，否则将陷入更大的麻烦。这些麻烦包括言语冲突和肢体冲突。或许你无须对正在发生的冲突负责，但是你有责任阻止事情恶化。这就意味着不得不结束访谈、离开现场，或承诺放弃某些研究。

3. 突发事件

若发生危及研究项目的突发事件，请尽快跟 X 市的 Z 某联系。及时撤离村庄，设法获得当地要员的帮助，或从 Y 大学的工作人员那里寻求庇护。

谢谢。

签名：　　　　　　　　　　机构：　　　　　　　　　　日期：

文件 A2　知情同意书签署表

许可表

A（研究者）正在深入研究当地的农业。她发现，当地存在着用水短缺的问题。为此，她专门撰文，并教授学生有关灌溉、土地租赁、水泵、柴火短缺以及如何向银行申请农业贷款等事宜。同时，她还打算访问一些租户，学生B已同意帮助她完成此项工作。B随后将开始自己的工作。A希望您同意：

221 ——允许将您的资料输入电脑。

——写作时可以引用您说过的话。

——研究报告将不会出现您的名字（除非您要求署名）。

——研究报告将说出您所在的村庄。

——如果A或其学生来拍照，这些照片仅供私人使用，而且对外公布照片之前，须事先取得您的同意。如年度报告或公共展览的照片。这些照片将帮助外国人了解农村普遍存在的水患、燃料及柴火问题。

——您可能要接受访谈，您的配偶可能也要。访谈的内容将译为英文并印刷出来。学生们将在Y大学里研究这些访谈资料。

可以预见，A或B以后也可能会写一本书。我们希望您允许该书描绘您及您所在的城镇/村庄/地区。在此签名，表明您已充分了解本研究活动并同意参与。

非常感谢。

本研究活动并非必须参加！您可以随时退出！

本研究由委员会B资助。这项资助的名称为“GRANT A”。您可以在网站GRANT A上获取更多信息。

签名：______________日期：______________

名字拼写：__________________________________

Hh 编号：___________________________________

被访者将保留本协议的副本。签字后的复印件将与问卷一起寄回Y大学。

可以使用Z1或Z2语言编写签名。对于那些没有签名的人，可以在上方做一个表示同意的标记。他们也可以口头同意，由工作人员在文件上签字，以示意已征得同意。

参考文献

Alcoff, L. and Potter, E. (eds) (1993) *Feminist Epistemologies*. New York and London: Routledge.

Alfonso, A.I., Kurti, L. and Pink, S. (eds) (2004) *Working Images: Visual Research and Representation in Ethnography*. London: Routledge.

Alvesson, M. and Deetz, S. (2000) *Doing Critical Management Research*. London: Sage.

Antcliff, V. (2000) Television industry contractual terms. Interview text, 15 March. Mimeo, Manchester University.

Antcliff, V. and Saundry, R. (2005) Individualisation, collectivism and the management of risk in a freelance labour market: the case of the UK television industry. Paper presented at the British Sociological Association Conference, York, 21–23 March. http://www.britsoc.co.uk/user_doc/05BSAAntcliffValerie.pdf (accessed July 2010).

Antcliff, V., Saundry, R. and Stuart, M. (2007) Networks and social capital in the UK television industry: the weakness of weak ties. *Human Relations*, 60 (2): 371–93.

Aristotle (1925) *The Nicomachean Ethics*. Oxford: Oxford University Press.

Aristotle (1988) *The Politics*, with an introduction by S. Everson. Cambridge: Cambridge University Press.

Aristotle (2007) *On Rhetoric: A Theory of Civic Discourse*, with an introduction by G.A. Kennedy. Oxford: Oxford University Press.

Babbitt, S. (1993) Feminism and objective interests: the role of transformation experiences in rational deliberation. In L. Alcoff and E. Potter (eds), *Feminist Epistemologies*. New York and London: Routledge.

Baker, E.H., Sanchez, L.A., Nock, S.L. and Wright, J.D. (2009) Covenant marriage and the sanctification of gendered marital roles. *Journal of Family Issues*, 30 (2): 147–78.

Banks, M. (2007) *Using Visual Data in Qualitative Research*. London: Sage.

Barnett, V. (2002) *Sample Survey: Principles and Methods*. London: Arnold.

Bauer, M.W. (2000) Classical content analysis: a review. In M.W. Bauer and G. Gaskell (eds), *Qualitative Researching with Text, Image and Sound* (pp. 131–49). London: Sage.

Bauer, M.W. and Gaskell, G. (eds) (2000) *Qualitative Researching with Text, Image and Sound*. London: Sage.

Bazeley, P. and Richards, L. (2000) *The NVivo Qualitative Project Book*. London: Sage.

Berg-Schlosser, D. and De Meur, G. (2009) Comparative research design: case and variable selection. In B. Rihoux and C. Ragin (eds), *Configurational Comparative Analysis*. Thousand Oaks, CA: Sage.

Best, S. and Krueger, B.S. (2004) *Internet Data Collection*. London: Sage.

Beyerlein, K. and Hipp, J.R. (2006) From pews to participation: the effect of congregation activity and context on bridging civic engagement. *Social Problems*, 53 (1): 97–117.

Bhaskar, R. (1975) *A Realist Theory of Science*. Leeds: Leeds Books.

Bhaskar, R. (1989) *The Possibility of Naturalism: A Philosophical Critique of Contemporary Human Sciences*. Hemel Hempstead: Harvester Wheatsheaf.
Blaikie, N. (1993) *Approaches to Social Enquiry*. Cambridge: Polity.
Blaikie, N.W.H. (2000) *Designing Social Research: The Logic of Anticipation*. Cambridge: Polity Press.
Blaikie, N.W.H. (2003) *Analyzing Quantitative Data*. London: Sage.
Breen, R. (1996) *Regression Models: Censored, Sample-Selected, or Truncated Data*. Thousand Oaks, CA: Sage.
British Sociological Association (2002) Statement of Ethical Practice for the British Sociological Association. http://www.britsoc.co.uk/equality/Statement+Ethical+Practice.htm (accessed July 2010).
Brockington, D. and Sullivan, S. (2003) Qualitative research. In R. Scheyvens and D. Storey (eds), *Development Fieldwork: A Practical Guide* (pp. 57–76). London: Sage.
Bryman, A. (1988) *Quantity and Quality in Social Research*. London: Routledge.
Bryman, A. and Bell, E. (2007) *Business Research Methods*. Oxford: Oxford University Press.
Bryman, A. and Cramer. D. (2001) *Quantitative Data Analysis with SPSS Release 10 for Windows*. London: Routledge.
Bryman, A. and Cramer, D. (2011) *Quantitative Data Analysis with IBM SPSS 17, 18 and 19: A Guide for Social Scientists*. London: Sage.
Bulmer, M. and Warwick, D.P. (1993) *Social Research in Developing Countries: Surveys and Censuses in the Third World*. London: UCL Press.
Burnham, P., Lutz, K.G., Grant, W. and Layton-Henry, Z. (2008) *Research Methods in Politics*. Basingstoke: Palgrave Macmillan.
Byrne, D. (2002) *Interpreting Quantitative Data*. London: Sage.
Byrne, D. (2005) Complexity, configuration and cases. *Theory, Culture and Society*, 22 (10): 95–111.
Byrne, D. (2009) Using cluster analysis, qualitative comparative analysis and NVivo in relation to the establishment of causal configurations with pre-existing large-N data sets – machining hermeneutics. In D. Byrne and C. Ragin (eds), *The Sage Handbook of Case-Based Methods*. London: Sage.
Byrne, D. and Ragin, C. (eds) (2009) *The Sage Handbook of Case-Based Methods*. London: Sage.
Byrne, D., Olsen, W.K. and Duggan, S. (2009) Causality and interpretation in qualitative policy-related research. In D. Byrne and C. Ragin (eds), *The Sage Handbook of Case-Based Methods*. London: Sage.
Carroll, W.K. (ed.) (2004) *Critical Strategies for Social Research*. Toronto: Canadian Scholars' Press.
Charmaz, K. (2006) *Constructing Grounded Theory: A Practical Guide*. London: Sage.
Chiapello, E. and Fairclough, N. (2002) Understanding the new management ideology: a transdisciplinary contribution from critical discourse analysis and the new sociology of capitalism. *Discourse & Society* 13 (2).
Cooke, B. and Kothari, U. (eds) (2001) *Participation: The New Tyranny?* London: Zed Books.
Creswell, J.W. (2003) *Research Design: Qualitative, Quantitative, and Mixed-Methods Approaches*. London: Sage.
Creswell, J.W. (2009) *Research Design: Qualitative, Quantitative, and Mixed Methods Approaches*, 3rd edition. London: Sage.
Creswell, J.W. and Plano Clark, V.L. (2007) *Designing and Conducting Mixed Methods Research*. Thousand Oaks, CA: Sage.
Crompton, R. and Harris, F. (1998) Explaining women's employment patterns: 'orientations to work' revisited. *British Journal of Sociology*, 49 (1): 118–49.

Crompton, R., Brockmann, M. and Lyonette, C. (2005) Attitudes, women's employment and the domestic division of labour: a cross-national analysis in two waves. *Work, Employment and Society*, 19: 213–33.

Dale, A., Fieldhouse, E. and Holdsworth, C. (2000) *Analyzing Census Microdata*. London: Arnold.

Danermark, B., Ekström, M., Jakobsen, L. and Karlsson, J.Ch. (eds) (2002) *Explaining Society: Critical Realism in the Social Sciences*. London: Routledge.

De Vaus, D.A. (2001) *Research Design in Social Research*. London: Sage.

Economic and Social Research Council. (2005) *Postgraduate Training Guidelines: A Guide to Provision for Postgraduate Advanced Course and Research Students in the Social Sciences*. London: Economic and Social Research Council. http://www.esrc.ac.uk/ESRCInfoCentre/Images/Postgraduate_Training_Guidelines_2005_tcm6-9062.pdf (accessed January 2010).

Ekström, M. (1992) Causal explanation of social-action – the contribution of Weber, Marx and of critical realism to a generative view of causal explanation in social-science. *Acta Sociologica*, 35 (2): 107–22.

Eldar-Avidan, D., Haj-Yahia, M.M. and Greenbaum, C.W. (2009) Divorce is a part of my life ... resilience, survival, and vulnerability: young adults' perceptions of the implications of parental divorce. *Journal of Marital & Family Therapy*, 35 (1).

Engels, F. and Kelley, F. (1892) *The Condition of the Working-Class in England in 1844*. London: S. Sonnenschein & Co.

Fairclough, N. (2001) *Language and Power*, 2nd edition. Harlow: Longman.

Fals-Borda, O. (1988) *Knowledge and People's Power: Lessons with Peasants in Nicaragua, Mexico and Colombia*. Delhi: Indian Social Institute (in association with ILO).

Fals-Borda, O. and Rahman, M.A. (1991) *Action and Knowledge: Breaking the Monopoly with Participatory Action-Research*. New York: Apex Press.

Field, A. (2009) *Discovering Statistics Using SPSS*, 3rd edition. London: Sage.

Fink, A. (1995) *The Survey Handbook*. Thousand Oaks, CA and London: Sage Publications.

Fisher, A. (1988) *The Logic of Real Arguments*. Cambridge: Cambridge University Press.

Fisher, A. (2001) *Critical Thinking: An Introduction*. Cambridge: Cambridge University Press.

Flyvbjerg, B. (2001) *Making Social Science Matter: Why Social Inquiry Fails and How It Can Succeed Again*. Cambridge: Cambridge University Press.

Foucault, M. (1977) *Discipline and Punish: The Birth of the Prison* (trans. A. Sheridan). London: Allen Lane.

Foucault, M. (1980) *Power/Knowledge: Selected Interviews and Other Writings, 1972–1977* (ed. and trans. C. Gordon). New York: Pantheon Books.

Frankfort-Nachmias, C. and Nachmias, D. (2000) *Research Methods in the Social Sciences*. New York: Worth.

Freire, P. (1993) *Pedagogy of the Oppressed*. New York: Continuum.

Friere, P. (1996) *Pedagogy of Hope: Reliving Pedagogy of the Oppressed*. New York: Continuum.

Fuller, B., Caspary, G., Kagan, S.L., Gauthier, C., Huang, D.S.C., Carroll, J. and McCarthy, J. (2002) Does maternal employment influence poor children's social development? *Early Childhood Research Quarterly*, 17: 470–97.

Fuller, S. (2003) *Kuhn vs. Popper: The Struggle for the Soul of Science*. New York: Columbia University Press.

Fuller, S. (2005) *The Intellectual*. Thriplow: Icon Books.

George, A.L. and Bennett, A. (2005) *Case Studies and Theory Development in the Social Sciences*. London and Cambridge, MA: MIT Press.

Gershuny, J.I. (2000) *Changing Times: Work and Leisure in Postindustrial Society*. New York: Oxford University Press.

Gibbs, G. (2002) *Qualitative Data Analysis: Explorations with NVivo*. Buckingham: Open University Press.
Gibbs, G. (2007) *Analyzing Qualitative Data*. London: Sage.
Glaser, B.G. (1978) *Theoretical Sensitivity: Advances in the Methodology of Grounded Theory*. Mill Valley, CA: Sociology Press
Glaser, B.G. and Strauss, A.L. (1967) *The Discovery of Grounded Theory: Strategies for Qualitative Research*. Hawthorne, NY: Aldine de Gruyter.
Gomm, R., Hammersley, M. and Foster, P. (eds) (2000) *Case Study Method: Key Issues, Key Texts*. London: Sage.
Greene, W.H. (2003) *Econometric Analysis*, 5th edition. Upper Saddle River, NJ: Prentice Hall.
Greenwood, D.J. and Levin, M. (2004) Local knowledge, cogenerative research, and narrativity. In W.K. Carroll (ed.), *Critical Strategies for Social Research* (pp. 281–91). Toronto: Canadian Scholars' Press.
Hair, J.F., Black, B., Babin, B., Anderson, R.E. and Tatham, R.L. (2005) *Multivariate Data Analysis*. Upper Saddle River, NJ: Pearson Prentice Hall.
Hakim, C. (2000) *Research Design: Successful Designs for Social and Economic Research*. London: Routledge.
Hamilton, L.C. (2004) *Statistics with STATA*. London: Thomson Learning.
Hammersley, M. and Gomm, R. (1997) Bias in social research. *Sociological Research Online*, 2 (1). http://www.socresonline.org.uk/socresonline/2/1/2.html (accessed January 2010).
Haraway, D. (1988) Situated knowledges: the science question in feminism and the privilege of partial perspective. *Feminist Studies*, 14 (3).
Harding, S. (1993a) Rethinking standpoint epistemology: what is 'strong objectivity'? In L. Alcoff and E. Potter (eds), *Feminist Epistemologies*. New York and London: Routledge.
Harding, S. (1993b) *The 'Racial' Economy of Science: Toward a Democratic Future*. Bloomington, IN: Indiana University Press.
Harding, S. (1999) The case for strategic realism: a response to Lawson. *Feminist Economics*, 5 (3): 127–33.
Harrison, J.S. and Freeman, R.E. (1999) Stakeholders, social responsibility, and performance: empirical evidence and theoretical perspectives. *The Academy of Management Journal*, 42 (5): 479–85.
Heron, J. (1999) *The Complete Facilitator's Handbook*. London: Kogan Page.
Heron, J. (2000) *Co-operative Inquiry: Research into the Human Condition*. London: Sage.
Heron, J. (2001) *Helping the Client: A Creative Practical Guide*. London: Sage.
Hickey, S. and Mohan, G. (eds) (2004) *Participation: From Tyranny to Transformation? Exploring New Approaches to Participation in Development*. London: Zed Press.
Holland, J. and Campbell, J. (eds) (2005) *Methods in Development Research: Combining Qualitative and Quantitative Approaches*. London: ITDG.
Hunt, S. (1994) A realist theory of empirical testing: resolving the theory-ladenness/objectivity debate. *Philosophy of Social Sciences*, 24 (2).
International Social Survey Programme (2006) Role of Government module IV. http://zacat.gesis.org/webview/index.jsp (accessed September 2009).
Inter-University Consortium for Political and Social Research (1990) *Demographics and Non-Traditional Civic Participation: A Data-Driven Learning Guide*. Ann Arbor, MI: Inter-university Consortium for Political and Social Research [distributor], 2009-04-16. doi:10.3886/demcivpart.
Jowell, R., Roberts, C., Fitzgerald, R. and Eva, G. (eds) (2007) *Measuring Attitudes Cross-Nationally: Lessons from the European Social Survey*. London: Sage.

Kaplan, D.W. (2008) *Structural Equation Modelling: Foundations and Extensions*, 2nd edition. London: Sage.
Kendall, G. and Wickham, G. (1999) *Using Foucault's Methods*. London: Sage.
Kent, R. (2007) *Marketing Research: Approaches, Methods and Applications in Europe*. London: Thomson Learning.
King, I. (2008) RBS chief Fred is not dead. *The Sun*, 23 April.
Kirkpatrick, G. (2009) Technology: Taylor's play between worlds. In F. Devine and S. Heath (eds), *Doing Social Science: Evidence and Methods in Empirical Research*. Basingstoke: Palgrave Macmillan.
Kozinets, R.V. (2010) *Netnography: Doing Ethnographic Research Online*. London: Sage.
Krieger, N. (1994) Epidemiology and the web of causation: has anyone seen the spider? *Social Science and Medicine*, 39 (7): 887–903.
Kuhn, T.S. (1970) *The Structure of Scientific Revolutions*. Chicago: University of Chicago Press.
Kvale, S. (1996) *InterViews: An Introduction to Qualitative Research Interviewing*. Thousand Oaks, CA: Sage.
Lamont, M. (2000) *The Dignity of Working Men: Morality and the Boundaries of Race, Class, and Immigration*. Cambridge, MA: Harvard University Press.
Lamont, M. (2005) Peer evaluation in the social sciences and the humanities compared: the United States, the United Kingdom, and France. Report prepared for the Social Sciences and Humanities Research Council of Canada. Online mimeo, http://www.wjh.harvard.edu/~mlamont/SSHRC-peer.pdf (accessed 2006).
Laws, S., with Harper, C. and Marcus, R. (2003) *Research for Development*. London: Sage (in association with Save the Children).
Lawson, T. (1989) Abstraction, tendencies and stylised facts – a realist approach to economic analysis. *Cambridge Journal of Economics*, 13 (1): 56–78.
Lawson, T. (1997) *Economics and Reality*. London and New York: Routledge.
Layder, D. (1993) *New Strategies in Social Research*. Cambridge: Polity Press.
Lenin, V.I. (1964) *The Development of Capitalism in Russia*. Moscow: Progress Publishers.
Levi-Faur, D. (2006) A question of size? A heuristics for stepwise comparative research design. In B. Rihoux and H. Grimm, H. (eds), *Innovative Comparative Methods for Policy Analysis: Beyond the Quantitative-Qualitative Divide*. New York: Springer.
Lewins, A. and Silver, C. (2007) *Using Software in Qualitative Research: A Step-by-Step Guide*. Los Angeles: Sage.
Lewis-Beck, M.S. (1995) *Data Analysis: An Introduction*. London: Sage.
Lobe, B. (2008) *Integration of Online Research Methods*. Ljubljana: Faculty of Social Sciences Press.
MacIntyre, A. (1985) *After Virtue: A Study in Moral Theory*. London: Duckworth.
MacKinnon, D.P. (2008) *Introduction to Statistical Mediation Analysis*. New York: Lawrence Erlbaum Associates.
Mahoney, J. and Rueschemeyer, D. (eds) (2003) *Comparative Historical Analysis in the Social Sciences*. Cambridge: Cambridge University Press.
Marx, K. (1969) Theses on Feuerbach. In *Marx/Engels Selected Works*, Volume 1 (pp. 13–15). Moscow: Progress Publishers.
Marx, K. and Engels, F. (1998) *The German Ideology: Including Theses on Feuerbach and Introduction to The Critique of Political Economy*. Amherst, NY: Prometheus Books.
Mason, J. (2002) *Qualitative Researching*, 2nd edition. London: Sage.
May, V. (2009) Family: Bengtson et al.'s How Families Still Matter. In F. Devine and S. Heath (eds), *Doing Social Science: Evidence and Methods in Empirical Research*. Basingstoke: Palgrave Macmillan.

McCutcheon, A.L. and Nawojczyk, M. (1995) Making the break: popular sentiment toward legalised abortion among American and Polish Catholic laities. *International Journal of Public Opinion Research*, 7 (3): 232–52.

McNiff, J. and Whitehead, J. (2009) *Doing and Writing Action Research*. London: Sage.

Mikkelsen, B. (1995) *Methods for Development Work and Research*. London: Sage.

Mikkelsen, B. (2005) *Methods for Development Work and Research: A New Guide for Practitioners*, 2nd edition. New Delh: Sage.

Miles, M.B. and Huberman, A.M. (1994) *Qualitative Data Analysis: An Expanded Sourcebook*. Thousand Oaks, CA: Sage.

Morgan, J. and Olsen, W.K. (2008) Objectivity as a second-order 'bridging' concept, Part 2: Bridging into action. *Journal of Critical Realism*, 7: 107–32.

Mukherjee, C., White, H. and Wuyts, M.E. (1998) *Econometrics and Data Analysis for Developing Countries*. London and New York: Routledge.

Office for National Statistics (2005) 2001 Census for England. http://www.statistics.gov.uk/census2001/census_form.asp (accessed September 2009).

Olsen, W.K. (2005) Poverty and Problems in Salford (mimeo), Salford, The Community Network. 56 pages.

Olsen, W.K. (2006) Globalisation, liberalisation and a paradox of social exclusion in Sri Lanka. In A.H. Carling (ed.), *Globalisation and Identity: Development and Integration in a Changing World* (pp. 109–30). London: I.B. Tauris.

Olsen, W.K. (2007a) Structure, agency, and strategy among tenants in India. Global Poverty Research Group Working Paper GPRG-WPS-080. http://www.gprg.org/pubs/workingpapers/pdfs/gprg-wps-080.pdf (accessed February 2011).

Olsen, W.K. (2007b) Pluralist methodology for development economics: the example of moral economy of Indian labour markets. *Journal of Economic Methodology*, 14 (1), 57–82.

Olsen, W.K. (2010a) Realist methodology: a review. In W.K. Olsen (ed.), *Realist Methodology*, Vol. 1 (pp. xix–xlvi). Los Angeles: Sage.

Olsen, W.K. (2010b) 'Poverty' as a malaise of development: a discourse analysis in its global context. In A. Boran (ed.), *Poverty: Malaise of Development?* Chester: Chester University Press.

Olsen, W.K. and Morgan, J. (2005) A critical epistemology of analytical statistics: addressing the sceptical realist. *Journal for the Theory of Social Behaviour*, 35 (3): 255–84.

Olsen, W.K. and Neff, D. (2007) Informal agricultural work, habitus and practices in an Indian context. Global Poverty Research Group Working Paper GPRG-WPS-079. http://www.gprg.org/pubs/workingpapers/pdfs/gprg-wps-079.pdf (accessed February 2011).

Olweus, D. and Alsaker, F.D. (1994) Assessing change in a cohort-longitudinal study with hierarchical data. In D. Magnusson, L.R. Bergaman, G. Rudinger, and B. Törestad (eds), *Problems and Methods in Longitudinal Research: Stability and Change*. Cambridge: Cambridge University Press.

Outhwaite, W. (1987) *New Philosophies of Social Science: Realism, Hermeneutics and Critical Theory*. Basingstoke: Macmillan Education.

Pawson, R. (1998) *A Measure for Measures: A Manifesto for an Empirical Sociology*. London: Routledge.

Pawson, R. and Tilley, N. (1997) *Realistic Evaluation*. London: Sage.

Payne, G. and Payne, J. (2004) *Key Concepts in Social Research*. London: Sage.

Pink, S. (2006) *The Future of Visual Anthropology: Engaging the Senses*. London: Routledge.

Pink, S. (2007) *Doing Visual Ethnography*. London: Sage.

Pink, S. (2009) *Doing Sensory Ethnography*. Los Angeles: Sage.

Popper, K.R. (1963) *Conjectures and Refutations: The Growth of Scientific Knowledge*. London: Routledge.

Potter, G. (1999) *The Philosophy of Social Science: New Perspectives*. Harlow: Longman.

Potter, J. and Wetherell, M. (1987) *Discourse and Social Psychology: Beyond Attitudes and Behaviour*. London: Sage.

Powdthavee, N. (2009) 'I can't smile without you': Spousal correlation in life satisfaction. *Journal of Economic Psychology*, 30: 675–89.

Prosser, J. (1998) *Image-Based Research: A Sourcebook for Qualitative Researchers*. London: Falmer.

Quine, W.V.O. (1953) *Two Dogmas of Empiricism from a Logical Point of View*. Cambridge, MA: Harvard University Press.

Ragin, C.C. (1987) *The Comparative Method: Moving beyond Qualitative and Quantitative Strategies*. Berkeley: University of California Press.

Ragin, C.C. (1994) *Constructing Social Research: The Unity and Diversity of Method*. Thousand Oaks, CA: Pine Forge Press.

Ragin, C.C. (2000) *Fuzzy-Set Social Science*. Chicago: University of Chicago Press.

Ragin, C.C. (2008) *Redesigning Social Inquiry: Fuzzy Sets and Beyond*. Chicago: University of Chicago Press.

Ragin, C.C. (2009) Reflections on casing and case-oriented research. In D. Byrne and C. Ragin (eds), *The Sage Handbook of Case-Based Methods* (pp. 522–34). London: Sage.

Ragin, C.C. and Becker, H.S. (eds) (1992) *What is a Case? Exploring the Foundations of Social Inquiry*. Cambridge: Cambridge University Press.

Ramachandran, V.K. (1990) *Wage Labour and Unfreedom in Agriculture: An Indian Case Study*. Oxford: Clarendon Press.

Rantala, K. and Hellström, E. (2001) Qualitative comparative analysis – a hermeneutic approach to interview data. *International Journal of Social Research Methodology*, 4 (2): 87–100.

Reason, P. and H. Bradbury (2009) *The Sage Handbook of Action Research: Participative Inquiry and Practice*, 2nd edition. London: Sage.

Reason, P. and Rowan, J. (1981) *Human Inquiry: A Sourcebook of New Paradigm Research*. Chichester: Wiley.

Richards, L. and Morse, J.M. (2007) *Readme First for a User's Guide to Qualitative Methods*. London: Sage.

Ricouer, P. (2003) *The Rule of Metaphor*. London: Routledge.

Rihoux, B. and Grimm, H. (eds) (2006) *Innovative Comparative Methods for Policy Analysis: Beyond the Quantitative – Qualitative Divide*. New York: Springer.

Rihoux, B. and Ragin, C. (eds) (2009) *Configurational Comparative Analysis*. Thousand Oaks, CA: Sage.

Risseeuw, C. (1991) *The Fish Don't Talk about the Water: Gender Transformation, Power and Resistance among Women in Sri Lanka*. Delhi: Manohar.

Sayer, A. (1992) *Method in Social Science: A Realist Approach*. London: Routledge.

Sayer, A. (2000) *Realism and Social Science*. London: Sage.

Scheyvens, R. and Storey, D. (eds) (2003) *Development Fieldwork: A Practical Guide*. London: Sage.

Scheyvens, R., Scheyvens, H. and Murray, W.E. (2003) Working with marginalised, vulnerable or privileged groups. In R. Scheyvens and D. Storey (eds), *Development Fieldwork: A Practical Guide* (pp. 167–96). London: Sage.

Schlozman, K.L., Burns, N., Verba, S. and Donahue, J. (1995) Gender and citizen participation: is there a different voice? *American Journal of Political Science*, 39 (2): 267–93.

Schlozman, K.L., Burns, N. and Verba, S. (1999) 'What happened at work today?': A multistage model of gender, employment, and political participation. *Journal of Politics*, 61 (1): 29–53.

Scott, J. (1990) *A Matter of Record: Documentary Sources in Social Research*. Cambridge: Polity Press.

Silverman, D. (2000) *Doing Qualitative Research: A Practical Handbook*. London: Sage.

Silverman, D. (2001) *Interpreting Qualitative Data: Methods for Analyzing Talk, Text and Interaction*. London: Sage.

Smith, M.J. (1998) *Social Science in Question*. London: Sage.

Snow, D. and Cress, D. (2000) The outcome of homeless mobilization: the influence of organization, disruption, political mediation, and framing. *American Journal of Sociology*, 105 (4): 1063–1104.

Stanley, L. and Wise, S. (1993) *Breaking Out Again: Feminist Ontology and Epistemology*. London: Routledge.

STATA (2003) *STATA 8 Reference Manual*. College Station, TX: STATA Corporation.

Tabachnik, B.G. and Fidell, L.S. (1996) *Using Multivariate Statistics*. New York: HarperCollins College Publishers.

Taylor M.F., with Brice, J., Buck, N. and Prentice-Lane, E. (2001) *British Household Panel Survey User Manual: Volume A: Introduction, Technical Report and Appendices*. Colchester: ESRC Research Centre on Micro-Social Change. http://www.esds.ac.uk/longitudinal/access/bhps/L33196.asp (accessed July 2010)

Teddlie, C. and Tashakkori, A. (2009) *Foundations of Mixed Methods Research: Integrating Quantitative and Qualitative Approaches in the Social and Behavioral Sciences*. London: Sage.

Thomas, A., Chataway, J. and Wuyts, M. (1998) *Finding Out Fast: Investigative Skills for Policy and Development*. London: Sage.

Treanor, J. (2008) RBS chief's £1.2m salary deal revealed. *The Guardian*, 5 November.

Wetherell, M., Taylor, S. and Yates, S.J. (eds) (2001) *Discourse as Data: A Guide for analysis*. London: Sage.

Weston, A. (2002) *A Rulebook for Arguments*, 4th edition. Indianapolis, IN: Hackett Publishing.

Williams, M. (2000) *Science and Social Science: An Introduction*. London and New York: Routledge.

Wisker, G. (2008) *The Postgraduate Research Handbook*. Basingstoke: Palgrave Macmillan.

Wodak, R. and Meyer, M. (2009) *Methods of Critical Discourse Analysis*, 2nd edition. London: Sage.

Wolfe, A. (1989) *Whose Keeper? Social Science and Moral Obligation*. Berkeley: University of California Press.

Wooldridge, J.M. (2002) *Econometric Analysis of Cross Section and Panel Data*. Cambridge, MA: MIT Press.

Yin, R.K. (1989) *Case-Study Research: Design and methods*. London: Sage.

Yin, R.K. (1993) *Applications of Case Study Research*. Newbury Park, CA: Sage.

Yin, R.K. (2003) *Applications of Case Study Research*. London: Sage.

Yin, R.K. (2004) *The Case Study Anthology*. Thousand Oaks, CA: Sage.

索　引

（所注页码为英文原书页码，即本书边码）

译后记

记得刚接手本书的翻译工作时，我是抱着看看这“他山之石”是“何以攻玉”的心态来一探究竟的。毕竟，在社会调查与研究方法领域摸爬滚打数年，无论是从理论还是实践的角度，我都很好奇这外来的和尚是如何“旧瓶装新酒”的。

谁承想，边翻译边理解边对照的过程亦是温故而知新的反哺历程。不仅是对司空见惯的旧有知识的梳理，还开启了通往新认知、新技能的大门。譬如，资料的收集是如何与研究方法无缝对接的？开展质性研究的详细步骤是怎样的？从田野笔记、文字稿的转录、问卷设计、调查数据的加权乃至外出调研时的健康安全风险应对等等，在本书中事无巨细均有所呈现。因此，对于初涉调研领域的新人而言，本书无疑可以作为“按图索骥”的实用宝典。而对于有一定经验积累的专业研究者而言，阅读本书则架起了通往重新审视、兼收并蓄、提升自身研究力的桥梁。毕竟，亲力亲为做研究和基于研究经验而系统成书犹如研究的两面，前者自上而下，后者自下而上，二者相得益彰、互为补充。

没有比较，就没有鉴别。在原著的字里行间，亦能感受到中外研究的种种差异。突出的感受是国外学者对研究伦理的高度重视。比如，在英国，几乎所有较大的专业协会都提供了伦理方面的标准化指导性文件，而大学则设有专门的伦理委员会——不仅提供切实的保险保障和法律保护，而且将伦理审查作为是否立项的重要依据。相形之下，我国相应的领域则或多或少属于“被遗忘的角落”。此外，出于保护隐私的考虑，国外的调查问卷通常将诸如年龄、收入等人口统计的背景性问题放在最后，或少而精地予以设置。而我国的情况则恰好相反，开门即见山——背景性问题大多位于调查问卷的篇首。上述种种比较有助于我们从固有的思维中跳脱出来，反思个人的项目、专业的研究以及学科的规范建设。此外，除了犹如“剖析麻雀”一般详尽的实地案例之外，本书还在每章的结尾设置了延伸阅读，不仅给读者留出独立思考的空间，也为深入的探索指引了新的方向。毕竟，兼听则明，偏信则暗。从中也可以窥见作者严谨的治学态度、胸有成竹的学术自信。

最后，感谢中国人民大学出版社，感谢“社会科学研究方法系列”丛书的策划者与编辑，所给予的既是信任，对我也是一份责任，乃至在年初抱恙期间也不敢懈怠。感谢本书的责任编辑和审校人员，全程的扮靓定调为读者的愉悦体验承担了卓绝的幕后工作。感谢一路同行的良师、益友、同事与学生，正是不同站位、不同视角、不同经历所激荡出的思维火花带来进一步的砥砺打磨，日臻优化！

译文若有不当之处，敬请读者批评指正。正所谓，学到老，活到老。漫漫研究之旅，我们一直在路上！

李芬

2019 年 3 月

Data Collection: Key Debates and Methods in Social Research by Wendy Olsen

English language edition published by SAGE Publications of London, Thousand Oaks, New Delhi and Singapore, © Wendy Olsen, 2012

Simplified Chinese edition © 2021 by China Renmin University Press.

图书在版编目（CIP）数据

如何进行资料收集/（英）温迪·奥尔森（Wendy Olsen）著；李芬译. --北京：中国人民大学出版社，2021.8
（社会科学研究方法系列丛书）
ISBN 978-7-300-29735-4

Ⅰ.①如… Ⅱ.①温… ②李… Ⅲ.①信息检索 Ⅳ.①G254.9

中国版本图书馆 CIP 数据核字（2021）第 159930 号

社会科学研究方法系列丛书
如何进行资料收集
［英］温迪·奥尔森（Wendy Olsen） 著
李芬 译
Ruhe Jinxing Ziliao Shouji

出版发行	中国人民大学出版社		
社　　址	北京中关村大街 31 号	**邮政编码**	100080
电　　话	010－62511242（总编室）		010－62511770（质管部）
	010－82501766（邮购部）		010－62514148（门市部）
	010－62515195（发行公司）		010－62515275（盗版举报）
网　　址	http://www.crup.com.cn		
经　　销	新华书店		
印　　刷	天津中印联印务有限公司		
规　　格	170 mm×240 mm　16 开本	**版　　次**	2021 年 8 月第 1 版
印　　张	15.5 插页 1	**印　　次**	2022 年 5 月第 2 次印刷
字　　数	220 000	**定　　价**	59.00 元
